AF409602

Note liminaire

- Le système de translittération utilisé du japonais au français est celui dit Hepburn modifié ;

- Dans le cas de noms japonais, sauf si la personne a principalement exercé en Occident (ex. Hiroshi Katanishi), le nom patronymique précède le nom personnel ;

- Les citations sont suivies d'une annotation type [XXX, yyy], où XXX représente la référence bibliographique à retrouver en annexes, et yyy le(s) numéro(s) de page(s).

© Éditions Metatext 2015
1ère édition : 28-10-2015
ISBN : 979-10-91766-03-6

Imprimé par : CreateSpace

Yves Cadot

Promenades en judo

Éditions Metatext
Collection parole d'experts

Préface de l'éditeur

Je me souviens d'un temps lointain.

L'auteur de ces chroniques s'agaçait souvent des travers si fréquents dans nos sociétés : prendre un mot pour un autre, confondre deux concepts, ne pas saisir une nuance subtile, oublier un détail passé. Il répétait alors : « Mais ça n'a rien à voir ! ».

On en riait. On se disait parfois qu'un jour on écrirait dans un journal des articles dans une rubrique intitulée « ça n'a rien à voir ». On y décortiquerait tous ces petits riens qui n'en sont pas. On prendrait le temps d'expliquer pourquoi « ça n'a rien à voir ».

Ces *Promenades en judo* sont pour moi comme l'un des prolongements sublimés de ces colères précoces. Elles ont pris leur temps, ont cheminé longuement, ont mûri sans hâte. Égrenées au fil des mois dans *L'Esprit du judo*, le magazine d'Emmanuel Charlot qui a su leur donner un cadre et un écrin, elles ont ouvert, pour leurs lecteurs, un regard différent sur le judo. Tour à tour historiques, étymologiques, philosophiques, anthropologiques ou personnelles, elles ont tranché, chaque fois, un angle différent sur l'objet analysé, examiné, raconté.

En les relisant pour les assembler ici, j'ai pris un immense plaisir à redécouvrir certains passages, parmi mes préférés. CNTP, oreilles, zoris et errances nécessaires, vendanges tardives, papier froissé et faire quand même, être prêt, voler, et interroger nos étés… Et bien sûr, finir sur un bon.

Je l'avoue, les jeux sur les mots m'enchantent, et c'est à chaque lecture que je jubile, en suivant la rhétorique précise, subtile, enivrante. Je suis ravie de préfacer aujourd'hui et ici ce recueil de textes. J'espère que vous prendrez autant de plaisir à le lire.

Introduction
ou l'éloge de la simplexité[1]

Le point de départ

Souvent, le point de départ nous évoque l'origine historique d'un phénomène, ou bien l'ambition philosophique qui a prévalu à sa création, mais il peut aussi s'agir du point de départ pratique, de la proposition initiale d'où tout va découler. Pour le jūdō, nous pourrions proposer de le définir ainsi : faire tomber sur le dos quelqu'un[2]. C'est une proposition extrêmement simple, et cela devrait être d'autant plus facile à réaliser que cette personne se tient sur une surface somme toute minime : la plante des pieds (et rarement sur l'ensemble)... même si on ne peut nier que le fait qu'elle cherche à faire la même chose de son côté complique l'expérience.

---

1 - Chronique publiée dans l'*Esprit du judo* n° 53, décembre 2014 – janvier 2015.

2 - Certes, on peut aussi l'immobiliser, l'étrangler ou lui porter une clé mais, d'une part, la démonstration serait la même et, d'autre part, nous prétendons que la richesse technique comme conceptuelle du jūdō s'est développée à partir du *nage waza*.

Plusieurs façons de s'acquitter de cette tâche. S'en remettre à la force, l'envie, la fougue (*ikioi*) en est une. Se reposer sur les principes, l'utilisation de la force ou de la faiblesse de l'autre, sur la technique, en est une autre.

La technique

Si l'emploi de la force est sans doute le plus intuitif, pourquoi recourir à une quelconque technique ? Une définition pourrait nous aider à répondre à cette interrogation : « Qui concerne les applications de la science, de la connaissance scientifique ou théorique, dans les réalisations pratiques[3] » [021]. La technique apparaît alors comme l'opposé de l'intuitif, de l'arbitraire : l'application réfléchie de principes objectifs (physiques, (bio) mécaniques, physiologiques...), des moyens éprouvés et légués par les anciens, passés au crible du temps et de l'usage. De là à dire que c'est naturel...

Ne peut-on voir les choses ainsi ? Si vous avez une particularité (une force importante, par exemple), la technique n'apparaît pas, *a priori,* comme nécessaire (sauf à considérer les choses sur le long terme). En revanche, pour celui qui ne peut se prévaloir d'une particularité l'autorisant à satisfaire la proposition de départ sans difficulté spécifique, la technique permet le plus sûrement, dans la majorité des cas, sur le temps le plus long possible, de le faire effectivement. Mais cela nécessite un long apprentissage : une longue expérience.

L'expérience

Expérience : « Fait d'acquérir, volontairement ou non, ou de développer la connaissance des êtres et des choses par leur pratique et par une confrontation plus ou moins longue de soi avec le monde / Résultat de cette acquisition ; ensemble des connaissances concrètes acquises

---

3 - Il s'agit là de la définition donnée de l'adjectif, mais qui synthétise bien l'ensemble des définitions, que l'on pourra lire avec profit, y compris du substantif.

par l'usage et le contact avec la réalité de la vie, et prêtes à être mises en pratique. » [021]

Une conséquente mise à l'épreuve, une suite d'essais-erreurs... une confrontation à la réalité. Et, en jūdō, pour nous, l'autre et la gravité sont notre réalité. Il faut donc un moyen pour, malgré nos erreurs, revenir nous confronter : il faut une garantie, la confiance en ce que l'erreur n'interrompra pas l'expérience. Pour le dire autrement, l'assurance du maintien de notre intégrité physique. Deux conditions sont alors nécessaires. La première est de savoir chuter et surtout se relever, c'est une technique à acquérir (et donc à travailler au préalable), l'*ukemi*. La seconde est de supprimer les techniques dangereuses. Non parce qu'elles sont dangereuses en elles-mêmes, mais parce que, trop difficiles à contrôler pour *tori*, le risque de blessure d'*uke* (d'interruption de son expérience) est trop grand.

De la liberté

Les *ukemi* acquis, aucune autre contrainte, ni pour soi ni pour l'autre, ne doit venir limiter le champ d'expérimentation visant à venir à bout de la proposition initiale. C'est pourquoi introduire dans le *randori* de jūdō les règles de la compétition de jūdō est une aberration en ce que, puisqu'elles modifient les données initiales en multipliant les contraintes, il s'agit d'une réduction des possibles, d'une limitation de l'expérience, d'un rabougrissement de la pratique.

Le problème de trop de liberté, de trop de possibles, dans un monde plein de faux-semblants (solutions à court terme, sur des morphotypes particuliers...), est le risque de se perdre, voire de ne jamais se (re)trouver. Notre aventurier n'est cependant pas entièrement livré à lui-même : il est entouré de guides, à commencer par le professeur, les anciens mais aussi les *kata*, le dōjō et ses règles...

Chacun est libre d'ignorer les guides, mais si ce qu'ils représentent est juste, celui qui est en quête de solution(s) doit rapidement comprendre que les suivre lui permet de gagner beaucoup de temps (d'énergie) : ce n'est donc pas par devoir ou convention que l'élève écoute le maître (dans un sens très large), mais bien parce que c'est son propre intérêt, et que, par lui-même, il l'a ressenti comme tel. À l'inverse, il est de la responsabilité de ces guides d'enseigner, par la démonstration permanente – en évitant autant que possible toute compromission, tout raccourci –, que s'en remettre aux bases, aux principes, à l'héritage, est le chemin le plus sûr, le plus certain, vers la solution au problème proposé, dont on sait qu'il peut être, pour une même proposition de départ (mettre l'autre sur le dos), protéiforme : si nous ne sommes jamais tout à fait le même d'un *randori* à l'autre, un même partenaire non plus, quand chaque partenaire présente, en apparence au moins, un problème différent. En apparence parce que, au-delà des difficultés particulières à résoudre (force, vitesse, taille, poids, latéralisation, expérience...) – épiphénomènes, illusions nous masquant la réalité des choses –, il y a des lois auxquelles nul n'échappe, à commencer par la gravité, et ce sont précisément toutes celles que la technique – qui se décline en techniques (au pluriel) – nous permet d'exploiter. Ainsi les conseils donnés ne doivent-ils pas être perçus comme des dogmes, mais comme le moyen d'accéder au niveau d'expertise de celui qui les donne. Aussi ces conseils ne seront-ils jamais, sinon utiles, du moins écoutés qu'à la condition que celui qui les prodigue ait préalablement été reconnu comme guide par qui les reçoit.

Le jūdō et la simplexité

« Simplexité » est un mot forgé par Alain Berthoz, à partir de « simplicité » et « complexité » :

> « Nulle part n'est évoqué ce phénomène absolument remarquable qui s'est produit chez les êtres vivants : la création de frontières délimitant des espaces clos

> comme la cellule ou le corps lui-même. Ces solutions sont des principes simplificateurs qui réduisent le nombre ou la complexité des processus et permettent de traiter très rapidement des informations ou des situations, en tenant compte de l'expérience passée et en anticipant l'avenir, qui facilitent la compréhension des intentions, sans dénaturer la complexité du réel. De mon point de vue, la simplexité est cet ensemble de solutions trouvées par les organismes vivants pour que, malgré la complexité des processus naturels, le cerveau puisse préparer l'acte et en anticiper les conséquences. [...] la simplexité est cette complexité déchiffrable, car fondée sur une riche combinaison de règles simples. [030, 12, 13]

N'est-ce pas là exactement ce en quoi consiste le jūdō, la simplexité pensée non d'un point de vue organique, biologique, mais symbolique : un cadre précis pour une simplification de la réalité sans en dénaturer la complexité, pour, grâce à l'expérience, anticiper l'avenir, avoir prise sur le monde, non pas seulement sur celui enfermé dans les frontières de ce champ, mais au-delà, par transfert, transposition, adaptation ? Aussi pourrions-nous dire que le jūdō est la démonstration que s'en remettre aux principes, au travail (l'expérience), à l'héritage (dont le cadre rituel fait partie) permet, dans la majorité des cas, de trouver une solution à une proposition initiale (vivre ?) dans le dōjō, mais surtout en dehors.

Les codes

Remettre les codes (techniques, méthodes, rituels...) en cause, ce n'est pas de l'hérésie, c'est au contraire les rétablir, leur redonner souffle, vie. C'est aussi se poser la question de l'hystérésis de l'habitus[4], de ce qui a un temps été utile à l'appréhension du monde, mais qui n'est plus, pour une raison ou une autre, adapté à la réalité d'aujourd'hui, et dont le maintien brouille la compréhension plus qu'il ne la favorise. Doit-on rappeler que si un jeune

---

4 - Formule de Pierre Bourdieu.

homme de vingt et un ans, Kanō Jigorō, n'avait pas agi ainsi, le jūdō n'existerait pas ?

Interroger ces codes que nous avons intégrés au point qu'ils ne nous semblent pas substituables, dont nous sommes prisonniers, permet de nous rendre compte, en leur redonnant leur sens, que ce sont eux qui nous rendent libres. Il n'y a, en jūdō, pas de décorum, pas de posture (morale ou physique) arbitraire : tout élément a sa place dans un parcours, le plus directement enrichissant, vers sa capacité de compréhension et d'action sur notre monde. L'absence de l'un, le maintien erroné d'un autre, est un obstacle de plus sur la route du pratiquant. Faire que ce qui doit être soit relève de la responsabilité du professeur. Simplement, avec une proposition de départ, un moyen (*ukemi*), une contrainte (ne pas interrompre l'expérience), chacun finirait par réinventer un chemin... mais au bout de combien de temps ? Or, le jūdō, ce n'est pas seulement cela, c'est une ambition plus grande encore : y parvenir par la bonne utilisation de l'énergie. Non par souci de l'élégance, mais parce que c'est, en tout et pour tout, sur le long terme, la seule et unique façon.

Et tout ça, juste en cherchant à mettre l'autre sur le dos...

Du jūdō
Éléments pour une analyse globale

Plaidoyer pour le jūdō[1]

Nous apprenons à prendre du recul sur une situation, à faire le point sur soi, à mieux nous connaître pour découvrir en nous les ressources qui vont permettre, dans une situation donnée, de trouver les moyens de nous en sortir avec les armes que nous possédons. Apporter le jūdō à des enfants qui ont besoin de tellement d'autres choses ? Cela peut paraître au mieux dérisoire, au pire déplacé et, dans tous les cas, superflu.

Pourtant, peut-être faut-il s'interroger, d'une part, sur ce qu'est le jūdō et, d'autre part, sur ce qu'il représente. Au-delà de l'image d'art martial ou de sport olympique que l'on peut en avoir, au-delà de personnages devenus médiatiques, que passe-t-il au travers de la pratique du jūdō ?

Disons-le clairement tout de suite : le jūdō a été fondé (1882) alors que, déjà, l'enjeu du combat comme élément indispensable à la survie individuelle n'en était plus vraiment un – en tout cas, pas plus qu'aujourd'hui. Non, en jūdō, le combat est le prétexte, le fil rouge, l'aune de la justesse de la pratique. Le propos du jūdō est tout autre. Quel est-il ?

---

1 - Chronique publiée dans l'*Esprit du judo* n° 18, février-mars 2009.

Le jūdō a été pensé comme une méthode de construction de l'individu. Attention, non pas une construction extérieure, où le maître formerait, modèlerait son élève à force de dogmes, mais une éducation fondée sur la pratique régulière (et si possible quotidienne) où l'apprenti se construit, sinon seul, du moins par ses efforts, sous l'œil attentif du professeur, devenu guide.

Le jūdō est un temps particulier, hors de la vie : une parenthèse que l'on ouvre puis que l'on referme. On se rend dans un espace particulier le temps de la pratique, puis on le quitte pour revenir à la vie normale, à ses règles, à ses problèmes. C'est un temps privilégié pendant lequel on s'occupe d'abord de soi.

Doucement, on commence par des exercices qui construisent notre corps : tandis que l'on s'étire, sautille, fait des roulades et autres acrobaties, que l'on renforce et assouplit notre corps, qu'on développe ses qualités d'équilibre et proprioceptives, c'est de son corps, c'est-à-dire de son enveloppe, de ce qui relie au monde, dont on prend conscience.

Cette enveloppe qui nous relie aux autres... car, bientôt, par le jeu du combat, nous voici en contact avec les autres, avec l'autre. À la fois miroir, et, le temps du jeu, adversaire, par l'autre et son contact, j'apprends sur moi.

Dans ce jeu de confrontation régulée, à jouer entre la verticale et l'horizontale, à jouer avec la pesanteur, c'est du corps dans l'espace et des lois fondamentales de la dynamique que nous prenons conscience.

Au travers des exercices, au travers de la répétition, nous apprenons à développer notre sens de l'observation, à reproduire ce que nous voyons. Pas seulement reproduire, d'ailleurs, adapter, à nous, à nos qualités, à nos manques.

Ainsi, nous apprenons à la fois à repérer nos manques et la façon de les combler. Nous apprenons que l'apprentissage connaît des phases, courtes, moyennes et longues, que le corps et l'esprit n'apprennent pas à la même vitesse.

Nous apprenons ainsi à utiliser nos propres ressources, sans compter sur autre chose que nous-mêmes : notre corps avec ses faiblesses et ses forces, notre expérience, notre intelligence.

Nous apprenons à apprendre de nos erreurs. À nous relever pour refaire face à la situation. À oser, à construire sur nos échecs le fondement de la réussite prochaine. Que le travail paye.

Enfin, le jūdō, c'est de la magie, c'est une part de rêve. Apprendre à – mais surtout faire l'expérience de – projeter un adversaire plus lourd sans difficulté ; apprendre qu'il est plus intéressant et plus rentable d'observer les principes et la méthode qui permettent l'utilisation des principes mécaniques, physiques et physiologiques, que de se lancer tête baissée avec pour seule arme sa force physique et son envie.

Le jūdō, c'est un jeu d'échec, un jeu d'habileté où l'esprit et le corps se mêlent, s'entraident – et parfois se contrarient – pour trouver des solutions au problème posé par le partenaire / adversaire.

Et puis, bientôt, notre pratique égoïste, centrée sur nous-mêmes, nos progrès, se transforment en échange. De guidé, nous guidons et, très vite, la pratique devient partage, pour un temps chaque fois plus riche encore : progresser seul est impossible, progresser ensemble un plaisir. Le jūdō, c'est développer l'écoute de l'autre, c'est devoir être aidé et devoir aider : c'est de la solidarité en mouvement, et jamais à sens unique.

Et puis, le jūdō, c'est l'apprentissage d'une structure : structure du temps, structure posturale. Le temps y est structuré : le temps où l'ón fait et où l'on s'occupe de soi, le temps où l'on prête son corps à l'autre pour qu'il progresse, le temps où l'autre nous prête son corps pour nos progrès, le temps du jeu et de l'échange. Des temps chaque fois marqués par un salut, à la fois marque de respect mais aussi et surtout, invitation à prendre conscience de ce que l'on fait et avec qui on le fait. Le salut, c'est apprendre à être présent à ce que l'on fait, c'est prendre le temps, en quelques secondes, de se préparer à agir dans un cadre particulier – celui du jūdō et, à l'intérieur de celui-ci, celui de l'exercice particulier et de ses consignes – puis apprendre à en ressortir. Mais le jūdō est aussi affaire de posture : on se tient droit et face à l'autre, et c'est avec sincérité, sans arme dissimulée, que l'on affronte la situation qui nous est offerte.

J'ai dit plus haut que le jūdō était hors de la vie, mais c'est pour mieux l'appréhender : comme un laboratoire où l'on travaille sans relâche en isolant des principes qui ne prennent tout leur sens que replacés dans la complexité de la vie réelle, des problèmes rencontrés, des choix à faire.

Ainsi, pour ne prendre que deux exemples : au-delà de son aspect symbolique – et pratique lors d'une séance de jūdō –, savoir chuter, c'est éviter de se blesser ; construire son corps de façon harmonieuse, c'est pouvoir développer un corps robuste et en bonne santé... ce qui, quand on n'a pas toujours un accès facile aux soins, ne saurait être regardé comme superflu.

Ainsi, le jūdō, c'est apprendre à mieux se connaître, et, partant, apprendre à aller vers l'autre, apprendre à se situer. Mais il est une autre dimension qu'il ne faut pas oublier : c'est qu'aujourd'hui, le jūdō existe partout dans le monde. Partout ? Non ! Car certaines populations n'y ont pas encore accès. Et pourtant, faire du jūdō, même quand on a plein d'autres problèmes, c'est faire la même chose que les enfants du monde entier : c'est être lié à eux par la communauté d'expérience, c'est partager des sensations, des connaissances, et même un vocabulaire. C'est faire partie de la communauté internationale, être citoyen du monde.

En bref, apporter le jūdō aux enfants du Népal, c'est les inclure dans le monde, c'est... leur faire un grand cadeau en les considérant, seulement, comme des enfants, de futurs adultes dont on n'espère pas qu'ils survivent tant bien que mal mais deviennent, à part entière, acteurs du monde dans lequel ils vivent, dans lequel nous vivons tous, les inviter à être nos partenaires et se présenter soi-même, devant eux, comme tel.

Ce que leur proposent aujourd'hui tous ceux qui viennent vers eux avec le seul jūdō comme cadeau, c'est d'apprendre à se concentrer sur eux-mêmes pour mieux s'ouvrir au monde.

Des oreilles et du jūdō[2]

Voici presque douze ans maintenant, j'attendais avec d'autres candidats à la porte d'une salle de réunion pour un entretien d'embauche à Fuji Télévision, une des grandes chaînes privées japonaises. Quand ce fut mon tour, au moment où j'entrai dans la pièce, un des trois membres du jury fit tout de suite la réflexion à ses collègues : « Ah ! mimi... jūdōka na ? » (« Ah ! ses oreilles... Serait-ce le jūdō ? »). Je répondis que oui et, dès lors, l'entretien ne fut plus qu'une formalité. C'est ainsi que je suis entré à Fuji Télévision grâce à mes oreilles – enfin, grâce à ce qu'elles représentaient – et non grâce à mes expériences professionnelles ou mon niveau de japonais.

Quelques années plus tôt, je me souviens que mon premier patron, en France, m'avait demandé si je ne pouvais pas faire quelque chose pour mes oreilles justement – qui ne sont pourtant pas très abîmées ! – parce que ça donnait une mauvaise image de la société et inquiétait clients et fournisseurs.

Ainsi, les stigmates de la pratique rassurent au Japon, inquiètent en France. Ici, être marqué physiquement est le signe d'un accident, d'une maladie ou d'un tempérament bagarreur, toutes choses qui mettent l'interlocuteur mal

---

2 - Chronique publiée dans l'*Esprit du judo* n° 19, avril-mai 2009.

à l'aise. L'intellect et le corps sont deux choses bien distinctes. Au Japon, c'est le signe que l'on sait endurer et, si on a pu passer des années sur un tatami, notamment à l'université, c'est que l'on est capable de tenir le coup dans des situations difficiles et à long terme et, partant, qu'on est quelqu'un sur qui l'on peut compter.

Si l'aventure est individuelle, avoir choisi (plus ou moins de son plein gré !) de la vivre – et avoir su aller au bout de celle-ci – est reconnu comme utile par la société et valorisé comme tel.

Mais, pour bien comprendre cela, il faut connaître au minimum l'organisation de la société japonaise.

La première chose est que l'âge représente quelque chose d'important : on est aîné (*senpai*), cadet (*kōhai*) ou du même âge (*dōkyūsei*). On obéit aux aînés et on apprend d'eux, même s'ils n'ont qu'un an de plus, et toute notre vie est marquée par ce rapport *senpai* / *kōhai*.

Par ailleurs, au Japon, les universités et, au sein de celles-ci, les facultés, font chaque année l'objet d'un classement national. Ainsi, c'est à la fin du lycée que notre niveau de départ dans la société va se jouer : il faut réussir le concours d'entrée de l'université la plus cotée par rapport à nos capacités et, si possible, dans une faculté correspondant à nos aspirations. Une fois cela réussi, il faut vraiment faire de gros efforts pour ne pas sortir diplômé quatre ans plus tard ! L'université est en effet vécue comme un espace de liberté, dépourvue de nombre de contraintes et où l'on peut, pour presque la première et la dernière fois, se concentrer sur soi.

Le cursus universitaire est généralement limité à quatre années et, lorsque l'on se met en quête d'un travail en début de dernière année, on s'oriente parmi les offres en fonction, certes, plus ou moins de notre formation, mais surtout du rang de notre faculté.

Si l'année universitaire se déroule d'avril à février, à l'automne de la quatrième année, on doit savoir dans quelle société on sera en avril prochain. Et, tandis que nos cadets reprennent le chemin de l'université, on devient, en même temps que tous nos *dōkyūsei*, « employé 1re année », et c'est reparti.

C'est reparti, parce que peu importe au fond la formation initiale, quand on entre dans une société, les premières années consistent à être formé à son métier sur le tas et, pour cela, on ne peut compter que sur les aînés et… nos capacités d'apprentissage et d'adaptation. Or, le jūdōka, réputé doué dans ces domaines et, s'il ne l'est pas, réputé ne pas lâcher prise même s'il est déstabilisé, endure jusqu'à être en position de s'exprimer… Moment où l'on compte sur lui pour reproduire les schémas qu'il a traversés et dont il dépend toujours.

Ainsi, dans un système où l'on s'intéresse finalement assez peu à la formation universitaire intellectuelle – sinon par le niveau de la faculté dont on a réussi le concours d'entrée quatre ans plus tôt –, un des critères de recrutement est l'étude des expériences extra-scolaires faites pendant ces quatre ans. Avoir voyagé est un bon signe d'ouverture d'esprit, de curiosité, tandis qu'avoir choisi de faire du jūdō au quotidien plutôt que toute autre activité plus ludique est le signe que l'on est capable de choisir le travail et l'effort plutôt que le repos. Et ça, ça plaît beaucoup à l'employeur. Car le jūdō, surtout universitaire, est tout sauf considéré comme un loisir.

Je parle là de la règle générale. Il en est une autre mais qui ne touche qu'une marge de la population, celle de l'excellence en jūdō. Une autre réalité sociale japonaise est que le sport y tient une place importante. Il en découle que de larges horaires sont aménagés dans le temps scolaire – ou plutôt dans le temps « à l'école » au sein des clubs – pour sa pratique, et que les championnats dès le collège y revêtent une grande importance. Certaines universités accordent beaucoup d'importance à briller dans telle ou telle discipline et dispensent les lycéens les plus brillants de leur concours d'entrée pour les attirer. Cela est valable en jūdō également. Ainsi, un lycéen expérimenté en jūdō au niveau national pourra faire son choix parmi les universités les plus expertes en jūdō sans se poser la question du concours d'entrée. Et il en va de même pour l'entrée dans certaines entreprises – les championnats corporatifs ayant aussi une grande importance – où être habile dans une discipline dans laquelle l'entreprise veut briller est une bonne garantie d'embauche.

Les Japonais se plaisent à dire qu'il n'y a pas de professionnels du jūdō chez eux, tandis que des professeurs de jūdō vivent de leur métier en France. Statutairement, c'est vrai : ils sont policiers, employés, professeurs d'université ; mais faux également car, dans les faits, ils sont payés à faire ou à enseigner le jūdō – même s'ils assurent souvent d'autres tâches en parallèle.

Il faut bien comprendre également qu'à de rares exceptions près, peu de gens continueront le jūdō après l'université. Les policiers, qui doivent être au moins 3e dan à la sortie de l'université, ont une obligation de pratique quotidienne jusqu'à la retraite, mais pour les autres, qui feront une apparition de temps en temps lors du *kagami biraki* de leur université, c'est sur leur expérience du jūdō jusqu'à vingt-deux ans que se fondera leur attitude face aux vicissitudes de la vie.

Pourtant, ils resteront marqués par cette expérience, pas seulement à cause de leurs oreilles ou de ce qu'ils auront eux, tiré de leur pratique – ce qui diffère pour chacun –, mais pour deux raisons extérieures. La première est que la société les considérera toujours comme jūdōka et – en tout cas jusqu'à maintenant – avec les égards dus à ce statut ; et la seconde est qu'ils feront partie de l'« association des anciens » ou OB-kai (prononcez à l'anglaise, o-bi-kai, pour « Old Boy » ou OG-kai, « Old Girl ») qui agit comme réseau social.

Je notais ci-dessus que le jūdōka était socialement bien considéré. Cela reste généralement vrai, mais il y a deux éléments au moins à prendre en compte. Le premier est un signe des temps, au Japon comme ailleurs. Le jūdō, dont l'expérience est jugée trop dure à vivre, n'attire plus les jeunes qui préféreront des choses plus « fun ». Celui qui choisit le jūdō est considéré comme un peu fou, voire comme un dinosaure, une espèce peut-être nécessaire au biotope, certes, mais en voie d'extinction. Le second élément est l'attitude du jūdōka. L'image du jūdōka est celle de quelqu'un qui se tient bien, sait rester à sa place, sur qui l'on peut compter dans la société au sens large ; il sera un employé courageux et un voisin serviable et poli. Mais cette image est largement ébréchée par de plus en plus de jūdōka qui se comportent en rustres, en forts des halles, qui se distinguent principalement par leurs beuveries, leur appétit ou se définissent comme incapables intellectuellement, ce dont ils s'enorgueillissent.

De ces éléments est né, au début des années 2000, le projet « jūdō renaissance » visant à revaloriser l'image du jūdō dans la société d'une part et, d'autre part, à modifier le comportement individuel des pratiquants pour que chacun soit ambassadeur de sa discipline par son comportement irréprochable.

En fait, il faut se garder de céder trop rapidement à l'envie du « c'était mieux avant » et nuancer. Il suffit de se pencher sur la littérature – Sōseki, par exemple – pour voir que le jūdōka du début du XXᵉ siècle n'était pas foncièrement différent de celui du début du XXIᵉ siècle. Et sans aller chercher bien loin, citons Kanō Jigorō :

> « Autrefois, notamment parmi les adeptes des arts guerriers, il y avait une habitude qui consistait à tirer une sorte de fierté à boire beaucoup. Et, parmi les spécialistes de kendō ou de jūdō, nombreux sont ceux qui ne considèrent pas comme mauvais de boire souvent. [...] on peut penser que les jūdōka qui, à cause de l'alcool, s'abîment le corps et ne peuvent subvenir de façon satisfaisante aux finances du foyer ne sont pas rares. [047, 267, 268]

Et ailleurs : [...] [C]e à quoi il faut surtout veiller, c'est de ne pas tomber dans les pièges de l'alcool, de la chair et de la goinfrerie. [048, 207]

Mais, jusqu'à maintenant, le comportement général des jūdōka a tendu à les faire reconnaître par la société comme des gens de valeur, ce dont les générations qui les ont suivis ont bénéficié.

Il dépendait de nos aînés, de leur attitude, de leurs actes, que nos oreilles soient véhicules de confiance, et il dépend de notre comportement que celles de nos cadets soient, à leur tour, gages de confiance.

CNTP[3]

Est-ce que ce sigle vous rappelle quelque chose ? « Conditions normales de température et de pression », phrase toute faite de nos exercices de physique-chimie de lycée qui ne laisse pas de me fasciner, se mélange aux frottements tantôt pris en compte et tantôt considérés comme négligeables et, finalement, fait écho à notre expérience de l'apprentissage et de l'enseignement du jūdō. Que je m'explique...

Des conditions de laboratoire

« Oui, mais si... » est une remarque que le professeur entend souvent au cours de l'étude technique. En soi, cela peut être une bonne chose : cela montre que l'élève se projette dans la situation et envisage des obstacles qui amèneront peut-être à des évolutions, des ramifications possibles. Or, bien souvent, cette phrase est lancée avant même que l'apprenant n'ait essayé au moins une fois par lui-même (sans même parler de répétitions suffisantes pour commencer à « sentir », à s'approprier le schéma proposé). Cette remarque ne vise donc pas à enrichir la discussion à partir de la base proposée mais à nier dès le départ ce possible, cette proposition. C'est une remise en cause a priori d'un principe que l'on invalide avant

---

3 - Chronique publiée dans l'*Esprit du judo* n° 24, février-mars 2010.

même d'en avoir fait l'expérience. Et quand le travail commence, fusent les « Tout ça, c'est bien joli mais, en *randori,* ça marchera jamais ». Pourquoi ? Parce que dans le *randori,* et à plus forte raison en compétition où le jeu est plus fermé encore, trop d'éléments viennent perturber le système isolé. Mais penser que cela le rend caduque pour autant, que cela rend inutile son étude hors perturbations diverses, n'est ni plus ni moins que la négation même du propos du jūdō, de l'ambition de sa démonstration.

CNTP. La physique ou la chimie ont, sitôt sorties du laboratoire, affaire à des situations complexes où de nombreux facteurs sont à prendre en compte, sans parler de leurs possibles et différentes interactions. Et pourtant, c'est en apprenant à manier les concepts dans des CNTP et en éliminant ce qui vient perturber l'expérience (ici, les frottements seront considérés comme nuls parce que les considérer n'apporte rien à la démonstration, par exemple) – autant dire, dans une situation que l'on ne rencontre jamais dans la réalité, que l'on apprend les bases, que l'on isole des principes, en les complexifiant peu à peu, introduisant bientôt les différentes variables, mariant les théories – qu'on finit par pouvoir envoyer des fusées habitées dans l'espace et même à faire revenir leurs occupants vivants, avec tout ce que cela suppose de contraintes et variables.

Du chaos à l'élément : distinguer

Dans un *randori,* le débutant est perdu : tout va trop vite, tout change trop vite. Il faut qu'il trouve des repères, que se dessinent des schémas, grossiers d'abord : cette vision s'affinera et deviendra même, chez l'expert, extrêmement précise, détaillée.

C'est le rôle de l'enseignant de dégrossir ce qui ne l'est pas encore, d'apporter de l'ordre dans ce qui n'apparaît encore que comme un chaos. L'étymologie nous rappelle qu'enseigner, c'est « faire connaître par un signe, une indication » [021, ainsi que définitions suivantes], « signaler, désigner ». Et que désigner, c'est « marquer d'un signe, signaler à l'attention ». Enseigner, c'est donc d'abord isoler, pointer du doigt. Mais s'agit-il d'isoler n'importe quoi ? Non, car désigner, c'est aussi « être le symbole de, signifier ». Aussi, lorsque l'on choisit de porter à l'attention des élèves tel ou tel aspect, est-ce à la fois pour l'isoler, le faire connaître en lui-même, mais aussi pour illustrer un principe, ne serait-ce que celui de pouvoir décomposer le *randori* en parties identifiables.

Il s'agit donc d'apprendre à distinguer, c'est-à-dire à la fois à reconnaître (« séparer, diviser, différencier », « exprimer en particulier, en détachant de l'ensemble ») et à élever une séquence au rang de symbole, de représentant des autres principes connexes (« élever [...] du commun »). Établir une distinction, c'est s'extraire de l'indistinct, de la confusion ; découper, disséquer, démonter, trier, faire la part des choses : c'est aller progressivement à l'élémentaire.

De l'élément à la structure

Ce niveau élémentaire dépend de notre expérience, et ce qui formait encore un bloc compact, une boîte noire voici peu, se décompose aujourd'hui en différentes parties plus fines, clairement identifiées, et sur lesquelles il est devenu possible de travailler indépendamment. Mais bientôt, notre compréhension glisse de l'élément à l'agencement. Ce qui fait l'efficacité, ce qui est pertinent, ce ne sont plus tant les parties que leur enchaînement à l'intérieur d'un vaste schéma articulé et pluriel, avec sa colonne vertébrale, ses grosses articulations et ses ramifications plus fines. Émerge alors une structure, un squelette, où chaque élément a sa place, prend place. Et ce à plusieurs niveaux : à l'intérieur même de la technique comme dans les moyens d'y parvenir, du déplacement de base seul au placement dans un système dual fermé. C'est donc un jeu de structures imbriquées, à la fois autonomes et interdépendantes.

De la structure au tout

De ce jeu de superpositions et d'imbrications émerge un schéma archétype, dont tous ces schémas particuliers ne sont que le reflet, mais des reflets qui le révèlent, et c'est pourquoi chacun est représentant, symbole du tout.

Chaque élément est ainsi représentant et constitutif d'un tout. Mais nous n'abordons, n'appréhendons, n'apercevons jamais qu'une partie de ce tout. De là, plusieurs attitudes. Le professeur montre et cela fait immédiatement sens : cet élément se greffe alors aussitôt à l'existant, il s'intègre. Ou bien cela n'éveille rien encore pour nous. On peut alors le rejeter sans plus lui accorder le moindre crédit, l'oublier, mais on peut aussi l'engranger dans un coin de notre corps, de notre tête. Plus tard, il prendra peut-être sa place dans notre jūdō ou, même si ce n'est jamais le cas, peut-être, devenus professeur, le transmettrons-nous à quelqu'un pour qui cela fera sens. Il s'agira alors d'être passeur, de connaissances, de sens, même s'il ne nous a pas été donné de les comprendre. Un bon exemple n'est-il pas le *kata* ?

Perspective(s)

Attirer l'attention sur un élément en le sortant du tout, en le transportant dans l'atmosphère aseptisée du laboratoire, c'est l'éclairer d'un jour nouveau, le rendre signifiant, le mettre en perspective. Et c'est cette mise en perspective qui ouvre, potentiellement, de nouvelles perspectives. Potentiellement, parce que si cela dépend de notre niveau, du moment où les choses nous sont dites, montrées, révélées, cela dépend surtout de notre attitude face à la pratique, face à notre propre progression. Une sensation offerte, un geste technique proposé, une question posée... tout cela n'est qu'invitation à embrasser plus large, à comprendre mieux. Isoler un principe, un aspect, l'extraire un instant de la complexité, de l'apparent chaos, n'est en rien une démarche simpliste, naïve. C'est distinguer, c'est faire la part des choses.

Et c'est exactement ce que le jūdō veut démontrer au travers de l'expérience du corps plongé dans la situation la plus complexe qui soit, celle de la relation à l'autre... conflictuelle qui plus est !

Car qu'est-ce que le jūdō sinon l'isolement, la mise en perspective d'éléments pertinents de notre monde, de notre réalité, de notre façon de l'aborder ? N'est-ce pas la transposition de tout cela dans un espace-temps symbolique (un laboratoire en somme), où il nous est proposé de venir découvrir, ressentir, nous confronter à ce qui nous dépasse mais dont nous dépendons : ce qui est universel (les lois du mouvement et de la gravité, par exemple), mais aussi ce qui nous est plus personnel (nos propres schémas d'action, de décision, d'affirmation) ?

Et quelles perspectives cette pratique nous ouvre-t-elle sur et pour notre vie ?

Du juste au beau, et vice-versa[4]

En décembre dernier, M. Thierry Colin a soutenu une thèse de doctorat en sciences sociales portant sur une comparaison des représentations du jūdō chez les enfants, leurs parents et professeurs entre la France et le Japon [057]. Dans celle-ci, il relève, côté japonais, la quête du *tadashii jūdō* et, côté français, du « beau jūdō ». L'occasion de nous interroger sur ces notions.

Tadashii = beau ?

L'art de la traduction s'apparente au jūdō dans la mesure où, puisque les champs sémantiques entre mots de langues différentes ne se recouvrent jamais tout à fait, elle est interprétation (d'une situation, d'une idée, d'un discours...) et donc toujours, comme le jūdō, adaptation. Toute traduction est pis-aller, et si une traduction communément admise rend compte de la plupart des cas, il arrive qu'elle soit, marginalement, source d'erreur. En effet, être systématique, poser des équations (par exemple : jūdō = « voie de la souplesse ») nous fait vite prendre un cas particulier pour une vérité. En faisant fi du contexte, disparaissent différences, nuances ou contrastes, et c'est la confusion.

____

4 - Chronique publiée dans l'*Esprit du judo* n° 30, février-mars 2011.

Ainsi a-t-on tendance à traduire « *tadashii jūdō* » par « beau jūdō ». Et, souvent, avec raison.

Or, *tadashii,* ce n'est pas « beau », c'est « juste ». Et *jūdō* est une voie de l'adaptation.

Juste = beau ?

D'où vient la confusion ? Sans doute de la difficulté à distinguer, dans une forme parfaitement polie, lisse et sans aspérité, le fond de son expression.

Le jūdō – Kanō Jigorō nous l'a dit –, c'est « la meilleure utilisation de l'énergie », c'est-à-dire la parfaite adéquation entre un but et les moyens mis en œuvre pour l'atteindre. En d'autres termes, c'est, en tout et pour tout, faire ce qui est juste. Non pas avec l'idée de justice (rien de moral là-dedans, mais d'éthique, oui), mais avec celle de justesse car « juste », c'est ce « qui est conforme à la réalité de son objet, sans excès ni défaut » [021]. Or, le jūdō passe par le mouvement et, quand celui-ci est parfaitement adapté à la situation, il nous émeut, nous met en mouvement, nous procure une émotion : il nous est beau. Pourquoi ? Parce qu'en s'interdisant toute facilité (le recours à la force physique brute, notamment), on s'en remet à une méthode intransigeante où la moindre erreur est sanctionnée : pas par un arbitre, pas par l'extérieur, mais dans notre corps, notre chair. C'est la chute, l'étranglement, la clé, l'immobilisation... la mort symbolique. Dont on se relève, et, chaque fois que l'on ressuscite ainsi, on a une chance, si on retourne à l'expérience, de polir notre façon, de façonner notre corps à et dans cette méthode, et finalement de dépasser le commun, le vulgaire, pour des sphères plus idéales. Et c'est précisément là la définition du beau : « Qui cause une vive impression capable de susciter l'admiration en raison de ses qualités supérieures dépassant la norme ou la moyenne. » [021]

En conséquence : quand c'est juste, c'est beau. Et le jūdō est le domaine de l'excellence.

Conséquence = but ?

Il me semble donc qu'il ne faut pas voir dans la quête du *tadashii jūdō* la recherche de la beauté, mais celle de la justesse. La beauté, l'esthétique d'un mouvement ou d'une attitude étant une conséquence et non un but. Le but, c'est de faire ce qui est juste, ce qui doit être fait et de la bonne façon et, la conséquence, involontaire, mais qui vient comme cautionner la démarche, c'est que cela nous apparaît beau.

Poser l'équation « *tadashii* = beau » parce que, quand c'est *tadashii*, c'est beau, est un raccourci qui peut avoir pour conséquence de nous entraîner dans une recherche du beau par et pour le beau, c'est-à-dire de s'attacher à une forme finie et parfaite, à vouloir la copier, en pensant que c'est là le but, mais en oubliant que c'est la conséquence d'un parcours ; pire : en n'acceptant pas de suivre ce même parcours, celui-ci n'y menant pas directement, mais passant par le fastidieux, l'ingrat, la rigueur.

Dans la perfection, fond et forme se mêlent. Et le jūdō est un chemin qui y mène.

Rigueur = sens = plaisir ?

Si le passage par la rigueur semble nous détourner du chemin de l'émotion, du beau, c'est en fait pour mieux nous y mener. La rigueur, c'est la rectitude, et non la raideur. C'est ce qui est droit. En japonais, si on place devant *tadashii*, 正, le préfixe privatif *fu*, 不, on obtient 不正 (*fusei*), « ce qui n'est pas juste ». Mais la combinaison de ces deux existe : 歪, et exprime « ce qui est tordu », « déformé ». Veiller à la forme juste, ce n'est pas travailler sur la beauté de la forme, c'est l'élimination progressive, inlassable et imperceptible, sinon à long terme, du non-adapté, du parasite, de l'abrasif, du tordu : c'est le chemin du fluide, de l'adaptation, de la droiture, de l'aisance et du jeu.

C'est tout l'enjeu du *kata* : rendre libre, permettre l'expression individuelle épurée, libérée, par la contrainte première à une forme, mais une forme juste, qui révèle. Qui révèle les possibles, le potentiel, ce qui est en puissance, ce qui est en notre pouvoir et donc, en fin de compte, libère notre puissance.

Ainsi, comme le note M. Colin, la rigueur du professeur n'est pas l'interdiction du plaisir. C'est au contraire la confiance en l'apprenant, en la méthode, la confiance enfin en ce que le respect rigoureux de la forme juste permettra à tous, et non à quelques élus, de toucher au subtil, et donc de connaître dans le futur un plaisir plus grand, plus nourricier et plus fécond.

La rigueur est ainsi promesse de sens. Et le jūdō, la technique qui le révèle.

Quête du juste = quête de l'esthétique ?

C'est parce que l'arbre a des racines puissantes et nourricières bien qu'invisibles qu'il est grand et beau. Cette œuvre au noir, première, permet de déployer le potentiel, de révéler la puissance. De même, c'est parce que le mouvement est juste qu'il est beau. Et il est juste parce qu'on l'a travaillé. Et ce, parce que la beauté de l'expression de nos aînés nous a mis en mouvement.

Justesse et beauté comme racines et ramure. Et, s'il vaut certainement mieux commencer par les premières, que l'on veuille copier les branches, on en viendra tôt ou tard, à force d'échecs par manque de fondations, aux racines. C'est la puissance du jūdō : quelle que soit la porte d'entrée, la motivation initiale, le chemin finit par mener au principe, à condition de s'inscrire dans la durée. Ainsi notre quête esthétique (ce « qui est motivé par la perception et la sensation du beau » [021]) rejoint-elle celle du geste juste.

Le sens du mouvement (juste) devient donc le sens de l'émotion, de la mise en mouvement, et donc du réveil. Du réveil des sens, de l'éveil au sens et donc de l'éveil à soi, au monde. Et le jūdō n'est pas autre chose… entre autres !

Du jūdō
Éléments pour une analyse sémantique

Kanō n'est pas l'inventeur du mot jūdō ![1]

En 1882, Jigorō Kanō crée le Kōdōkan jūdō. Cette école se veut, d'une part, essence et synthèse de ce qui a existé jusque-là, les jūjutsu, et d'autre part, rupture, puisqu'à la fois la forme et, surtout, les ambitions de la méthode vont être révolutionnées. Changer partiellement le nom symbolise ce double mouvement : à la fois l'ancrage dans la tradition et l'origine de la réflexion par la conservation du jū, et le changement par l'abandon de jutsu au profit de dō.

Or, même si, en dehors du cercle fort restreint des initiés, ce mot ne disait certainement rien à personne, le terme lui-même n'est pas une création de Jigorō Kanō car deux écoles – ou plus exactement deux branches au sein de celles-ci – l'ont utilisé auparavant : la Jikishin-ryū et la Kitō-ryū. On notera d'ailleurs que cette dernière est l'une des deux écoles principales auprès desquelles Kanō a étudié avant de créer sa méthode.

Des origines qui se confondent

Il semble – même si les sources parfois s'emmêlent et se contredisent –, que la Jikishin-ryū et la Kitō-ryū aient

---

1 - Chronique publiée dans l'*Esprit du judo* n° 12, janvier-février 2008.

le même fondateur, Terada Mitsufusa, né en 1617. Une autre version attribue la fondation de l'école Kitō à Ibaraki Toshifusa (élève de Fukuno et co-fondateur avec ce dernier de l'école Ryoishintō). Dans les deux cas apparaît Takuan Sōhō[2] (1573-1645), qui aurait transmis deux livres, le « Livre de l'essentiel » (ou « Livre de la posture fondamentale »), et le « Livre du miroir de la nature profonde », qui font partie des documents de transmission de l'école Kitō. Le terme même de *kitō* (*ki*, se lever et *tō*, tomber) serait d'ailleurs à attribuer à

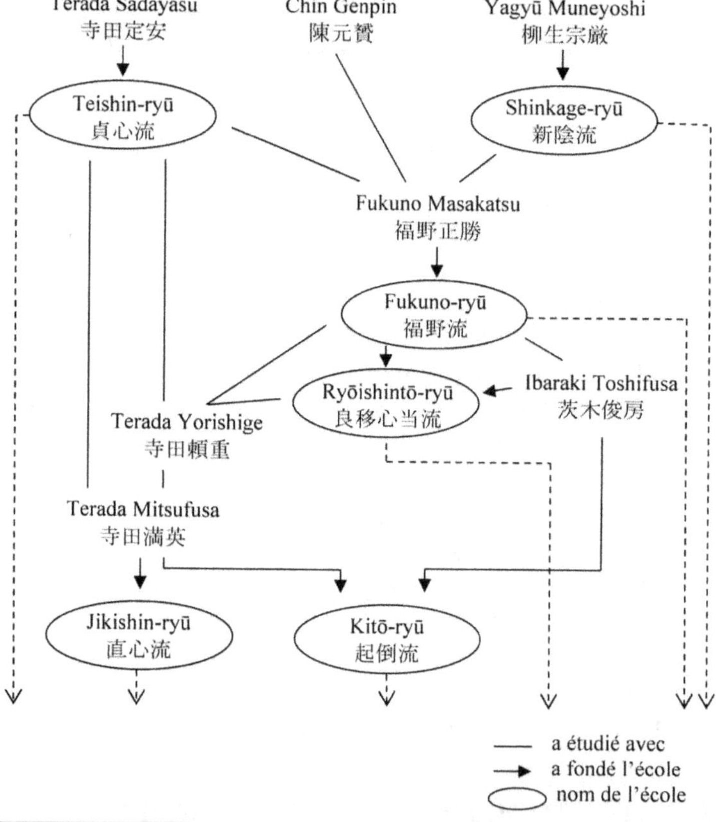

____

2 - Moine zen de la branche *Rinzai*, qui exercera, soit directement par ses rencontres, soit par son ouvrage *Fudō chishin myō roku* (Notes sur le mystère de la sagesse immuable), une grande influence sur le milieu des arts guerriers de son époque et des suivantes.

Takuan. Les deux versions ne s'excluent pas forcément et il est possible que la fondation de l'école Kitō soit due à la collaboration des deux hommes.

Le jūdō de l'école Jikishin

C'est Inoue Masazumi (1724-1780), maître à la quatrième génération de l'école Jikishin et considéré comme le plus grand expert dans la succession de Terada Mitsufusa, qui accole le mot jūdō pour obtenir Jikishin-ryū jūdō. Jūdō s'interpréterait ainsi [046] : « La base de la grande nature, le fait d'appréhender les choses selon le principe moral de douce et souple tempérance qui est naturellement en l'homme » ; ou encore : « Ne pas pencher ». L'idéal étant d'arriver à la compréhension de « rigide et souple, un tout harmonieux », de rendre limpide l'éthique « de douce et souple tempérance » (*kanjū onwa*) et de faire face au monde avec cette attitude.

Jigorō Kanō reconnaît avoir entendu parler de ce courant dont l'influence n'a pas été très importante, et encore moins plus d'un siècle plus tard :

> « Non que le terme *jūdō* n'ait absolument jamais été utilisé par le passé. Certaines écoles, comme la Jikishin-ryū de la province d'Izumo, employaient ce mot de jūdō. Mais cet usage restait vraiment exceptionnel, et l'on disait généralement *jūjutsu, yawara* ou bien *taijutsu*. C'est pourquoi il est juste de dire que je suis à l'origine du mot jūdō tel qu'on le conçoit aujourd'hui. [013, 23]

Le jūdō de l'école Kitō-ryū

C'est Suzuki Seibei Kuninori[3], maître à la cinquième génération de l'école Kitō, qui ajoute au nom de son école le mot jūdō pour former le courant Kitō-ryū jūdō, qu'il faut comprendre ainsi :

---

3 - Ses dates de naissance et de mort sont inconnues mais il a été le professeur de Matsudaira Echū no kami Sadanobu (1759-1829), petit-fils du shōgun Tokugawa Yoshimune (1684-1751). Il a donc dû faire l'essentiel de sa carrière dans la deuxième moitié, voire la fin, du XVIIIe siècle.

« « jūdō », c'est la « sincérité », un enseignement sacré, de l'ordre du divin. C'est un sentiment de pensée non corrompue qui demande pour l'atteindre la maîtrise de soi et le respect des règles sociales. Depuis les temps anciens existe un tel enseignement. La méthode qui y mène est l'étude conjointe de *dō* et *jutsu* qui forment un tout. *Jutsu* est le mouvement, la « technique ». « *Dō* » est « *jikidō*[4] », c'est réaliser la pratique de la vertu la plus pure et du plus grand bien. Toutefois, si l'on n'acquiert pas parfaitement la technique, il est difficile d'atteindre le niveau de la voie vertueuse. En conséquence, il faut d'abord forger *jutsu* et, après l'avoir maîtrisé, le jeter, se détacher du combat, corriger les mauvaises tendances et dévoiler le principe de progresser sur la voie du bien, guider vers ce qui est naturel entre la terre et le ciel. C'est pourquoi, après s'être adonné à la technique, quand on pratique la « voie » (*dō*) de l'union du ciel et de la terre, des dieux et de l'homme comme un tout, le principe de « l'ordre naturel céleste » devient nôtre et on atteint le véritable jūdō. [046]

Un curieux silence

Kanō Jigorō ne parlera ni n'évoquera explicitement ce courant pourtant proche de lui dans le temps comme par l'héritage. Il est pourtant très peu probable qu'il n'en connaisse pas l'existence au moment où il baptise sa méthode, puisque l'école dont ce jūdō est issu est justement celle qu'il étudie. Certes, il n'est pas encore en possession des documents de transmission de l'école, mais comment imaginer que son professeur, Iikubo Kōnen, ne lui en ait jamais parlé ? Qu'il n'y ait pas au moins fait allusion en apprenant l'ambition de son élève ? Pourquoi Kanō Jigorō lui-même, une fois les documents de l'école Kitō en sa possession, n'en parle-t-il jamais dans ses écrits ?

---

4 - *Jikidō,* terme du bouddhisme désignant le chemin le plus court pour atteindre le *satori,* l'éveil. Désigne aussi l'homme, celui qui peut comprendre directement la voie des bouddhas.

Cette absence a de quoi étonner. Peut-être a-t-il craint que l'on pense qu'il ait pu souhaiter raviver le souvenir du Kitō-ryū jūdō ? Peut-être n'avait-il pas très envie de devoir s'expliquer à propos de cette référence, encore moins qu'on la prenne pour une filiation, d'autant que la démarche du Kitō-ryū jūdō est essentiellement mystique, tandis que la sienne se veut pragmatique.

En tout cas, nul doute, comme il l'affirme lui-même : si le mot jūdō a déjà été usité, ce que l'appellation jūdō désigne, dès les premières années 1880 – c'est-à-dire la méthode du Kōdōkan jūdō –, est bien sa création. Il ajoute :

> « Le jūdō d'aujourd'hui n'existait pas encore avant la création du Kōdōkan. Le jūdō qui se diffuse actuellement dans la société n'est pas la reviviscence du jūdō dont on n'employait rarement le terme autrefois : c'est le jūdō créé par le Kōdōkan qui s'est diffusé. En conséquence, seul le Kōdōkan a les compétences requises pour expliquer ce qu'est le jūdō. Donc, [...] si l'on parle de jūdō, on ne doit pas en rechercher l'explication ou l'interprétation ailleurs qu'au Kōdōkan. [045, 74, 75]

Dō est un son grave[5]

Dō est un son grave, court, à peine articulé. Une vibration qui résonne dans la tête, dans le corps.

C'est un son qui fait partie de notre univers de pratiquant, de juDŌka, plus généralement de buDŌka : jūDŌ, bien sûr, mais aussi KōDŌkan, DŌjō ou DŌgi, le terme exact pour kimono.

Si c'est un son, c'est aussi un sens. Un sens que nous suggère son corps. Car dō prend forme pour nous informer : c'est cette calligraphie.

Signe qui désigne, image qui guide l'imagination, ce dessin est un univers qui s'offre à notre exploration.

Si c'est un univers, c'est que ce n'est pas un chaos : dō est organisé, structuré, construit.

D'abord, en partant d'un plan large et en nous rapprochant progressivement jusqu'au détail, *dō,* dans son incarnation graphique, occupe l'espace sans l'envahir, l'emplit sans le remplir.

Mi-clos mi-ouvert, il protège sur trois côtés un cœur ordonné, scrupuleusement agencé, et laisse une entière ouverture sur le dernier.

---

5 - Texte lu lors de la cérémonie des vœux de la Fédération française de jūdō – *kagami biraki,* Paris, janvier 2005.

Trait à trait, l'ordre du tracé guide la main, guide l'esprit.

Un homme a entrepris une recherche mais il est seul, il ne sait par où commencer, comment s'y prendre. Il rencontre une personne, quelqu'un qui sait parce qu'il a déjà vécu ce que le premier cherche à vivre : c'est un aîné, un professeur, un guide, parfois un maître.

Ensemble, ils entreprennent un bout de chemin. Par une voie, le professeur fait découvrir, parcourir et reconnaître de façon très méthodique le cœur du domaine.

Puis, le cœur de ce domaine arpenté, l'élève peut partir à l'aventure seul. Il est libre de son parcours, de son vagabondage : parfois il se rapproche du cœur, parfois il s'en éloigne, il cherche la bonne distance puis, prenant peu à peu force et vigueur, il peut s'élancer vers d'autres domaines, fort de sa base et de son expérience : sa référence.

Nous avons écrit un caractère constitué de deux éléments sémantiques. Là, « la tête », 首, et là, « cheminer » 辶.

Dō nous propose de cheminer dans la direction vers laquelle notre tête est tournée, vers ce que nous regardons, vers notre objectif, notre aspiration.

D'un point de vue graphique comme sémantique, *dō* nous parle d'espace à parcourir et, pour bien arpenter, pour bien connaître un espace particulier, il faut du temps, beaucoup de temps, le temps nécessaire.

En japonais, les caractères ont souvent plusieurs prononciations. *Dō* se dit aussi *michi* où *mi* est honorifique et *chi* signifie le chemin. *Dō,* ou *michi,* c'est donc l'honorable chemin, la voie glorieuse.

Mais *michi* est aussi l'homophone d'un autre mot japonais qui signifie « ce que l'on ne connaît pas encore » 未知.

Dō, c'est donc cheminer sans relâche vers ce que l'on ne connaît pas mais à quoi l'on aspire.

Dō, c'est cheminer longuement en se débarrassant peu à peu du superficiel, du superflu, de ce qui fait obstacle à la compréhension de l'essentiel, de l'essence, du principe... c'est aller au cœur.

Dō est une attitude.

Kanō a choisi *dō* plutôt que *jutsu,* la technique, pour montrer qu'au jūdō, la technique n'est qu'un outil pour progresser sur soi avec l'aide de l'autre, des autres, pour développer un bon caractère, un cœur à la fois ferme et généreux, ce que l'on appelle *kokoro,* 心. *Kokoro* qui n'est autre que, prononcé différemment, *shin* de *shin – gi – tai,* 心-技-体, l'intention.

Jūdō, c'est utiliser la méthode *jū* 柔 (de la souplesse, de l'adaptation) pour en comprendre le principe et, par l'étude de ce principe particulier, accéder à l'universel.

Dō, c'est toute étude qui implique le corps, le cœur et la tête dans une recherche incessante, c'est la recherche du principe, la quête de l'universel.

Ainsi : *aikidō, kendō, karate-dō* mais aussi *kadō, sadō* et plus généralement *geidō,* les arts.

Osons maintenant une traduction : *dō,* c'est à la fois le domaine et le principe.

JŪDŌ : le domaine du *jū.* / KŌDŌKAN : la maison où l'on rend le principe manifeste. / DŌJŌ : là où se trouve le principe (lieu d'étude du principe). / DŌGI : la tenue pour l'étude du principe.

Dō, c'est cheminer, progresser dans le temps et l'espace vers ce que je ne connais pas encore, pour toucher mon essence et appréhender l'existence.

Dō, qu'est-ce que ça veut dire ?[6]

Si « le nom est présage » (Cicéron), que nous promet le mot « jūdō » ? Nous pouvons certes nous engager à corps perdu dans une voie dont on ne sait où elle mène, quand on ne comprend pas ce que le panneau indicateur nous dit, mais le savoir ne peut-il pas nous aider à moins nous égarer, à choisir en conscience, à mieux profiter ? Les termes sont souvent interprétés un peu rapidement, et selon leur acception moderne, déformés encore par le prisme de la traduction. Et même les tentatives de remise dans le contexte de l'époque de leur emploi premier restent imparfaites, puisqu'il nous manque souvent l'interprétation propre et particulière, parmi toutes les acceptions possibles, de leur auteur. C'est le cas pour *jūdō* : qu'a voulu (nous) dire Kanō Jigorō ? En outre, le sens qu'il lui attribuait est-il resté le même de 1882 – date de sa formulation –, à 1938, date de sa mort ?

Une citation de 1889 peut nous éclairer quant au sens du *dō* de *jūdō* :

« Dès lors, certains se demandent certainement pourquoi je l'ai appelé *jūdō* et non *jūrigaku* ou *jūriron,* mais c'est

6 - Chronique publiée dans l'*Esprit du judo* n° 40, octobre-novembre 2012.

que cela ne me plaisait pas non plus. En effet, ce nom aurait alors sonné comme trop nouveau et j'ai craint que les gens le comprennent comme quelque chose que j'aurais inventé moi-même entièrement. [001]

Ce passage est essentiel. Kanō nous fournit là une information précieuse – et unique, car il ne le dira plus de façon aussi explicite –, nous permettant d'interpréter le sens dont il revêtait le mot *dō* 道 lorsqu'il l'a choisi en remplacement de *jutsu*.

Certes, nous avons vu qu'il s'exprimera à plusieurs reprises et de diverses façons sur la différence entre *jūjutsu* et *jūdō* avec des phrases telles que celle-ci : « Simplement, la seule différence est que, si on dit *jūjutsu*, on désigne principalement la technique, tandis que si on dit *jūdō*, on désigne *dō* ainsi que toutes ses applications pratiques. » [012, 150]

Mais cela ne nous renseigne pas vraiment sur sa conception de la valeur de *dō*, pour lui, à vingt et un ans, au moment de la création du jūdō. Il nous faut donc chercher d'autres indices et, parmi ceux-ci, nous trouvons : « Or, si moi j'ai créé le terme *jūdō*, ce n'est pas simplement pour faire comme l'*ikebana (arrangement floral, NDLR)* que l'on appelle *kadō*, mais pour exprimer que je pose *dō* pour fondamental. » [013, 23]

S'il ne nous explique pas ici non plus ce qu'il entend par *dō*, il nous dit au moins qu'il ne s'agit pas tout à fait de la même chose que l'utilisation qui en a été faite dans l'arrangement floral – mais sans non plus préciser ce qu'il comprend du *dō* dans ce cas-là.

Un indice : l'arrangement floral

Ainsi, les éléments dont nous disposons sont : le *dō* de *jūdō* n'est pas celui de *kadō*, et le *jūdō* aurait aussi bien pu s'appeler *jūrigaku* ou *jūriron*… Puisqu'il ne nous en dira pas plus, à nous de parcourir le chemin ! Dans ce qui va suivre, nous nous concentrerons sur l'interprétation de *dō* et éviterons, tout au long de cette démonstration, de traduire *jū,* afin de garder toute l'attention sur le terme qui nous intéresse.

L'arrangement floral, le *kadō,* appartient aux arts, *gei.* Or, depuis le début de l'époque d'Edo (1600-1868), on commence à employer de plus en plus fréquemment *dō* pour exprimer qu'il ne s'agit pas seulement de faire quelque chose, mais de le faire pour en révéler toute la saveur, même si – et peut-être à plus forte raison si – il s'agit d'actes triviaux, comme de faire le thé (la cérémonie du thé, qui prendra bientôt le nom de *sadō,* se développe à partir de l'époque d'Azuchi Momoyama, 1568-1600) ou décorer une pièce avec des fleurs.

C'est généralement à Zeami (1363 ?-1443 ?) – la personne qui a codifié le théâtre *nō,* en a écrit la plupart des traités et la moitié du répertoire – que l'on attribue la paternité de cet usage avec l'invention du terme *geidō,* « les arts », lequel apparaît dans son ouvrage de réflexion sur sa pratique, *Kakyō,* « le miroir de la fleur » (1424) : « Si on s'investit entièrement dans l'art (*geidō*), que par l'étude et encore l'étude on le comprend, finalement, certainement y a-t-il un chemin (*dō / michi*) pour l'exprimer. » [014, 015, 016]

Pourquoi Zeami a-t-il recouru à ce mot de *dō* ? Pour essayer de comprendre, il faut s'intéresser à son usage au Japon, où il conviendrait de distinguer les lectures *michi* et *dō* qui, chacune, offrent un pan différent et complémentaire de l'interprétation possible. Pour n'en aborder que l'essentiel, *dō / michi,* c'est avant tout l'aire, le domaine, au sens géographique comme au sens de champ de compétence. Par exemple, à partir du VIIIe siècle, se mettent en place sept routes au départ de la région centrale, Nara puis Kyōto, qui prennent le nom de leur destination ou, plus exactement, de leur direction. La plus célèbre, parce que, presque mille ans plus tard, elle servira à la liaison avec Edo, mène vers les régions de la côte pacifique – et donc, vue de Kyōto, vers la mer de l'est – et prendra le nom de Tōkaidō, littéralement « route de la mer de l'est », « route qui mène à / vers la mer de l'est ». Mais le plus bel exemple de cet emploi est récent et date de l'ère Meiji (1868-1912), quand on a réellement commencé à s'intéresser à l'île du nord que l'on appelait alors Ezogashima, « l'île des Ezo », ou Ezochi, « la terre des Ezo », les Ezo étant les tribus locales considérées comme barbares. On a alors créé une huitième route : le Hokkaidō, et finalement, si tout le monde a oublié la route, sa destination, elle, en a gardé le nom et personne ne s'étonne plus que cette grande île s'appelle « route vers la mer du nord » (depuis 1869), ou, si l'on revient à l'emploi premier, « le territoire / l'aire géographique de la mer du nord », ou encore « aboutissement de la route vers la mer du nord ». De même que l'emploi de *dō* dans le sens de domaine de spécialité est attesté dès l'époque de Heian (794-1185), où les carrières de fonctionnaire se distinguent en quatre spécialisations *(dō)* : les classiques, le droit, les lettres et le calcul.

Alors sans doute que, pour Zeami, ce *dō* accolé à *gei* signifiait-il « ce qui relève des arts », mais aussi « le parcours qui nous y mène », le travail et l'apprentissage, lesquels nous révèlent finalement, toutes les étapes franchies, l'art comme une terre promise, qu'il nous est donnée de contempler et à laquelle on a enfin accès.

De prime abord, cela correspond assez bien à ce que Kanō semble nous proposer, et cela n'est certainement pas trahison de sa pensée que de proposer que *jūdō*, c'est « ce qui relève de *jū* », ce qui est du « domaine de *jū* » tout comme la méthode rationnelle qu'il établit – et sur laquelle il insiste dans cette conférence même –, qui représente « la route qui mène à *jū* ».

Mais le jūdō, c'est autre chose

Alors pourquoi Kanō nous dit-il que ce n'est pas « simplement » cela ? Nous pouvons imaginer au moins deux raisons.

La première nous est donnée par un argument qu'il exploite quand il pointe la différence sémantique entre le terme *jūjutsu* et le nom des méthodes qui citent explicitement une arme (*kendō*, « la voie de l'épée », par exemple). Là encore, les arts qui utilisent le mot *dō* l'associent à un élément concret (les fleurs, le thé…), tandis que *jū* est un principe, une abstraction. Notons que le mot *budō,* tout comme *bushidō,* ne s'emploient que marginalement avant la création du *jūdō,* et que leur emploi le plus connu se retrouve sous le pinceau d'Ihara Saikaku (1642-1693) qui dresse un portrait satirique de la classe guerrière.

Quant à la seconde raison : si *dō* est la route qui mène à un domaine et finalement, ce domaine particulier, Kanō, lui, n'a eu de cesse de l'arpenter et de le révéler. Le résultat est qu'il a pu en prendre la mesure et, surtout, se confronter à ses limites :

> « Autrefois, j'avais fait du *jūdō* un exercice qui, par une mise en application de *jū no ri (principe jū, NDLR),* permettait de maîtriser son adversaire, et je l'enseignais comme la science allant au bout de cette logique. En fin de compte, cela revient à peu près au même, mais ma définition d'alors était incomplète. Premièrement, comme avant je m'efforçais d'expliquer l'ensemble de la théorie du *jūdō* selon *jū no ri,* cela était naturellement impossible. C'est sans doute parce que la plupart des techniques de *jūjutsu* anciens reposent sur *jū no ri* qu'on a appelé l'art lui-même *jūjutsu.* Et c'est pour ce type de raison que j'entreprenais moi aussi de tout expliquer selon *jū no ri.* [017, 124-5]

Et si ce domaine lui apparaît vite comme un carcan, cherchant d'abord désespérément à l'intérieur ce qui ne s'y trouvait pas – et par là apprenant à mieux en connaître encore chaque recoin, tout en en établissant les frontières –, c'est par la réflexion sur ce qui appartient au champ de *jū* et ce qui en est extérieur qu'il a finalement pu formuler un principe transcendant rendant compte de toutes les situations du combat et au-delà.

Ainsi, contrairement au *dō* de *sadō* ou *kadō,* dans *jūdō,* *jū* n'apparaît pas comme la destination, mais comme, sinon le point de départ, un passage nécessaire. Et c'est un des problèmes auquel Kanō va se trouver confronté : il va même envisager, aux environs de 1926, de changer le nom de sa méthode pour mieux en exprimer le sens. Ce qu'il ne fera pas – le *jūdō* s'est déjà par trop diffusé –, disant que, peu importe le nom, pourvu qu'on l'interprète convenablement ([012, 150] – et c'est là notre chance puisqu'il n'aura ensuite de cesse de publier, afin que nous percevions ce qu'est réellement le *jūdō*.

Aussi la conclusion que nous pouvons en tirer est que le *jūdō* signifie « la voie / le chemin qui passe par *jū* ». Cette interprétation nous est dictée par la vie, la réflexion, les mises en garde de Kanō à travers ses écrits. Mais, pour autant que nous la prétendons vraie et pertinente, elle n'en reste pas moins, pour la date qui nous préoccupe, à savoir 1882, anachronique. En effet, les citations que nous avons proposées en illustration de la première étape de notre démonstration – et que nous pourrions multiplier – sont toutes postérieures à 1915 et comportent donc certainement une part de reconstruction de l'histoire, consciente ou non, de la part de Kanō.

Pour essayer de nous approcher du sens du mot *jūdō* au plus près du moment de sa création, il nous reste à reprendre les suggestions formulées ici : *jūrigaku* et *jūriron*.

Dō... mais encore ?[7]

Si Kanō se défend de ce que le *dō* de *jūdō* serait le même que celui de *kadō* (l'art floral), il nous dit aussi, dans sa première conférence de mai 1889, que, à part que cela « aurait alors sonné par trop nouveau », le *jūdō* aurait tout aussi bien pu s'appeler *jūrigaku* ou *jūriron*. [001]

Il est donc possible d'en conclure que *rigaku* 理学 et *riron* 理論 ont tous deux des sens extrêmement proches de ce que Kanō entendait par *dō*. Il ne nous reste plus qu'à nous intéresser à ces termes, qui peuvent être chacun interprétés comme des mots à part entière, ou comme des mots composés.

Ainsi, *rigaku,* pris comme un ensemble, est, dans les premières années de l'ère Meiji (1868-1912), le terme utilisé pour traduire « philosophie », avant que la traduction ne se fixe sur *tetsugaku* au début des années 1890, c'est-à-dire exactement au moment de cette conférence. Ceci dit, s'il est important de garder en tête ce contexte, notamment parce que l'auditoire a pu l'interpréter comme tel, et que Kanō en a certainement conscience, il est peu probable que cela soit la signification qu'il lui donne, car on sait que, pour « philosophie », il utilisait déjà le terme *tetsugaku* depuis au moins 1888 dans ses publi-

---

7 - Chronique publiée dans l'*Esprit du judo* n° 41, décembre 2012 – janvier 2013.

cations sur... la philosophie, justement [018]. Mais *rigaku*, c'est aussi un courant du néo-confucianisme chinois du temps des Song (960-1279), dans lequel on établit une distinction entre le *ri* 理, le principe, et *ki* 気, sa manifestation phénoménale. Pour Zhū Xī (1130-1200) – dont la pensée va devenir la doctrine officielle en Chine et qui ne tardera pas à être introduite au Japon, où elle deviendra l'une des idéologies dominantes de la période d'Edo (1600-1868) –, les *ri* (principes) individuels n'étant que les images diverses du *ri* unique et suprême, *taikyoku* 太極 (le « suprême ultime »), c'est-à-dire le principe qui préexiste à la séparation du ciel et de la terre et à la création de toute chose, c'est celui-ci qu'il convient de voir et de rechercher au travers de ses manifestations particulières. Ici, *rigaku* se comprendra donc plus volontiers comme la composition de « études », *gaku,* et « principe », *ri,* qui constitue donc « l'étude du / des principe(s) ».

Quant à *riron,* le *Dictionnaire étymologique de la langue japonaise* [019] nous informe que c'est la traduction du mot anglais *theory* qui s'impose dans ce sens, là encore, à l'époque Meiji et donc précisément à l'époque de ce discours. On comprendra dès lors l'argument donné par Kanō : « Cela aurait alors sonné par trop nouveau. » Mais ce même dictionnaire nous précise qu'avant cela, il a été l'un des concurrents – ainsi que *rigaku,* donc – pour la traduction de « philosophie ». Nous voyons donc que cette idée de philosophie apparaît encore en filigrane au travers de ce terme. Et ce n'est guère étonnant puisque, pendant l'année universitaire 1881-1882[8], Kanō est étudiant en philosophie à l'université de Tōkyō. Si, maintenant, on sépare les caractères qui composent ce terme, on retrouve *ri,* « principe », et *ron,* « expliquer en organisant méthodiquement la logique » [020], ce que nous pourrons synthétiser en « discourir » ou « discours », « développer sa pensée après avoir exposé la logique » [021]. Ce qui nous donne *riron* : « discours sur le(s) principe(s) ».

---

8 - L'année universitaire allait alors de juillet à juillet. Or, Kanō crée le jūdō en mai 1882, c'est-à-dire en plein milieu.

En résumé, les propositions faites par Kanō en remplacement de *jūdō, jūrigaku* et *jūriron,* peuvent se comprendre comme :

◊ « philosophie de *jū* » (dans les deux cas) ;
◊ « étude du principe *jū* » (*jūrigaku*) ;
◊ « discours sur le principe *jū* » / « théorie de *jū* » (*jūriron*).

L'idée de principe est ainsi omniprésente. Et plus encore si on se souvient que la méthode de Kanō ne s'appelle pas *jūdō* mais *Kōdōkan jūdō,* où Kōdōkan 講道館 est le nom de son *dōjō.* Or, si *kan* est la « maison », le « bâtiment », *kōdō* signifie « rendre le principe extrêmement clair » [020]. Le Kōdōkan est donc le « bâtiment où l'on rend le principe manifeste ». Manifeste, parce qu'intellectuellement compris et physiquement démontré. Nul doute que pour Kanō Jigorō, ce nom renvoie avant tout à l'idée que c'est là que la théorie, d'une part, et sa mise en application d'autre part, se rejoignent :

« [...] Le jūdō que j'enseigne diffère quelque peu des jūjutsu traditionnels. C'est la raison pour laquelle je baptisai le lieu d'enseignement de ce jūdō le Kōdōkan. Le but était de clairement montrer que l'on n'y enseignait pas de simples techniques martiales. S'il s'était agi d'un dōjō uniquement pour cela, je l'aurais sans doute appelé Renbukan *(練武館, « bâtiment où l'on s'entraîne aux pratiques guerrières », NDLR),* Kōbukan *(講武館, « bâtiment où l'on expose les principes guerriers », NDLR)* ou encore Shōbukan *(尚武館, « bâtiment de l'esprit guerrier », NDLR).* Si j'évitai, à dessein, ces dénominations et choisis Kōdōkan, c'était afin qu'il soit évident que l'on considérât *dō* comme fondement et la technique comme son application. [013, 23, 24]

Alors pourquoi *dō* et non pas *ri,* alors même qu'il utilisera régulièrement l'expression *jū no ri* (le principe *jū*) à partir de 1899 ?

Nous proposons que, d'une part – et quoiqu'il s'en défendît par la suite –, la connotation japonaise de « domaine » et de « route » ne lui a pas été indifférente et que, formé à la pensée chinoise et tout à sa réflexion sur le principe, *ri,* il a été influencé par les sens chinois du mot. En Chine, où il est lu *dào,* il y a d'abord le *dō* taoïste, que définit le premier article du *dào dé jīng* (où il est ici traduit par « voie ») : « La voie qui peut être exprimée par la parole n'est pas la Voie éternelle ; le nom qui peut être nommé n'est pas le Nom éternel. [L'être] sans nom est l'origine du ciel et de la terre ; avec un nom, il est la mère de toutes choses. » (Traduction : Stanislas Julien)

Anne Cheng précise :

> « La Voie (*dào* 道) [...] comporte le sens littéral de route, chemin et, comme en français, le sens figuré de méthode, principe. Il faut cependant distinguer la Voie des taoïstes de celle des confucéens. Pour les premiers, la Voie est, en très bref, la grande communion qui régnait à l'Origine entre les êtres et les choses, et qu'il s'agit de retrouver. [022]

On comprendra alors aisément que Zhū Xi ait affirmé : « La voie [*dō*] n'est autre que le principe [*ri*]. » [023, 95] Ainsi, retenons cette interprétation venue de Chine, qui nous renvoie au terme *rigaku,* et qui rapproche *dō* du principe ultime, *taikyoku.*

Pourtant, nous ne saurions oublier le *dō* confucéen, où « la Voie désigne plus spécifiquement la Voie des Anciens, c'est-à-dire des Sages Rois de l'antiquité » ; et Anne Cheng de poursuivre :

> « L'homme de bien et, dans une moindre mesure, le gentil homme doivent tendre vers la réalisation du Souverain Bien qu'est le *ren.* [...] C'est le maître mot de l'éthique confucéenne. Le *ren* est une vertu d'humanité, le caractère chinois 仁 se composant des deux éléments : 人, homme, et 二, deux. Il ne désigne donc pas un Bien abstrait, absolu, mais le bien qu'un homme peut faire à un autre. [022, 20, 21]

Ainsi, le *dō* confucéen, c'est la façon dont les hommes doivent se comporter de façon que la société se porte bien.

Or, chez Kanō, nous trouvons cette double démarche. D'abord cette recherche permanente, cette réflexion continue – qui ne l'abandonnera pas jusqu'à la fin de sa vie – sur l'éthique. Mais aussi cette tension permanente vers le principe sous-jacent des choses, vers le *taikyoku*, comme nous montre cette citation, qui unit ces deux aspects :

> « Si l'on expose la morale selon la théorie d'une faction ou bien selon une religion, cela ne pose aucun problème pour les adeptes de cette doctrine ou de cette confession, mais il est absolument impossible d'obtenir l'adhésion de personnes extérieures. Si nos explications ne se fondent pas sur un principe fondamental qui ne puisse qu'être admis de tous, on ne peut débattre de véritable morale approfondie. En outre, il est un principe fondamental qui sous-tend les enseignements des religions, les théories des intellectuels. En d'autres termes, les théories sur la morale du bouddhisme, du confucianisme, du christianisme ou de n'importe quelle autre école, doivent toutes, obligatoirement, reconnaître ce principe fondamental. C'est à dire qu'il doit exister un principe premier contre lequel on ne peut aller. Quelque chose que même les personnes qui ne reconnaissent aucune religion ou doctrine ne puissent qu'admettre. [024, 142]

Car nous n'oublierons pas que la motivation de la création du *jūdō* s'inscrit dans une volonté de changer l'homme pour changer la société par une meilleure entente entre les individus, un comportement plus adapté à la vie sociale, ce qui nous rapproche du *dō* confucéen.

Mais *dō* a aussi l'avantage, par rapport à *ri*, plus abstrait, de véhiculer une image dynamique, ne serait-ce que celle de cheminement : avec *dō*, il s'agit de prendre son baluchon et de partir en quête de... sa quête. Et, comme nous l'avons vu, dans le cas de Kanō, cela l'amènera bien au-delà du seul domaine de *jū*. Mais nous prétendons qu'il l'ignorait encore en 1882. C'est pourquoi il nous semble qu'à cette date, et peut-être même encore en 1889, *dō* doit être compris comme englobant *ri*, ainsi que l'idée de domaine et de route qui y mène. *Jūdō* : « le domaine du principe *jū* pour changer l'homme et la société », « le chemin qui révèle le principe *jū* et permet à l'homme de mieux vivre en société » ?

Enfin, nous pouvons réunir toutes ces interprétations grâce à une phrase du moine Dōgen (1200-1253) : « *Bodhi* est la prononciation indienne, ici nous disons *dō.* » [025] Jean-Noël Robert nous éclaire sur ce qu'est *bodhi* et, dans le même temps, attire notre attention sur un point essentiel de la proposition de Kanō que ce terme *dō* recèle :

> « Alors que la plupart des religions [...] sont fondées sur la croyance en une révélation, le bouddhisme a pour fondement une découverte : c'est la compréhension par expérience (la *bodhi,* qui est le fait du *buddha*), et du même coup la délivrance, des mécanismes du monde. [026, 19, 20]

Dō : comprendre les mécanismes du monde par l'expérience ? Quelle plus belle définition du projet de Kanō ? *Jūdō* : « comprendre *jū* par l'expérience et percer les mécanismes du monde. »

Les errances nécessaires[9]

Puis, s'il advient d'un peu triompher, par hasard,
Ne pas être obligé d'en rien rendre à César,
Vis-à-vis de soi-même en garder le mérite,
Bref, dédaignant d'être le lierre parasite,
Lors même qu'on n'est pas le chêne ou le tilleul,
Ne pas monter bien haut, peut-être, mais tout seul !
Edmond Rostand, Cyrano de Bergerac, Acte I, scène VIII.

De la graphie au sens

Nous écrivons de moins en moins à la main, le français comme le japonais. Bien ou mal ? Ce n'est pas la question. Mais, par mon expérience, je sais que les pensées et leur mise en forme ne suivent pas le même parcours si on les organise au travers du clavier ou les couche sur papier. La graphie des mots nous parle, et c'est sans doute plus vrai encore du japonais : au-delà de leur sens ou de leur utilisation, le chemin qu'ils nous font tracer sur la page, par la répétition, instille en nous, en notre chair, une résonance à la fois discrète et profonde qui se trans-forme parfois en écho sourd. Celui-ci, s'il résiste à notre compréhension intellectuelle, à une identification simple, ne peut bientôt plus être ignoré.

---

9 - Chronique publiée dans l'*Esprit du judo* n° 50, juin-juillet 2014.

Pour ma part, un des caractères auquel j'ai consacré le plus de recherches et de réflexion et, qu'en conséquence, j'ai sans doute le plus écrit, est le *dō* 道 de *jūdō*. Or, les sinogrammes sont constitués de « clés » ; dans le cas de *dō*, la clé est dite « clé du cheminement[10] », 辶. Et je l'ai beaucoup tracée !

Méandres

Intéressons-nous au tracé de cette clé[11]. Elle est composée de 3 traits. Le premier part timidement et prend tout de suite du volume pour s'arrêter aussitôt, déjà orienté vers ce qui sera le point de départ du deuxième. À mon sens, il représente l'apprentissage (*shu*[12]) : quand on est mis, guidé sur le chemin. En *jūdō* : des premiers pas sur le

10 - En japonais, son appellation actuelle, « shinnyō » ou « shinnyū », n'a pas cette signification mais désigne sa graphie et son sens de tracé : l'idée de « cheminement » est donnée par l'étymologie (issue de 辵 : « désigne un déplacement s'effectuant avec les pieds » [020]) et, surtout, par les caractères et la composition de ceux-ci, dans laquelle on la retrouve.

11 - Je précise que, à part l'ordre des traits, ce que je présente ici n'a rien d'objectif ou de scientifique : il s'agit de mon ressenti, et les conclusions que je propose n'engagent que moi.

12 - *Shu* 守 (respecter les enseignements) – *ha* 破 (rompre, s'opposer, explorer par soi-même et à son idée) – *ri* 離 (après avoir par soi-même retrouvé et compris la pertinence des apprentissages premiers, les exprimer de façon adaptée à soi) représentent les 3 étapes de l'apprentissage classique japonais.

tapis à la ceinture noire. Puis il y a rupture : le pinceau (stylo) se lève pour se reposer et prendre un autre chemin qui, sitôt entamé, s'oriente vers le haut, dans le sens inverse de celui initialement proposé... il s'oppose (*ha*), pour bientôt parvenir à une impasse, retomber (subir le mouvement, la pesanteur), pour – changeant à nouveau de direction – reprendre de la force en une forme étonnamment proche du premier trait, puis, se réorientant encore, partir à rebours, vers la gauche (ce qui, pour un droitier, est centripète : ramène à soi), perdant peu à peu de la vigueur, de l'élan pour, finalement, s'étiolant, s'arrêter. Le pinceau, le cœur du pratiquant, reprend là où il s'était arrêté, trouve la force de repartir, de faire front à l'adversité en un sur-effort, vers le haut, revenant un temps court en arrière, sur le chemin qui l'avait mené à s'épuiser, pour aussitôt bifurquer, utiliser l'ordre naturel des choses à son avantage, se laissant doucement porter par la pesanteur pour déployer bientôt peu à peu sa pleine puissance en un chemin qui ne s'oppose ni ne subit : un chemin propre (*ri*) et centrifuge (tourné vers l'extérieur).

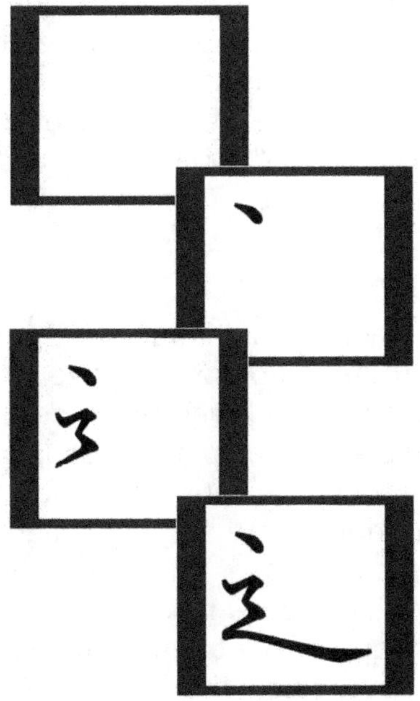

Ctrl (pomme) z

Ce qui est intéressant dans ce tracé, c'est que l'erreur, les impasses, les hésitations, les rebroussements de chemin sont visibles, présents. Mieux : ils préparent et construisent la glorieuse apogée du parcours. On ne les efface pas, on ne les masque pas : on les assume, on leur témoigne même de la reconnaissance.

Aujourd'hui, numériquement, le retour en arrière, « annuler », est immédiat, total et transparent : ce qui était n'est plus et, en ce qu'il n'a laissé nulle trace, n'a jamais existé. Et dans la vie, on voudrait qu'il en aille de même : pouvoir effacer, revenir en arrière, appliquer notre combinaison de touches, version moderne d'un rêve d'une formule magique d'effacement... N'est-ce pas la crainte commune, sur un CV, que de ne savoir comment justifier un « trou », un changement de cap, une voie abandonnée ?... quand ce sont pourtant nos échecs qui nous construisent. La rature laisse trace : l'erreur, l'impasse, ce qui a été et qui, si on s'y était arrêté, aurait pu être avant de céder place, est là. Les formules intermédiaires, plus maladroites et incomplètes encore que la formulation finale apparaissent, occupent l'espace, appartiennent à l'expérience. Que les brouillons des écrivains célèbres s'arrachent à prix d'or appartient à cette conscience : le génie, c'est avant tout du travail et... l'accouchement est rarement sans douleur.

Errer

Les grandes traditions initiatiques – spirituelles ou opératives – ont toutes valorisé le voyage, préférant pour la formation de l'homme l'aventure – c'est-à-dire « ce qui advient » – au préparé, au planifié (sans relief ?). Que l'on pense, en Occident, au tour de France du compagnon (qui a aujourd'hui encore son équivalent en Allemagne, par exemple), au chevalier errant (« errer » : voyager, en ancien français), au soufisme dans le monde arabe, dont les adeptes s'appelleraient entre eux « voyageurs » [027], ou, au Japon, aux moines itinérants, *yugyō hijiri,* sans parler des pèlerinages, toutes religions ou croyances confondues. Du Bellay fait de celui « qui, comme Ulysse, a fait un beau voyage » un homme « plein d'usage et raison[13] », et ce n'est pas par hasard que c'est dans son chapitre « De la vanité[14] » que son contemporain, Montaigne, justifie sa soif de voyage, qui le mène à relativiser les vérités locales en se confrontant à d'autres réalités et visions, et finalement à rencontrer l'humanité : « J'estime tous les hommes mes compatriotes : et embrasse un Polonois comme un François ; postposant cette lyaison nationale, à l'universelle et commune. » [028]

Je me souviens d'un texte du manuel d'anglais de 1re où un médecin australien, parlant de lui et des gens de son milieu qui n'avaient jamais connu la moindre difficulté sérieuse, sur aucun plan, n'avait pour seule crainte que de se retourner au seuil de la mort et de se demander : « Avons-nous seulement vécu ? » Ainsi, si rencontrer l'inattendu, l'inconnu, est déjà facteur de progrès et d'ouverture, ne doit-on pas considérer que ce qui permet réellement la métamorphose du compagnon en maître, c'est la rencontre de la difficulté, de l'échec à dépasser ? Ainsi en va-t-il de nos héros, qui ne cessent de tomber de Charybde en Scylla et doivent chercher au plus profond d'eux-mêmes, et parfois dans le secours d'autrui – sans l'avoir cependant sollicité, mais en ayant su l'accepter, le recevoir –, les ressources nécessaires à leur survie (physique ou symbolique). Ce faisant, on subit des pertes, des revers, mais c'est ce qu'il y a de vaillant en nous qui, plus léger, plus essentiel, débarrassé du superflu, du pesant, triomphe et revient à bon port jouir et faire profiter des fruits du voyage.

La pédagogie de l'échec

Montaigne a beau dire que « c'est tousjours gain, de changer un mauvais estat à un estat incertain[15] », se

---

13 - Joachim du Bellay, « Heureux qui comme Ulysse ».

14 - *Essais,* Livre III, chapitre 9.

15 - *Essais, op. cit.*

mettre en route est toujours un moment de courage, un élan vers « autre chose », qui a une forme, une représentation, un objet... ou non, seulement une impulsion de départ, un besoin irrépressible, la fuite d'un inconfort.

Le jūdōka – appellation que, rappelons-le, Kanō Jigorō n'utilise pas au profit de *jūdō shūgyōsha* (« le pèlerin du jūdō », « celui qui apprend en pérégrinant » ou « se met en route pour apprendre ») –, lui, fait le choix de renoncer à son confort pour aller se confronter non pas à l'autre, mais à l'échec : il va éprouver ses solutions, explorer de nouvelles voies. Mais il n'est pas abandonné à lui-même, puisque Kanō nous dit « [qu']il n'y a qu'un seul chemin selon lequel l'homme doit progresser » [029, 260], dans l'aventure de la progression en jūdō comme dans la vie : celui de la « meilleure utilisation de l'énergie ».

Mais comment apprendre à reconnaître ce chemin, quand rien ne nous garantit que ce pour quoi nous optons est bien la bonne utilisation de l'énergie ? Rien, en effet, que l'expérience, et donc après avoir connu moult déboires et déconvenues.

Un proverbe japonais dit : « Bodhi-dharma tombe sept fois et se relève huit[16] ». Or, l'esprit du jūdō, son fondement, n'est-ce pas justement de savoir se relever et d'apprendre de ce qui nous a menés à la chute ? *Ukemi,* « la chair qui reçoit », et dans laquelle s'inscrit l'expérience, toutes les expériences, du pinceau, du tapis, du monde professionnel... Et où se mûrissent petits et grands succès. « Il faut collectionner les pierres qu'on vous jette. C'est le début d'un piédestal », disait Hector Berlioz : voilà une réponse à la question « À quoi ça sert / a servi ? », que le découragement nous amène parfois à nous poser.

Ainsi, en jūdō, comme dans le voyage incertain qu'est la vie, trouver sa voie est un cheminement, mais le Cyrano de Rostand nous le dit : peu importe la longueur

---

16 - Pour ceux qui feraient le calcul, n'oubliez pas qu'avant de tomber la première fois, il faut s'être levé déjà une fois.

du voyage, la distance parcourue, pourvu que l'on ait cheminé par nous-mêmes. Et Sinatra ne le chante-t-il pas ?

> I've lived a life that's full.
> I've traveled each and ev'ry highway;
> And more, much more than this,
> I did it my way[17].

---

17 - Frank Sinatra, « My way », 1969.

Postures

Les vendanges tardives[1]

> Ces jours qui te semblent vides
> et perdus pour l'univers
> ont des racines avides
> qui travaillent les déserts.
> *Paul Valéry, Charmes, Palme, 1922.*

Le système scolaire ou universitaire le démontre sans cesse, tout comme l'angoisse des « trous » dans le CV au moment d'un recrutement : notre société déteste que l'on s'attarde en chemin, proscrit la « perte » de temps. Il y a les voies royales, à la porte desquelles il faut se présenter jeune, avant qu'elles ne se referment irrémédiablement. Il y a les parcours (du *combat-temps*) obligés, garants de reconnaissance sociale, qu'il faut franchir dans des délais raisonnables. Il faut savoir ce que l'on veut / peut / doit faire et s'y diriger d'un bon pas : pas question de baguenauder !

Un autre paradigme

N'y a-t-il donc aucun autre modèle que celui de la performance et de la fulgurance ? Et, puisque nous sommes jūdōka, que nous propose Kanō Jigorō qui, lui, est un

______

1 - Chronique publiée dans l'*Esprit du judo* n° 22, octobre-novembre 2009.

modèle de précocité ? Entreprendre l'étude du jūdō consistait à se rendre au Kōdōkan et à solliciter l'enseignement. Moyennant un serment en cinq points – dont le premier et principal était de ne pas interrompre l'étude arbitrairement –, les portes s'ouvraient, gratuitement. Après, c'était la vie du dōjō, son rythme, ses cycles, mais rien qui suggérât, dans les écrits laissés par le fondateur, qu'il faille se hâter pour quoi que ce soit. Et ce, malgré l'envergure de l'ambition, qu'il définit en 1915 ainsi : « Se réaliser et contribuer à la société. »

« Charité bien ordonnée... »

Qu'est-ce que « se réaliser » pour Kanō Jigorō ? « La réalisation de l'individu est le plus grand développement physique et spirituel auquel l'individu puisse parvenir en fonction de la société dans laquelle il vit, ainsi que la plus grande puissance, matérielle et immatérielle, que son potentiel lui permette d'acquérir. » [052, 295] Quant à « contribuer à la société », il s'agit de mettre ses qualités développées au service des besoins de la société, c'est-à-dire de ses manques. Ainsi l'individu doit-il se positionner au sein d'un triangle dont les sommets sont : compétences, aspirations (inclinations), besoins de la société. Cela signifie que si l'individu ne peut pas développer toutes ses capacités, ou dans une direction qui lui est par trop éloignée, « forcée », la société n'en tirera que des bénéfices limités. L'individu doit donc se connaître et devenir aussi compétent qu'il lui est permis avant de pouvoir offrir quoi que ce soit aux autres.

De la performance à la compétence

Kanō Jigorō nous parle de compétence, pas de performance. La performance, c'est la comptabilité de nos « exploits » : c'est le CV, l'enregistrement (en anglais : *to record*) de nos meilleures expériences, ou les plus significatives. On peut l'aborder selon une perspective individuelle – les records personnels – ou plus globale, comparatiste : qu'est-ce que vaut cette performance au regard de celle des autres ? La performance, c'est agir sous le regard des autres, les prendre à témoin. La performance a besoin de lumière.

Quant à la compétence, c'est la « capacité que possède une personne de porter un jugement de valeur dans un domaine dont elle a une connaissance approfondie » [021]. La compétence a besoin d'une « connaissance approfondie », qui creuse la terre, qui soit profondément enracinée, qui se nourrisse des ténèbres. La graine se décompose, se transforme, grandit et perce vers la lumière. Ces graines de connaissances, qui permettent de « porter un jugement de valeur », c'est-à-dire de jauger, de prendre une décision et donc d'agir, Kanō nous propose de les récolter par l'expérience, par l'implication du corps pour entraîner le cœur. Or, l'expérience, qui « n'éclaire que le chemin parcouru », ne peut être qu'individuelle. Pour deux raisons au moins : les individus sont différents les uns des autres et les chemins empruntés jamais identiques (ce qui n'exclut pas la rencontre !).

Son rythme propre

Comme la tortue le dit au lièvre dans la version de la fable de Jean de la Fontaine, « et que serait-ce si vous portiez une maison ? » : tout le monde ne part pas avec le même bagage, le même poids sur les épaules. Et à distance parcourue égale, l'effort – et donc la valeur relative du parcours – ne saurait être comparé. De fait, en jūdō, certains atteindront le 1er dan en deux ou trois ans, d'autres en vingt ou trente ans. Et alors ? Le jūdō n'est pas une course, et arriver premier n'a aucun sens. Pour cela, il faudrait qu'il y ait un but concret, une ligne d'arrivée, qu'on puisse dire : « J'y suis ! » Certains pensent que c'est la ceinture noire. L'illusion s'en va bien vite, mais a l'avantage de montrer ce que doit finalement être un but : une impulsion de départ, un stimulus pour se mettre en mouvement, une étape.

Cheminer par égarements

Accepter d'être ébranlé, d'être mis en mouvement. Accepter de vibrer et trouver la juste vibration. S'accorder au milieu pour résonner, raisonner juste. Faire que les ondes sonnent, qu'elles fassent son et sens pour une symphonie qui s'organise enfin, du sens qui se révèle. Comme chaque impact sur l'eau par la pierre lie deux points géographiquement distants et que rien ne semblait prédisposer à être reliés, et crée une onde, isolée d'abord, qui vient se mêler bientôt à celle des ricochets, précédent et suivant, puis en un tout qui se propage, jusqu'à ne plus pouvoir étreindre, et s'éteindre finalement.

Faire, et voir où ça nous mène. Oser un chemin inconnu, improbable, en ouvrir un, jouer avec les obstacles et s'en jouer. Trouver des ressources, en soi, dans ce domaine que l'on arpente, dont on prend la mesure et où l'on se mesure, c'est-à-dire où l'on prend conscience, où l'on développe sa ou ses capacités.

Capacité

Notre capacité, c'est notre aptitude à contenir, c'est-à-dire à recevoir et à comprendre. L'expérience – si nous y sommes prêts – nous emplit : nous l'ingérons, la faisons nôtre. Et ce que l'on ingère doit être digéré, pour nous constituer... et libérer notre capacité ainsi augmentée pour des prochaines ingestions. Nous sommes ce dont nous nous nourrissons, nous comprenons ce domaine (il est en nous) : de là notre capacité à y juger, à y jauger, à y faire.

Or, nous sommes pressés. Nous subissons une pression – de la société, des parents, des professeurs – qui nous laisse exsangues. Certains disent même que cela fait sortir le meilleur d'eux-mêmes ! À prendre au pied de la lettre, ça fait peur. Pourtant, développer ses capacités prend du temps. Cela exige de pouvoir pérégriner dans un domaine à loisir, pour le découvrir, s'y découvrir. À loisir, c'est-à-dire à satiété : il s'agit d'être comblé et non purgé, de puiser et non de s'épuiser. Notre route s'y trace au hasard des expériences, des rencontres : c'est notre parcours. Il s'agit d'ailleurs plus d'ouvrir des possibles que des chemins.

Les vendanges tardives

En parlant de possibles, le potentiel est ce « qui existe en puissance et non en acte ». L'exprimer, c'est donc le faire sortir, l'exposer en actes, lui donner corps, le rendre réel. « Se réaliser », c'est peut-être donc être capable d'exprimer son potentiel. Le potentiel devrait être d'autant plus grand que nos capacités, connaissances et expériences sont vastes. Mais il arrive que nous n'ayons pas fait de liens entre elles, ou que nous ne sachions pas les utiliser à bon escient, et les voilà inutiles. Et ne pas exprimer son potentiel, c'est le vendanger, gaspiller la récolte, par maladresse ou malveillance, couper les raisins avant leur maturité. Certaines variétés sont connues pour avoir des fruits précoces : mûrs avant les autres, ils n'en sont pas moins délicieux. D'autres sont simplement « normales », dans les normes. Et puis d'autres tardent. Tandis que les autres fruits de leur génération sont en pleine maturité, ils ne sont toujours pas comestibles. Et, pour certains raisins, alors que les vendanges classiques sont terminées, qu'ils semblent gâtés, la pourriture qui avait commencé de les recouvrir se change en « pourriture noble ». Ce seront les vendanges tardives, vins d'exception. Il n'est jamais trop tard pour se révéler exceptionnel, mais il est vrai que dans ce cas, cela dépend beaucoup des conditions extérieures... comme Kanō Jigorō le notait précisément. Maîtriser un domaine n'a de sens que si l'on en tire des principes transférables dans la vie : de réelles compétences. C'est apprendre à comprendre, à agir par analogie. Et si le jūdō était une philosophie de l'errance, une science des liens ?

Faire quand même[2]

Faire (du jūdō, par exemple) quand on est en pleine santé, qu'on a envie, qu'on se sent progresser, qu'on connaît quelques succès, qu'on a le temps, c'est bien. C'est peut-être même l'idéal. Peut-être. En tout cas, c'est précieux : il y a tant d'autres choses à faire, plus immédiatement satisfaisantes, que venir suer, se faire mal et jeter par terre dans un dōjō, que quitter son chez-soi le jūdōgi sous le bras – rien que ça, c'est beau. Mais n'est-ce pas (trop) facile ? Quand on sait qu'il y aura les copains, que l'ambiance nous portera, que le professeur nous encouragera, il n'y a pas de question à se poser et... on ne s'en pose pas.

Mais faire quand on est faible. Faire quand, au bout de dix ans de pratique, on n'a jamais fait tomber personne, quand notre tête comprend mais que le corps ne suit pas, que chaque *randori* est un gouffre d'incompréhension, que chaque chute nous conforte dans notre impression d'incapacité, quand on est celui qu'on invite quand on veut se reposer, qu'on est abonné à la ceinture marron quand les autres passent *dan* et tours de compétitions...

Mais faire quand on ne peut pas, quand on ne peut plus, faire quand il faut s'arracher aux devoirs des enfants, au

---

2 - Chronique publiée dans l'*Esprit du judo* n° 46, octobre-novembre 2013.

repas familial, à la réunion de travail, faire quand on n'a pas fait depuis longtemps, quand le corps ne peut plus, ne veut plus, faire quand on ne devrait pas, faire quand on n'est plus le jūdōka qu'on a été ou aurait pu être, faire quand on n'a plus d'ambition, faire quand on n'y trouve plus de sens...

Faire quand chaque *ippon* marqué en *shiai* est un Everest gravi (et que dix Everest, ça demande quand même de la persévérance et de la constance), quand on ne sera jamais à la hauteur de l'image qu'on se fait de la discipline ou de son grade, quand, chaque fois qu'on s'est échappé du boulot, extirpé du « ça ne sert à rien, c'est ridicule », pour venir au dōjō, est une victoire. Faire, quand bien même le professeur n'est pas bien sûr de comprendre ce que vous venez faire et ne sait trop comment vous inclure dans la dynamique du cours, faire quand on est le chien dans le jeu de quilles...

Est-ce que ça « vaut le coup » ?

Cette question, tout le monde se la pose : ceux que la pratique gratifie comme ceux à qui elle coûte. Pourtant, s'il est facile de comprendre, ou de se souvenir, pour quelles raisons les premiers viennent au dōjō, il est intéressant de se pencher sur les autres. Car ne serait-ce pas eux, en fait, qui nous révèlent ce que nous faisons, tous, le fort comme le moins fort, le doué comme le laborieux, sur un tapis ?

Un jour que je servais d'interprète à l'équipe du Japon junior, Fujii Shōzō, qui était parmi les accompagnateurs, me dit que son fils pratiquait le jūdō mais n'était pas fort ; et il poursuivit : « C'est bien de ne pas être fort. C'est comme ça que l'on peut profiter pleinement des bienfaits du jūdō. Quand on devient trop fort, on perd contact avec les gens, avec le monde qui nous entoure. »

J'ai demandé à mon fils de onze ans, dont l'empressement à aller au jūdō me surprend toujours, tant son état d'esprit est éloigné de toute idée même de confrontation, pourquoi il aimait tant le jūdō. Et il m'a répondu : « Parce que c'est un art », sans parvenir à définir ce qu'il entendait par là, sinon que « ce n'est pas violent... c'est un art, quoi, un peu comme la peinture ». J'espérais que cela m'aiderait pour ma chronique, me voilà bien, tiens !

Mais, à y réfléchir, au-delà de l'image que la majorité des passionnés de jūdō partagent, et somme toute convenue, que le jūdō est effectivement un art (un absolu, une vision du monde, une habileté [021][3]), je pense qu'il a raison.

D'abord parce que l'art, c'est un « ensemble de moyens, de procédés conscients par lesquels l'homme tend à une certaine fin, cherche à atteindre un certain résultat », moyens « où l'esprit et l'intelligence ont le plus de part », mais aussi où « la finalité est de caractère utilitaire ». En somme, le jūdō, c'est donner un chemin, mais surtout révéler son existence, offrir une procédure dans le domaine de la confrontation physique là où, pour certains, ce n'est qu'une jungle inextricable et angoissante. Et c'est pour cela que ça n'apparaît pas comme violent – même quand on le subit en permanence –, mais comme une évidence. Un monde où l'intelligence peut triompher si l'esprit et le corps fonctionnent... en intelligence. C'est une praxis, « action en vue d'un résultat pratique », qui réclame de la praxie, c'est-à-dire une « adaptation des mouvements au but recherché » ; et c'est finalement quand celle-ci fait défaut que le jūdō est le mieux révélé et peut représenter une quête, un idéal, pour celui dont le corps n'a pas de qualité particulière ou ne s'adapte pas intuitivement, mais qui pense que le travail constant et méthodique porte ses fruits.

Ensuite parce que, l'art, c'est l' « expression [...] d'un idéal de beauté », comme la peinture (laquelle n'est pas avare d'exigences techniques non plus !). Et il y a, derrière cela, enfouie, l'idée d'inutilité. Chercher le beau, ça ne sert à rien. Et pourtant, c'est une aspiration de l'homme. Et

---

3 - Les citations suivantes sont toutes issues de la même référence.

pourtant, cela révèle quelque chose de nous, du monde. Et sans cela, que serait-il, ce monde ? Il y a quelque chose de cet ordre dans le jūdō.

Par-delà toutes les analyses rationnelles, tous les discours philosophiques que nous produisons autour de cette discipline, finalement, est-ce que ce n'est pas là la force et la beauté du jūdō que de « ne servir à rien » ?

À quoi cette quête de la technique parfaite peut-elle bien servir ? Quand bien même on y parvien(drai)t, elle disparaît dans le même temps qu'elle se réalise. Elle ne vit, on ne la vit, qu'un instant… mais quel instant ! Quel miracle pour ceux qui en sont vecteurs ou témoins, quelle révélation des schémas de notre monde et de nos possibles au sein de leurs contraintes !

Alors, c'est justement parce que le jūdō ne « sert à rien » qu'il est essentiel.

Plus essentiel encore dans un monde qui ne fonctionne que par la performance, y compris dans nos dōjō : parvenir à projeter, réussir en compétition… Sinon, pourquoi venir ? Et c'est parce qu'on est prisonnier de cette idée que, quand on est moins performant ou qu'on n'a plus les moyens de l'être ou de le devenir, que l'on a du mal à (re)venir. Pourtant, on aimerait bien, juste pour « se faire plaisir ».

Car c'est là l'autre dimension : le plaisir. Celui du jeu. Le jeu, dévalorisé parce que, lui non plus, il ne sert, dans notre esprit, à rien : il est relégué au monde de l'enfance, au mieux, du divertissement. Pourtant, c'est à travers le jeu, dans tout ce qu'il a de gratuit, que l'enfant se découvre, entre en relation, saisit les règles du… jeu, qu'il soit social ou comportemental, comprend, finalement, le monde qui l'entoure.

Mais on ne peut jouer seul. Et même à deux, c'est compliqué : il faut que l'ambiance soit au jeu – ce qui n'est pas le désordre, le laisser-aller, mais qui, au contraire, réclame une grande vigilance de chacun et du professeur en particulier. C'est le jeu, détaché de l'idée de réussite ou d'échec qui va donner la liberté d'essayer, de tenter, d'ouvrir, de prendre des risques, d'être sur la corde et, en fin de compte, de bousculer nos limites, d'affûter nos habiletés, de développer notre agilité. Ce faisant, on peut jouer avec toute personne – qui est dans le même état d'esprit, s'entend –, quel que soit son niveau, pour une élévation des deux. Pour que ceux qui « ne peuvent plus » aient plaisir à passer au dōjō faire ce qu'ils peuvent, comme un instant volé ; pour que ceux qui « n'y arrivent pas » (mais sont à chaque cours les premiers sur le tapis depuis vingt ans) soient les partenaires de ceux qui préparent leur saison. Quand le *randori,* c'est taquiner l'autre plutôt que le broyer, rivaliser d'habileté plutôt que de force, il n'y a plus de présence incongrue dans le dōjō. Pour cela, il suffit de se souvenir que le jūdō, c'est un jeu, celui qui nous ouvre à l'autre, nous ouvre au monde. Alors, je dirais que le jūdō, c'est :

◊ Jouer à se rouler par terre
◊ Jouer à créer du mouvement
◊ Jouer à suivre le mouvement
◊ Jouer à en profiter
◊ Jouer et profiter
◊ Jouer à tomber et se relever
◊ Jouer à faire tomber
◊ Jouer à plus d'habileté
◊ Jouer à plus d'exigence
◊ Jouer à faire
◊ Jouer à bien faire ce que l'on fait
◊ Jouer à refuser la médiocrité
◊ Jouer à plus de maîtrise
◊ Jouer à essayer
◊ Jouer et s'émerveiller
◊ Jouer à s'émerveiller
◊ Jouer à sentir
◊ Jouer et ressentir
◊ Jouer et prendre du plaisir
◊ Jouer et en donner

◊ Jouer à croire que l'intelligence dépasse la force
◊ Jouer à le démontrer
◊ Jouer à croire que ce qui est juste triomphe
◊ Jouer à ne pas s'en décourager
◊ Jouer avec les principes
◊ Jouer et les incarner
◊ Jouer et progresser
◊ Jouer mieux encore
◊ Jouer à être sérieux
◊ Jouer et ne pas se prendre au sérieux
◊ Jouer et être heureux
◊ Jouer et se tromper
◊ Jouer et recommencer
◊ Jouer et aimer jouer
◊ Jouer et aimer
◊ Jouer et se connaître
◊ Jouer et se reconnaître
◊ Jouer et rencontrer l'autre
◊ Jouer et être vivant
◊ Jouer et... revenir jouer !

> Que dites-vous ?... C'est inutile ?... Je le sais !
> Mais on ne se bat pas dans l'espoir du succès !
> Non ! non, c'est bien plus beau lorsque c'est inutile[4] !

---

4 - Edmond Rostand, *Cyrano de Bergerac,* acte V, scène 6.

(A)normalité[5]

« Je ne suis pas fan du jūdō classique japonais. C'est beau, mais je préfère le jūdō exotique, qui va dans tous les sens et qui innove. » (Loïc Piétri, *Esprit du Judo* n° 46, p. 31). Qu'est-ce que cela nous dit du jūdō ?

Norme et réalité

Les génies, les talentueux ne se satisfont pas du jūdō « classique », et c'est normal : il n'est pas fait pour eux, mais pour les laborieux. Les premiers n'en ont pas besoin. Au mieux, l'apport de rudiments, de schémas d'action, leur aura fait gagner du temps, leur aura fourni un tronc sur lequel greffer leurs aptitudes, leur aura permis d'affirmer plus évidemment encore leur vision du monde et du rapport à l'autre. Et il y a quelque chose de fascinant à les voir évoluer, s'affranchir des barrières communes, des conventions. Mais le jūdō, c'est une promesse. La promesse que, si on respecte telles et telles étapes, il en ira alors de telle façon, invariablement, inévitablement, parce que, s'il peut y avoir des différences physiologiques importantes d'un individu à l'autre, que nous soyons petits, grands, forts, maigrichons, souples ou raides, et, surtout, jeunes ou vieux, nous sommes tous soumis à la pesanteur et aux lois du mouvement.

---

5 - Chronique publiée dans l'*Esprit du judo* n° 47, décembre 2013 – janvier 2014.

Le jūdō répond à un besoin de contrôle, de guide, de prise en main de la situation, de saisie du sens d'un mouvement ressenti comme inexorable, mais que l'on oriente à son avantage. Le jūdō est un rituel, un ordonnancement du monde vu comme efficace, une procédure qui nous donne prise sur le monde, sur la réalité. En ce sens, le jūdō, dans la logique du pragmatisme de William James, est une vérité : il accomplit l'action pour laquelle on le pense fait, et cela se vérifie chaque fois par l'expérience, tandis que chaque « mise en œuvre est en même temps sa mise à l'épreuve[6] ».

Alors, les innovateurs, les prodiges, nous montrent surtout ce que c'est que d'être hors norme – et nous renvoient par là à notre normalité – ; ils nous montrent qu'il y a (sans doute) d'autres voies possibles pour les personnes d'exception, mais le jūdō est un cadre et, dans ce cadre, il est vrai : tout le temps, et pour tous (même pour les individus talentueux).

Mais le problème est que, avant que le jūdō puisse s'exprimer, il y a un certain nombre de préalables.

Renshū

Dans *Aujourd'hui, pourquoi les budō ? Interroger la culture et la tradition*, Nakamura Tamio relève un changement de vocabulaire dans le monde des arts martiaux japonais : alors que jusqu'avant-guerre on employait, pour « entraînement », principalement le terme *keiko*, celui-ci a ensuite cédé totalement la place à *renshū*, qui lui-même tend à être de nos jours remplacé par *torēningu* (de l'anglais *training*). Et de préciser : « On peut penser que l'influence de Kanō fut forte sur le fait que le mot *renshū* en vienne ainsi, dans le jūdō, à supplanter *keiko*. » [032, 91]

Ce serait donc Kanō qui aurait introduit le ver dans le fruit, ou le *renshū* dans le *keiko*. De fait, quand on regarde l'index

---

6 - Deledalle, Gérard, « pragmatisme », *Encyclopédie Universalis*.

du *Kanō Jigorō taikei*[7], les deux termes apparaissent bien, avec 46 occurrences pour *keiko* contre seulement 3 pour *renshū* ! Or, c'est manifestement une erreur, puisqu'on retrouve plusieurs fois ce dernier lorsque l'on vérifie les emplois du premier. Et c'est alors fort instructif, car s'il arrive (une fois) que ces deux mots semblent utilisés dans un sens très proche, leur emploi dans une même phrase ou un même paragraphe met bien en évidence leur différence : *keiko,* c'est l'idée d'aller pratiquer tous les jours, quand *renshū,* c'est s'exercer, (se) « soumettre à un entraînement méthodique en vue de créer ou de développer une aptitude ou une habitude » [021]. Ainsi :

> « Les techniques de balayage sont des techniques que l'on a maintes fois l'occasion de porter en combat réel comme lors de l'entraînement [*keiko*] ordinaire. Toutefois, comme cela est impossible si on ne s'y exerce [*renshū*] pas bien, je souhaite que vous vous y exerciez [*renshū*] le plus possible après avoir bien compris ce que je vais vous expliquer ici. [079]

La composition du mot vient confirmer cet emploi : *renshū* 練習, c'est apprendre (une technique, un savoir), *shū* 習, par le travail de sélection des éléments les plus pertinents d'un ensemble (et donc par la répétition visant à aller toujours plus à l'essentiel, à éliminer le superflu), *ren* 練. On peut donc dire que, dans le processus du *keiko,* le *renshū* de plusieurs habiletés est nécessaire : polir sa technique de chute, son *mae-sabaki,* telle ou telle technique particulière, etc.

Mais le terme est aussi à replacer dans son contexte historique comme conceptuel. En effet, *renshū* est un vocable qui apparaît au début de l'ère Meiji (1868-1912) dans le milieu de l'éducation et, en l'introduisant dans sa méthode, Kanō crée un lien direct avec la notion d'apprentissage et de formation à des éléments épars qui, maîtrisés, prendront leur sens dans un tout. Mais c'est aussi marquer de façon catégorique la rupture avec la

------

7 - *Kanō Jigorō, compendium,* 14 volumes + 1, Kōdōkan.

conception des jūjutsu dans lesquels on parlait plus volontiers de *tanren* « renforcer », « forger » le corps, l'esprit, pour ne pas « craquer », jusqu'à s'imposer à l'autre.

Or, dans le jūdō (idéal), on n'impose pas sa technique, on applique celle qui s'impose. Mais, pour cela, il faut avoir éduqué son corps, l'avoir formé à la technique et, en retour, avoir incorporé cette dernière. L'idée du *renshū*, c'est celle du temps d'apprentissage et de construction patiente des aptitudes fines et singulières, solides maillons d'une chaîne qu'on ne perçoit pas encore, au service d'un tout, à long terme : le *keiko*.

Que l'on soit passé, après-guerre, au *renshū*, montre que l'on a perdu cette vision du long terme pour ne plus s'intéresser qu'aux éléments et à l'efficacité à court terme. Et cela se comprend : l'âge des pratiquants n'a plus excédé vingt-deux ans (sortie de l'université), tandis que l'accent était mis sur l'idée, non de jūdōka ou pratiquant, mais de *senshu* (« sélectionné »), représentant son école. Et, pour cela, polir plus et mieux sa technique était considéré comme la clé.

Training

Aujourd'hui, on parle donc, au Japon, de *training*. Issue des discours sur la performance, cette idée élargit la notion de *renshū* au-delà des habiletés techniques : développement de la force, de l'endurance, de l'explosivité... C'est une adaptation à la réalité du jūdō de compétition actuel. Mais qu'en est-il du jūdō lui-même ? Il ne s'agit pas ici de dénigrer : augmenter globalement ses capacités, c'est aussi une chance de mieux se connaître, de pratiquer plus, d'explorer d'autres terres du domaine jūdō, et une nécessité pour le haut niveau. Mais vouloir développer sa force avant de s'être imprégné de la technique, n'est-ce pas un renoncement à l'idéal du jūdō, une réduction dramatique, pour chacun, de son ambition ? Et puis, surtout, *training,* c'est ne plus se donner le temps du *renshū,* et, d'une certaine manière, ne plus y croire. Ce faisant, on change les données premières de l'expérience : peut-on dès lors s'attendre aux mêmes résultats ?

Keiko

Et *keiko,* me direz-vous ? Nakamura comme Yabune [080, 45] associent l'idée de *keiko* à celle de forme (*kata*) et de technique, tandis que Kanō, lui, parle volontiers de *keiko* de *randori,* invitant même à se poser la question de son sens [081]. *Keiko* 稽古, c'est « réfléchir », *kei* 稽, au passé, *ko* 古. *Keiko,* c'est s'inscrire dans une lignée, c'est accueillir, assumer, méditer un héritage : c'est une attitude, une prise de conscience de sa « normalité » ou de sa « faiblesse », c'est-à-dire de son incapacité à tout réinventer en permanence par soi-même, pour accepter le legs précieux des générations qui nous ont livré le fruit de leur expérience, au travers de chaque technique, mais aussi, en situation, par le *kata* ; c'est se reposer là-dessus, non pas par convention, mais parce que nous nous rendons compte chaque fois que suivre cet enseignement est le chemin le plus court et le plus certain vers l'efficacité. Mais *keiko,* c'est aussi réfléchir à son propre passé, sa propre expérience, et construire sa pratique en fonction. C'est s'inscrire dans un temps long de maturation, de fermentation : celui des maîtres qui nous ont précédés comme celui d'une pratique s'échelonnant sur une vie. C'est surtout construire en conscience, dans la fougue juvénile, les moyens de notre efficacité devenus plus faibles, car une fois les périodes du *renshū* d'abord, puis du *training,* passées, vient la science des liens entre les éléments, de la lecture de la situation, de l'anticipation et de l'adaptation de notre attitude aux circonstances, en fonction de notre potentiel, avec l'utilisation juste d'une énergie que l'on sait comptée.

Le *keiko,* c'est le contraire de vivre dans le passé et regretter ses exploits d'antan : c'est interroger le passé pour construire l'avenir, faire aujourd'hui ce qui ne prendra tout son sens que demain ; c'est une attitude, quand *renshū* et *training* ne sont que des moyens, des étapes. Le *keiko* est ainsi certainement ce qui nous rapproche le plus de l'art martial, en ce qu'il représente la conscience que le jour où (métaphoriquement, espérons-le) notre vie sera en jeu n'est pas forcément celui où nous disposerons du maximum de nos ressources, et qu'il faut à la fois travailler à ce que notre faiblesse soit la plus relative possible et à ce que notre efficience soit la moins tributaire possible de quelque capacité « hors norme ».

Et si le jūdō classique est beau, c'est qu'il est évidence. Une évidence mise à la portée de chacun.

Être prêt, ou la leçon de piano[8]

Il est fréquent, dans nos dōjō, qu'un professeur ou un aîné attire l'attention d'un pratiquant, qui souvent a travaillé dans cette optique, sur une date de passage de grade, notamment de *kata,* et s'entende répondre : « Oui mais non, je ne suis pas prêt. »

Nous connaissons tous cette sensation, de « ne pas être prêt » (et maintes fois en dehors du jūdō !), et parfois, objectivement, nous ne le sommes pas. Mais, d'une part, nous n'en sommes pas forcément les meilleurs juges, et si quelqu'un de plus expérimenté, meilleur connaisseur des *minima* attendus et standards de notre grade, nous engage à nous présenter à l'épreuve, c'est que, soit nous le sommes à notre insu, soit nous en sommes tout près – et l'échéance prochaine peut constituer une bonne mo- tivation pour concentrer nos efforts sur un temps défini et franchir ce court espace. Et, d'autre part, cela pose le problème, dans un art « martial », même si – et peut-être même justement parce que – cet aspect en est sublimé, de ce que signifie « être prêt ».

« S'échauffer »

Je me souviens que mon professeur a dit un jour que le terme « échauffement » est malheureux, presque un

---

non-sens dans le cadre d'une discipline martiale, comme si, sans cela, sans « monter en température », le jūdō était impossible ; et il s'en amusait : « Si je suis attaqué dans la rue, je ne vais pas dire à mes agresseurs : "Attendez ! Je m'échauffe puis on reprend !" Non, j'ai besoin de toutes mes ressources mentales et physiques, maintenant, tout de suite. » Je n'ai pas connu maître Michigami Haku, avec qui je n'ai eu qu'une seule fois la chance de faire un stage, mais, à cette occasion, il avait demandé à quelqu'un de diriger l'échauffement. Après quelques minutes, exaspéré (ou feignant de l'être) de voir la centaine de jūdōka présents reproduire mécaniquement et distraitement les mouvements de rotation et de balancier des bras, attendant que « ça commence », il nous avait interpellés :

> « Que pensez-vous que vous êtes en train de faire ? À quoi sert tel ou tel geste, c'est ce que vous devez vous demander en permanence ! Si vous faites cela, c'est pour permettre ceci [et de montrer], si vous faites ceci, c'est pour cela [et de montrer]. Il n'y a pas de mouvement inutile : l'échauffement, c'est déjà le jūdō.

Il n'a pas employé le terme, mais il aurait pu parler d'habiletés techniques fondamentales, si fondamentales que l'on a perdu l'évidence de son rapport à la discipline. Et pourtant, c'est leur répétition inlassable, séance après séance, qui nous transforme, qui nous construit un corps propre, apte et adapté à la discipline, pour peu qu'on lui accorde l'attention et la concentration nécessaires.

Alors, être prêt... ça se prépare ! De notre premier pas sur le tatami à la moindre de nos pensées sur le jūdō.

Le corps est honnête

Commencer par le corps, quand on réfléchit à partir du jūdō, semble naturel : difficile d'imaginer le jūdō sans le corps. Il en est le fondement, à tous les points de vue : dans le dōjō, c'est une évidence, mais, sans cette étape, point d'abstraction possible. Le corps doit être prêt à la pratique, prêt, dans l'absolu, à se comporter, hors de toute intervention consciente, au mieux de ses capacités en cas de besoin soudain – une chute de vélo, par exemple – : il doit être éduqué. Et nul doute que le travail sur le contenant influence le contenu, c'est même là le postulat qui a présidé à la création du jūdō.

Il y a quelques années, j'ai servi d'interprète lors de la venue d'une spécialiste japonaise auprès de l'équipe de France de natation synchronisée. Elle s'agaçait du manque de précision, du non-souci du détail des filles dès la répétition la plus élémentaire... comme si la précision allait venir d'elle-même au moment de la prestation notée en compétition ! Et elle répétait : « Le corps est honnête », ce qui signifie qu'il ne nous trahit pas, qu'il se comporte très exactement comme on le lui a appris et conformément aux moyens qu'on lui a donnés. Elle allait même plus loin : elle ne comprenait pas que la démarcation des couleurs de la peinture du plongeoir ne soit pas parfaite, qu'ici ou là manque sur le bord de la piscine un bout de joint, et elle semblait y voir l'explication du comportement des nageuses : elles n'étaient pas plongées dans un environnement propice au détail, ce qui leur demandait un sur-effort pour s'y astreindre. Et de conclure : « Ici, c'est le pays de "l'à-peu-près". »

Pourtant, on pourrait dire l'inverse : le corps nous trahit souvent. Il trahit notre peur, notre tension, notre nervosité, nos mensonges. Reflet exact de nos émotions et sentiments, c'est par son honnêteté qu'il nous trahit. À moins... d'en jouer. Mais à ce moment-là, on est dans le jeu, dans la représentation. En fait, on est dans le faire. L'impassibilité (« *poker face* »), le relâchement... *shizen-tai*, cela s'apprend ! Et c'est bien là que le corps, qui nous lie à ce monde, est à notre service : dès qu'il s'agit de mouvement, ou plus exactement d'être dans le faire, dans l'acte, l'action. À l'entrée sur scène, à la première prise de parole dans l'amphithéâtre, au « *hajime* » de l'arbitre, le trac, la peur s'évanouissent pour laisser place à l'acte.

La mémoire du corps

Parfois, pourtant, le corps est paralysé. Il ne peut pas s'exprimer, restituer ce dont il a été nourri. Mentalement, on est tout en tension, en retenu, prisonnier de l'enjeu, on ne parvient pas à « lâcher prise » : en fait, on ne laisse pas agir le corps, on ne se laisse pas agir. Au Japon, on me parlait de la « mémoire du corps » (ce qui était peut-être aussi, quand j'y repense, une façon de me faire taire quand je [me] posais trop de questions...), ce qui permet de séparer les rôles : le pilote (le mental) est tout à son pilotage, le véhicule réagit en fonction comme il doit et sait le faire. S'il faut être en même temps en train d'analyser la situation, prendre des décisions, et se demander où est notre main droite, notre pied gauche, et gérer intellectuellement leur coordination... il y a de fortes chances pour que, au moment où l'on déclenche enfin notre *seoi*, l'opportunité se soit envolée depuis belle lurette ! Donc chacun son rôle, et confiance mutuelle : l'esprit et le corps mutualisent leurs prises d'informations, et l'action se divise entre la décision et son application. Peut-on être pleinement dans son *kata* quand on n'a pas confiance en son partenaire ?

Mais il arrive que, par le travail, le corps n'ait pas besoin de l'esprit sur un temps bien plus long qu'une chute de vélo et que, au contraire, la moindre intervention de celui-ci perturberait irrémédiablement l'action. Un abandon total, que sans doute seule une situation désespérée permet : mais n'est-ce pas précisément dans ces moments qu'il faut « être prêt », que le mot « martial » prend son sens ? La plus belle démonstration est sans doute celle qu'a relatée le « toutologue » Philippe Meyer [082] : en 1998, la pianiste Maria-João Pires avait préparé un concerto de Mozart, quand l'orchestre en entama un autre, qu'elle avait joué l'année précédente. Elle paniqua et le dialogue avec le chef d'orchestre – tandis que la courte introduction s'égrenait – fut surréaliste [083] puis, au moment où il ne fut plus possible que de renoncer ou de faire, elle se lança et... la magie opéra : une demi-heure sans la moindre faute (paraît-il) sur la seule mémoire (d'éléphant) du corps, récompense d'un travail qui ne s'est certainement jamais satisfait d'« à-peu-près / prêt ».

Zanshin

En kendō après la frappe, en kyūdō après avoir décoché la flèche, point de relâchement : on maintient l'attention, et cela s'appelle *zanshin* ou « attention résiduelle ». À l'école Tenjin shin.yō, une des deux écoles à l'origine du jūdō, cela désignait « un des enseignements avancés qui consistait, à la fin du mouvement, à plonger ses yeux dans ceux de l'adversaire » [046]. Une phase de maintien de la concentration pour parer à toute éventualité, même après le *ippon.* Certes, mais ne peut-on y voir aussi un retour progressif au contrôle de l'esprit après un temps fort, après avoir abandonné les commandes au corps ? Un lent retour à la « conscience », à l'intellect, tout autant qu'une phase d'analyse de ce qu'il vient de se passer : pour garder trace, pour que l'action fasse sens et guide les prochaines. La plus belle définition que j'ai trouvée est celle-ci : « *Zanshin,* l'état d'esprit pareil à la goutte d'eau qui reste au fond du verre quand on en a vidé le contenu d'un jet. » [084]

Une goutte d'eau qui a la saveur de l'action, elle-même n'ayant existé ainsi que par les précédentes. De la même façon que tout notre code génétique est contenu dans chacune de nos cellules, tout l'ADN de notre travail dans cette goutte d'eau. Goutte que l'on prendra soin de ne pas assécher pour « maintenir notre vigilance », afin de mobiliser tout notre savoir-faire, notre expérience, dès que cela est nécessaire. Picasso, à un acheteur qui s'offusquait du prix d'un de ses dessins pour « une minute de travail » aurait répondu : « Non, soixante-dix ans plus une minute », et cela nous rappelle que, si « au commencement était l'action » (comme le dit Faust), cela n'a réellement de sens que si on lie ces actes, ces gestes qui nous élaborent, les uns aux autres. Si être prêt se prépare, on ne se prépare pas à être prêt, mais à faire, à agir ; ainsi maître Yoda : « Fais-le ou ne le fais pas, mais il n'y a pas d'essayer » ! [085]

Alors, et ce passage de grade ?

Être mobile, l'art du jūdōka[9]

La mobilité, pour Jigorō Kanō, n'est pas le mouvement, au sens physique du terme. La mobilité est une attitude mentale, une posture. Celle qui permet, sans jamais perdre de vue le but que l'on s'est fixé, d'imaginer plusieurs solutions pour l'atteindre, d'en choisir une en fonction de la situation, et de la modifier – ou non – selon ce qu'il se passe.

En jūdō, si le but immédiat est de projeter ou d'immobiliser, le moyen est de mettre en œuvre différentes stratégies pour arriver à nos fins, selon le partenaire, en fonction justement de ce que l'on sait de lui ou de ce que l'on ne sait pas, en fonction de notre propre condition à ce moment-là. Le jūdō demande d'être capable de rechercher différentes solutions correspondant à des situations apparemment semblables et pourtant jamais identiques. Bien sûr, il s'agit de technique, d'aptitude physique. Bien sûr en jūdō, toutes les solutions passent par le corps, qui doit avoir les capacités de répondre à la situation. Mais selon notre volonté. Le corps doit être apte à traduire, par sa mobilité, notre mobilité intérieure. La « vraie » mobilité du jūdō n'est pas celle du corps, mais celle de l'esprit. Mobilité d'esprit ? Cela ne signifie

---

9 - Chronique publiée dans l'*Esprit du judo* n° 9, juin-juillet-août 2007.

pas changer d'avis toutes les trois secondes : une fois une décision prise, on s'y tient et l'on n'en change que si la situation a évolué de telle façon que la solution n'est plus adaptée, ou nous oblige à d'autres actions préalables. Jigorō Kanō parle, dans une conférence tenue en 1889 [001], de « s'engager résolument ». Affirmation qu'il nuance cependant par un autre principe : « Savoir où s'arrêter », pour bien montrer qu'il faut rester lucide et s'adapter à la réalité de la situation. La mobilité d'esprit du jūdōka, c'est sa capacité, induite par la pratique, à toujours trouver du nouveau. Dans cette conférence, Jigorō Kanō conclut sur les bienfaits que l'on peut attendre du jūdō, notamment l'un d'eux qu'il nomme *tairyō,* littéralement « grande quantité ». On pourrait le traduire par « embrasser large[10] ». Selon lui, au travers de la pratique répétée du *randori,* du *kata,* en ajoutant *mondō* (questions-réponses) et *kōgi* (conférence), le jūdōka acquiert cette qualité particulière, qu'il décrit comme étant celle de continuer à chercher des solutions et donc ne jamais cesser d'apprendre, avec la volonté d'embrasser le plus large savoir possible, avec la plus grande ouverture d'esprit.

Gaijū naigō

Ce jūdōka qui élargit sans cesse son champ d'expérience et de compréhension est capable d'accepter pour justes deux solutions apparemment opposées, en sachant tenir compte du contexte. Cette idée est aujourd'hui connue en Occident sous le vocable de « complexité ». C'est un concept récent issu de la théorie du chaos, qui s'élève désormais à la dignité d'une théorie philosophique... Pour le créateur du jūdō, c'était une intuition avant l'heure, issue de son expérience de jūdōka, capable d'appréhender l'alternance mobile entre *gō* (imposer la force) et *jū* (céder). Parfois être en mouvement, parfois arrêter ce mouvement, en accueillant l'autre en *jigo-tai.* Les deux

---

10 - Dans notre traduction de cette conférence (Metatext, 2014), nous avons opté, dans le fil du texte, pour « ouverture d'esprit ».

sont justes. On peut être mobile – d'attitude – tout en étant immobile physiquement.

On explique souvent le principe *jū* par la formule « si on me tire, je pousse, si on me pousse, je tire ». Ce principe illustre bien la mobilité : d'abord passif, mon corps se met en mouvement par la force qui lui est appliquée et dans la direction de celle-ci. Mon esprit, de la même façon, n'envisage les possibilités que dans les possibles laissés par l'action initiale de l'adversaire. J'attends, avant de passer à l'action, et donc de changer d'attitude, qu'un événement extérieur se produise. Je ne fais que réagir. Pour Jigorō Kanō, ce principe fut vite insatisfaisant : d'abord parce qu'il ne peut s'appliquer à toutes les situations, ensuite parce qu'être réactif, c'est prendre un retard sur l'action qui peut nous être fatal, surtout si la différence physique – ou de niveau – est importante. C'est pourquoi il introduit l'idée de toujours conserver au maximum sa capacité de mouvement. De réactif, on devient pro-actif : utiliser le mouvement de son corps pour mettre le corps de l'autre en mouvement permet de se créer des opportunités, de multiplier les possibles, et donc de s'en remettre à sa capacité de mobilité mentale comme physique (car, par l'entraînement, si l'esprit ressent et est mobile, le corps se crée en quelque sorte sa propre conscience). De passif, on devient « sans intention », en japonais *mui,* qui vient du sabre et retrace cette idée : dans le combat, s'adapter entièrement à la situation. En ce sens, on peut caractériser le jūdōka en ces termes : *gaijū, naigō* [077] – à l'intérieur ferme (on ne perd pas de vue notre but), à l'extérieur adaptatif. La nécessité de la mobilité naît de la conscience de sa faiblesse : si le rocher avait conscience de sa faiblesse, il ne laisserait pas l'eau l'éroder particule par particule...

La conscience de la faiblesse

Être mobile, c'est d'une part savoir qu'il vaut mieux ne pas être là où le coup va être porté, préférer esquiver qu'« encaisser » ; d'autre part, c'est voir à plus long terme que la situation actuelle. Savoir qu'aucune position de force ne l'est éternellement. C'est une expérience de tapis : nous sommes parfois bien installés en *osae-komi* et pourtant, tout d'un coup, parce que la situation a – parfois imperceptiblement – changé, nous nous faisons renverser. Il aurait fallu être moins confiant, plus attentif, et être « mobile », rester en mouvement physiquement et mentalement pour suivre l'évolution de la situation – ce qui est très différent de changer par soi-même de position sans que la situation ait évolué, créant un mouvement inutile, qui a l'apparence de la mobilité mais qui est versatilité et peut s'avérer dangereux.

Reprenons les critères de la mobilité de l'esprit : ne bouger que lorsque c'est nécessaire mais, lorsque cela le devient, le faire rapidement, dans n'importe quelle direction. Transcrire cette posture mentale en posture physique revient à décrire la posture *shizen-tai*, celle qui définit le jūdō même. Être mobile, c'est ne pas se contenter de son domaine de compétence et d'expérience. C'est aller chercher à côté ce qui peut nourrir notre compréhension, nous permettre d'embrasser plus large, et donc faciliter notre mobilité. Kanō conseille à ses professeurs d'étudier l'anatomie, la biologie, la pédagogie, la physiologie, mais plus largement encore, de s'intéresser à la politique... Être mobile, c'est aussi être capable de transférer, en les adaptant, les vérités acquises dans le jūdō à d'autres domaines. Pour Kanō, la responsabilité du jūdōka est d'appliquer les principes découverts au travers de la pratique dans la vie quotidienne et sociale.

Les éléments
de la pratique

Shugyō, la pratique[1]

Lorsqu'il crée le jūdō et en établit le vocabulaire, Jigorō Kanō emprunte le mot *shugyō,* « pratique », « ascèse », au lexique bouddhique, de préférence aux termes en usage dans les écoles de jūjutsu, où l'on parle « d'étudier » ou de « faire ». Il décide que l'on *pratique* le jūdō, et ce changement de vocabulaire est un changement d'univers.

Le terme *shugyō* s'écrit, en japonais, de deux façons, et Kanō Jigorō use de l'une ou de l'autre, élargissant volontairement le champ sémantique, obligeant à considérer tous les aspects et à en extraire le principe. En fait, la première partie, *shu* 修, ne varie pas. Elle signifie couramment « étudier », mais son étude étymologique révèle qu'il s'agit en réalité « d'agencer, de compléter, de réordonner puis d'affiner, de lisser, de polir, de poncer, pour supprimer les aspérités » [020]. *Shu*, c'est donc étudier, certes, mais c'est surtout revenir sans cesse sur l'objet d'étude pour en comprendre l'organisation, ordonner les éléments, se débarrasser de l'inutile, suppléer aux manques, retirer toujours plus les couches superficielles jusqu'à obtenir le cœur, la forme pure, sans aspérité ni bosse, parfaitement organisée. Ce n'est rien d'autre que la quête du principe par le dépouillement de l'inutile, du superflu.

---

1 - Chronique publiée dans l'*Esprit du judo* n° 5, octobre-novembre 2006.

Shugyō 1 修業

La seconde partie, *gyō,* peut s'écrire de deux façons. L'une d'elles emploie le caractère signifiant le travail qu'accomplit un homme pour vivre 業. Sa graphie, pleine d'aspérités, traduit le fait que le travail ne va pas se faire facilement. C'est aussi le caractère qui, dans le bouddhisme, traduit le *karma,* l'ensemble des actes, bons ou mauvais, qui détermineront la renaissance. Plus notre vie est pleine « d'aspérités », plus le *karma* est chargé. Mais ce même caractère se lit également *waza,* la technique, le geste qui permet de faire le travail, en jūdō comme dans tous les arts ou artisanats. *Shugyō,* écrit de cette première façon, c'est donc travailler sans cesse à éliminer les aspérités pour arriver, de dégrossissement en dégrossissement, toujours plus fin, à une forme lisse, parfaite, dans son travail, dans sa vie, ou dans le geste technique.

Shugyō 2 修行

Dans sa seconde graphie, *gyō,* c'est l'idée d'avancer, de progresser 行. C'est aussi la façon de se conduire, le comportement. *Shugyō* devient alors travail sur son comportement pour en supprimer les défauts. Mais, en se souvenant que *shu* peut signifier « étudier », *shugyō* prend alors le sens soit de se mettre en mouvement, de se déplacer pour aller apprendre, soit d'apprendre et de progresser. Il est un autre emploi, encore une fois bouddhique, de *shugyō* écrit de cette façon : « Faire un pèlerinage en vivant d'aumône » [053]. Ainsi, *shugyō* ne véhicule pas seulement l'idée que l'apprentissage se fait par le chemin parcouru, mais aussi par les autres. Le pratiquant doit se mettre en situation de recevoir, d'apprendre de l'autre et de se nourrir de ce que le passant, quel qu'il soit, aura bien voulu ou pu lui laisser.

Entrer par la technique

« Pratiquer », en français, comprend cette idée de revenir sans cesse sur l'objet d'étude, pour mieux le comprendre, l'approfondir. La pratique n'est toutefois pas la routine. Elle ne consiste pas à simplement aller au dōjō répéter des techniques ou jouer au *randori* : c'est le choix quotidiennement renouvelé d'aller gommer les aspérités et non de les rendre plus saillantes. Le jūdō isole un domaine particulier, le conflit physique. Il l'organise pour que le pratiquant puisse y cheminer sans risque et pour lui indiquer toujours le meilleur chemin : bonne utilisation de l'énergie. En plus, il fournit les outils : des principes mécaniques, les techniques, et une méthode, *kuzushi, tsukuri, kake.* Sans oublier une promesse : « Avec cela, le petit peut l'emporter sur le gros ». La pratique doit alors permettre que cette promesse, fondée sur la théorie, devienne réalité. En effet, avoir compris d'un point de vue théorique comment faire tomber est loin d'être suffisant : il faut pouvoir l'appliquer, et c'est la répétition des exercices qui va le permettre. Le corps et l'esprit s'adaptent peu à peu à ce milieu et le pratiquant, d'abord maladroit, en arrive bientôt à des gestes plus précis, plus purs, ne nécessitant que des corrections de plus en plus fines. Le jūdō, c'est donc l'invitation à « pratiquer » cette lutte particulière, à devenir des experts du combat debout comme au sol. Mais, à quoi cela sert-il, dans nos vies, de savoir projeter, étrangler, faire une clé ou immobiliser ? Jigorō Kanō s'est posé la question le premier. Devenir un bon combattant ou un bon technicien n'a de véritable intérêt que si le parcours qui nous y a menés éclaire notre vie quotidienne d'un jour nouveau. « Pratiquer » ne se limite pas au *kata* ou au *randori*. Pratiquer, c'est s'interroger en permanence pour comprendre, à la lumière des principes du jūdō, la cause de nos succès et de nos échecs, en introduisant dans notre réflexion les éléments de l'expérience, les conseils que nos professeurs – ou tout passant – auront bien voulu nous donner. C'est aussi identifier par là nos lacunes, nos limites, intellectuelles, physiques ou sociales, et travailler dessus. Quand il s'agit de jūdō sur le tatami, c'est relativement simple. Mais que l'on considère maintenant que ce qui se passe dans le dōjō n'est en fait que la mise en scène des problèmes auxquels nous sommes, sous diverses formes, confrontés tous les jours. Alors, l'enjeu est d'être capable de transposer notre expérience, notre expertise du tapis et ce qu'elle nous a permis de comprendre, pour agir, toujours, comme on le ferait dans le dōjō, en appliquant les principes du jūdō en toute circonstance. Ainsi, le jūdō, on y entre par la technique et ses apports peuvent, selon notre état d'esprit, dépasser largement le cadre de la lutte en *jūdōgi*. Et c'est alors que le pratiquant devient jūdōka. En effet, que nous indique ce *ka,* de jūdō*ka* ?

Mettre un toit sur le cochon

Toit 宀 + *cochon* 豕 = *ka* 家

Ka est un caractère composé du caractère signifiant « cochon », sur lequel on a posé un toit. Il s'agit, à un moment, de protéger le bétail essentiel. C'est alors qu'un peuple nomade se sédentarise et commence à défricher, cultiver, transformer son environnement pour son exploitation à long terme : à se l'approprier. Ainsi, étymologiquement, l'idée qui se cache derrière le caractère utilisé pour *ka* est la construction par l'homme d'une protection pour ce qui lui est vital, ce qu'il a de plus précieux. En japonais, ce caractère, qui compte de nombreuses lectures, va prendre le sens de « maison abritant la famille », de « maison d'habitation », puis de « famille ». Être jūdōka, c'est donc faire partie de la famille du jūdō, c'est se placer, ou être placé, dans le cercle du jūdō, dans ce qui lui appartient, par rapport à ce qui lui est extérieur, profane. Dans d'autres voies que le jūdō, ce caractère désigne le réceptacle des objets qui incarnent l'art lui-même. Dans la cérémonie du thé, par exemple, il désigne la boîte renfermant le thé, l'élément essentiel de la pratique. Alors, être jūdōka, faire partie de la famille du jūdō, c'est n'est pas seulement faire du jūdō, c'est être le « réceptacle » de l'art, son écrin. C'est avoir forgé puis poli, par la pratique et l'expérience, son corps et son esprit pour l'accueillir et le protéger. Kyūzō Mifune (1883-

1965), 10ᵉ dan, parle ainsi de l'importance de savoir être ce réceptacle. Pour cela, il faut bâtir, élément par élément, l'abri, la maison, sans impatience, pour qu'elle soit bien solide. Car ce n'est qu'une fois les cochons à l'abri dans l'étable que notre ex-nomade peut s'occuper en toute tranquillité, sans crainte ni retenue, des champs alentours. Et ce n'est qu'une fois son domaine – le principe – bien connu, bien délimité, que l'on peut partir à l'aventure, sûr de sa base, l'endroit fiable et solide d'où l'on part et où l'on revient.

Être jūdōka, c'est être habité par le jūdō. C'est faire partie de la maison du jūdō et être soi-même celle-ci. C'est à la fois faire du jūdō sa maison, son refuge, et en être l'écrin, là où il est protégé, à l'abri des agressions extérieures, là où il peut vivre, se nourrir et se développer.

Le *ippon* n'est pas le K.O.[2]

Ippon est l'un des concepts centraux de la pratique du jūdō. Pourtant, au-delà de la définition qu'en donnent les règlements d'arbitrage, on s'interroge rarement sur sa signification... Petite promenade en deux parties pour tenter d'en appréhender le(s) sens.

Pour faire comprendre une réalité étrangère à la culture de son interlocuteur ou du grand public, on peut avoir recours à l'analogie. Le problème est que, parfois, ce type de raccourci s'impose, se diffuse et se répète sans faire l'objet de la moindre critique, du moindre questionnement. Ainsi en va-t-il du *ippon,* qui serait le « K.O. du jūdō », ce qui est, par sa puissance suggestive, dommageable tant à l'image de notre discipline qu'à la représentation que les jūdōka se font du *ippon* : à force de le dire, on va finir par le croire.

Ippon / K.O. : rien à voir, tout simplement

Lire les définitions suffit à s'en convaincre, K.O. et *ippon* n'ont rien en commun : « Knock-out, K.O. : A. Boxe. Mise hors de combat d'un boxeur qui reste à terre plus de

---

2 - Chronique publiée dans l'*Esprit du judo* n° 51, août-septembre 2014.

10 secondes à la suite d'un coup. B. Par extension, fait de s'évanouir, notamment à la suite d'un coup » [021], et « Article 20 : L'arbitre doit annoncer *ippon* quand a) un des combattants projette l'autre avec contrôle, force et vitesse sur le dos ; b) maintient 20 secondes une *osae-komi* ; c) & d) quand un combattant abandonne / ne peut plus agir sous l'effet d'une technique d'immobilisation, étranglement ou clé. » [031]

Comment ne pas également évoquer les conséquences de l'un et l'autre ? Un K.O. (*a fortiori* un nombre répété dans une carrière) peut laisser au boxeur de graves séquelles. Le jūdōka peut, lui, connaître de nombreux *ippon* sans jamais mettre sa santé présente ou future en danger. Et même, subir une projection, en déjouer les effets potentiellement délétères par un *ukemi* maîtrisé peut aussi, sans bien sûr la moindre garantie, sinon sauver la vie, du moins éviter de lourdes blessures en cas de chute de vélo, d'échelle, etc.

Il ne s'agit donc pas de dévaloriser l'un au profit de l'autre : ce n'est pas la même chose, c'est tout.

Le *ippon*, quésaco ?

L'autre problème de cette analogie est d'occulter la question : « Le *ippon*, qu'est-ce que c'est, en fait ? », et donc la réflexion nécessaire pour tenter d'y répondre. Nous venons d'en voir la définition réglementaire, extérieure et, somme toute, pas si différente de celle proposée par Kanō Jigorō dans les premiers règlements, mais le sens même de ce qui est sanctionné d'un *ippon*, quel est-il ? Qu'est-ce que cela représente ?

On entend souvent, chez les entraîneurs ou auteurs japonais, qu'il faut « revenir à un jūdō axé sur le *ippon* ». D'accord – ne serait-ce que pour le plaisir esthétique –, mais pourquoi ? Ce qui est gênant, c'est que cela est livré comme une évidence, un postulat : rares sont ceux qui éprouvent le besoin de justifier cette déclaration. La seule justification que j'aie trouvée, nous la devons à un chercheur sur le kendō :

> « Ne serait-ce pas pour cela *(parce que les guerriers connais-sant la réalité du champ de bataille s'astreignaient à de sé-vères entraînements, NDLR)* que les budō ont recherché la valeur du « *ippon* » qui n'admet aucune concessîon ? 0 ou 1 *(« 1 » est le sens littéral de ippon, NDLR)* : ne serait-ce pas de là que provient cet esprit de poursuite de la com-plétude technique ? Le « *ippon* » dans le combat de *budō* n'est pas cet instant où la technique a été décisive, c'est le jugement porté sur un processus, qui apparaît comme un enchaînement de mouvements, qui s'accorde en une technique. Autrefois, le jūdō aussi recherchait le « *ip-pon* ». Il était en quête du « *ippon* » absolu. [032, 29, 30]

La technique comme la conclusion d'un processus, lequel est, sur le moment, adaptation aux circonstances, mais aussi dépendant du travail antérieur, l'ensemble formant un tout, une unité : 1. Et le rappel que, sur le champ de bataille, le seul critère, la seule exigence, est l'efficacité finale : un système binaire qui ne s'embarrasse pas de demi-mesures. Le *ippon* apparaît lié au budō, le budō à la réalité martiale sublimée, mais qui peut se résumer – puisque l'origine est le *bujutsu,* la « technique guerrière » – ainsi : tuer ou être tué.

Ippon, la mort symbolique ?

La référence à la mort symbolique que serait le *ippon* est à double tranchant.

De prime abord, c'est assez séduisant, car cela nous réinscrit dans notre filiation martiale, impose d'emblée une dimension de sérieux, rappelle l'exigence à laquelle le jūdōka doit s'astreindre dans toutes les phases de sa pratique, pousse l'esprit à se concentrer jusque sur les moindres détails.

À l'inverse, « mourir », même symboliquement, n'est pas une expérience que l'on a envie de vivre, et crée une tension, une crispation, qui va à l'encontre du relâ-chement nécessaire et attendu pour une pratique riche et épanouie. Surtout quand cela vient se superposer avec la notion de « perdre », et de perdre aussitôt, sans

2e chance (après tout, n'est-on pas mort ?). Qui veut être un « perdant » ? Subir le *ippon,* dans le dōjō comme en compétition (mais combien font la différence ?), c'est « mourir », « perdre », « être mis K.O. »... On ne peut pas dire que l'image soit ni très positive, ni valorisante. Le professeur aura beau jeu d'expliquer que ce n'est pas grave, que l'essentiel n'est pas là, notre pratiquant ne pourra ressentir cela que comme une tentative de consolation, sans s'en sentir pleinement apaisé.

Un bon *ippon* et un mauvais *ippon* ?

Une des choses étonnantes, dans la définition du *ippon,* c'est qu'il n'y a pas de référence à *seiryoku zen.yō,* « bonne utilisation de l'énergie ». Certes, le premier écrit définissant les conditions du *ippon* date de 1900 [033, 034, 035], quand les principes n'ont été formulés qu'à partir de 1922, mais pourquoi pas de redéfinition du *ippon* selon ceux-ci ?

Ne serait-ce pas une façon de nous dire qu'il n'y a pas de « bon » et de « mauvais » *ippon* ? Qu'avoir réussi à mettre le partenaire sur le dos (puisque c'est la règle proposée), c'est toujours *ippon,* et donc, chaque fois, une bonne utilisation de l'énergie, puisque le but a été atteint, même si ce n'est pas forcément la « meilleure » utilisation de celle-ci ? En fait, dès 1900, la logique est en place : pour obtenir *ippon* en *nage-waza,* il faut certes que le partenaire arrive sur le dos, mais avec *hazumi* ou *ikioi.* Dans les deux cas, il s'agit d'énergie, de force, mais :

> « Maître Kanō a dit que « *hazumi* » est l'habileté, tandis que « *ikioi* » est la force et, à partir de cela, je voudrais que l'on considère qu'*ikioi* est un mouvement puissant tandis que *hazumi* est profiter de la force. En fait, quand on saisit habilement le mouvement [*hazumi*], le partenaire, dont la posture a été détruite [*kuzushi*] et vis-à-vis duquel on s'est mis en situation d'avantage [*tsukuri*] avant de porter une technique [*kake*], tombe sur le dos en un mouvement puissant. C'est là un *ippon* parfait mais, en réalité, dans la plupart des cas, il y a peu de *hazumi* et

l'on fait puissamment tomber en force ; alors, même s'il y a également *ippon*, la valeur technique sera considérée comme faible. [036, 329]

Ainsi, pas de différence de résultat entre le *morote* d'un Nomura et une « prise de l'ours » : les deux atteignent le but fixé, même si l'une des situations est certainement plus riche, plus ambitieuse, plus inspirante. En fait, dans les deux cas, *uke* a été pris dans le mouvement. Pour caricaturer, on dira que ce n'est peut-être pas du jūdō (dans la mesure où ça ne respecte pas forcément l'idéal de minimum d'utilisation d'énergie, d'application des principes d'action-réaction, de bio-mécanique, etc.), mais que c'est *ippon* quand même (puisque l'énergie employée a permis d'atteindre le but fixé). Au jūdōka de ne pas se prendre la force de front !

Le *ippon* n'est pas le chaos

Parvenir à marquer *ippon* – ce qui ne s'entend que dans une situation d'opposition, que le jeu soit très ouvert (*randori*), ou très fermé (compétition) –, c'est avoir su, dans le trouble, la tempête, faire la part des choses, organiser son action, créer les conditions de son succès. Bien sûr, cela peut se faire parfois avec beaucoup d'envie, en prenant toute la place, en s'imposant et, parfois, de façon plus discrète, plus effacée. Le *ippon* est toujours une réponse juste à la situation et, en ce sens, dans tous les cas, le *ippon* est leçon. Leçon pour celui qui marque, pour celui qui subit, et même pour celui qui en est spectateur : le *ippon* est démonstration, il élève, il révèle, éclaire une vérité à ceux qui, à n'importe quel titre, le vivent. Le K.O., lui, détruit, sape, prive de conscience l'adversaire.

Il y a, me semble-t-il, dans le K.O., une affirmation de soi, une démonstration de puissance, une lutte contre… contre la fatalité, contre la force de l'autre, et, dans le *ippon,* un oubli de soi. Il faut s'oublier pour se conformer à la situation, s'y adapter, s'y fondre, l'orienter à peine : lire la logique et l'exploiter. Comme l'idée de laisser place et non de prendre la place, d'accompagner et non de bousculer. Le *ippon,* ce n'est pas s'affranchir de la contrainte, c'est se jouer d'elle, c'est jouer avec. Et s'il peut y avoir reconnaissance extérieure du *ippon,* par l'arbitre, l'observateur, il y a surtout perception intime de l'expérience : les protagonistes savent ce qui s'est produit, et y goûter une fois suffit à l'addiction. Le *ippon,* une drogue puissante qui pousse à revenir travailler !

1, 2, 3... *ippon* ![3]

Ippon est l'un des concepts centraux de la pratique du jūdō. Pourtant, au-delà de la définition qu'en donnent les règlements d'arbitrage, on s'interroge rarement sur sa signification...Petite promenade en deux parties pour tenter d'en appréhender le(s) sens.

Après une première partie centrée sur la définition du *ippon* pris en lui-même, cette seconde partie propose de s'intéresser au *ippon* comme part d'un système, en le mettant en perspective tout en le confrontant à son sens littéral et à ce que ce dernier peut nous révéler.

Le *ippon*, à quoi ça sert ?

Le *ippon* est un processus, une construction qui tend vers une conclusion en vue de remplir l'objectif fixé, et de ce dernier critère seul dépendra que les efforts consentis soient valorisés : « oui » ou « non », « 1 » ou « 0 ». En cela, il est en lien avec le budō, lui-même lié à la réalité du champ de bataille.

Or, si le budō n'est pas le *bujutsu*, c'est qu'il est affaire d'expérience – c'est même dans ce but qu'il a été créé par Kanō. On peut alors considérer que le *ippon* nourrit les

---

3 - Chronique publiée dans l'*Esprit du judo* n° 52, octobre-novembre 2014.

deux partis. Que celui qui marque profite de cette expérience se comprend aisément. Mais, si le *uke* de l'action n'est pas mort, il n'en ressent pas moins dans sa chair le *ippon* : le kendōka sent l'impact du *shinai*, le jūdōka celui du tatami ou l'angoisse de l'étranglement, de la clé, le lutteur de *sumō* défait repart avec, sur son corps, l'argile du *dohyō*... *Uke* ne peut prétendre que cela n'a pas existé[4] : au contraire, il doit l'accepter pour s'en nourrir et construire sa compétence future. Si le *ippon* est leçon, et chaque fois particulière, c'est bien parce qu'il y a survie, et, plus on suit de leçons, plus on progresse.

Le *ippon* en question

Ippon, « 1 ». Sauf à le considérer comme « il y a eu / n'a pas eu » mort de l'un (et donc survie de l'autre), cela n'a aucun sens. Mais le budō n'est pas le champ de bataille, et s'il est affaire d'expérience, c'est que son objet est la maîtrise. Or, de la vraie maîtrise, la chance est exclue. On peut survivre par chance, trouver une fois la faille d'un adversaire qui nous est pourtant supérieur. De là l'idée de Kanō : « Un combat se juge en deux points (*nihon*). » [033, 034, 035, 037] Pouvoir mettre deux fois *ippon* dans un combat ne relève en effet plus de la chance, mais d'une vraie domination du combat. Et l'on sait que, si du temps même de Kanō, les combats ont fini par se juger sur un seul *ippon*[5], cela est dû à l'augmentation des engagés dans les compétitions et au temps que cela demandait[6]. Pourtant, les perspectives de reconsidérer ce terme comme un numéral sont intéressantes.

---

4 - C'est même la première des explications données aux critères de « force » (*ikioi* et *hazumi*) pour annoncer *ippon* : sinon, *uke* « ne ressent aucune douleur ». [005, 405]

5 - À partir de 1925 pour le Kōdōkan [008, 441], puis de 1930 pour les championnats. [038, 343]

6 - Le règlement de 1916 [037, 005], après avoir réaffirmé qu'un combat se fait en 2 points, précise que, selon le nombre d'engagés, on pourra réduire à 1 point : il s'agit donc d'une phase de transition laissée à la discrétion de l'organisation.

Plus jeune, ce qui trouvait grâce à mes yeux dans le tennis, c'étaient les *tie breaks,* le seul moment où, pour moi, cette discipline se rapprochait du martial, là où chaque point compte réellement. Mon regard a changé, et c'est presque l'inverse qui aujourd'hui me fascine : regardez Nadal ou Federer jouer les premiers tours contre des adversaires qu'ils vont battre sur un score sans appel. Même dans ces matches, il y aura toujours un moment où, pris dans leur repositionnement, embarqués dans une séquence implacable et superbement exécutée, ils seront mis à 15 m de la balle, ce qui, à ce niveau, me semble assez proche du *ippon*. Sauf que, pour marquer un jeu, il faut pouvoir les surprendre 4 fois au minimum et, pour leur prendre 3 sets, un nombre de fois suffisamment consé-quent pour démontrer que, ce jour-là, l'autre a pris leur mesure et s'est montré supérieur. Ce que cela montre aussi, c'est que même sur un match à enjeu, un grand champion peut se laisser le temps et l'espace de l'essai – erreur, laisser à l'autre du « jeu » (justement), jouer avec les limites pour « régler ses coups », en prévision des matches futurs où l'erreur coûtera plus cher. Sans doute est-ce pour cela qu'on parle encore de « jouer » au tennis, et qu'un match est une succession de « jeux ». En parlant de maîtrise, et d'exclusion autant que possible du facteur chance : un championnat du monde d'échecs ne se fait pas en une partie, pas plus qu'un tournoi de *go*. Il faut une vraie démonstration de maîtrise supérieure. Mais, là encore, ne *joue*-t-on pas aux échecs et au *go* ?

Le *ippon* du jūdō

Oui, mais nous, c'est la dimension martiale du jūdō qui justifie, voire impose la règle du *ippon* unique.

Faux. Et à deux titres au moins. Rickson Gracie expliquait que, lors d'une rixe sur la plage (où il n'est pas de bon ton de tuer son adversaire), il fallait toujours mettre l'autre dans les pommes deux fois parce que, sinon, il pensait que la première fois était due à la chance, tandis que, à la seconde, cela mettait réellement un terme à la querelle :

l'évidence de la maîtrise clôt le débat, même sur un plan martial.

Et puis, une compétition de jūdō n'est autre qu'une compétition de jūdō : la vie et la mort ne sont pas en jeu, les règles sont strictes et l'on n'a pas à craindre qu'elles soient enfreintes. On l'oublie trop souvent, mais c'est un jeu, dont le seul gain est l'expérience que l'on en tire, la façon dont celle-ci va influer notre progression future, nourrir notre vie. La crainte, le risque lié à la moindre erreur, inattention, ouverture, n'est pas inintéressant, mais a pour pendant fâcheux de fermer plus encore le jeu (encore lui). Ce qui, certes, rend encore plus méritoire – plus beau, même – le fait de trouver la solution, rend plus grand encore celui qui, dans ces conditions extrêmes, sait prendre le risque. Mais le jūdō est-il, doit-il être l'espace, l'expérience de l'aridité ? La compétition (et il faudrait s'entendre sur la définition de ce terme, car un championnat de benjamins et les Jeux olympiques relèvent-ils de la même dynamique ?), peut-être. Pourquoi pas, même, à condition que tout le reste de l'expérience jūdō soit vallées foisonnantes. Or, nous en sommes loin, tant l'espace occupé par la compétition est grand et dicte la manière de pratiquer, jusqu'au sein du dōjō où la séance de *randori* se transforme en simulacre de combat (dont on ne saurait d'ailleurs plus trop déterminer la référence), et où même les séances techniques sont ponctuées d'innombrables renvois à la règle plutôt qu'aux principes.

Révolution

Marquer *ippon* en *nage-waza* et ne plus se préoccuper de l'adversaire. Quel sens martial (pour le coup) ? Cela aussi entretient la confusion avec le K.O. « Oui, mais, dans la rue, il ne se relèverait pas. » Ah ? Et qui le dit ? Deux *ippon* : c'est autant le processus martial qu'historique du jūdō que cela nous invite à revisiter. Martial, parce que cela nous rappelle qu'un combat ne s'arrête qu'après que l'adversaire a été mis hors d'état de nuire (étranglé, membre désarticulé) ou a reconnu sa défaite (signifié son abandon). Historique, parce que le jūdō est le premier jūjutsu à porter tant d'intérêt à la projection. Et pouvoir obtenir *ippon* par la projection, ou plutôt reconnaître à la projection une valeur de *ippon,* c'était valoriser celle-ci, faire en sorte que les pratiquants se concentrent dessus. Mais deux *ippon,* cela montre bien que le processus est incomplet par la seule projection : l'idéal n'est-il pas de profiter de l'effet de ce *ippon* pour obtenir dans la foulée, grâce à celui-ci, le *ippon* sur technique de soumission[7] ? Deux *ippon,* c'est valoriser la continuité de mouvement, la maîtrise d'une séquence de A à Z.

Et si on revenait à une autre notion, celle de *buai ? Buai,* taux, proportion : c'est ainsi que Kanō parle du niveau d'un jūdōka. Il s'agit, non pas de savoir si c'est un champion invaincu, mais dans quelle mesure, quelle proportion, il marque plus souvent *ippon* qu'il n'en subit. Cela ne veut pas dire que l'on ne tombe pas, ou ne se fait pas prendre en immobilisation, clé ou étranglement ; cela veut dire que, proportionnellement, somme toute, on en met plus que l'autre / les autres, et surtout, que l'on peut accepter le risque de subir *ippon* pour, ensuite, lire mieux le jeu du partenaire et ne plus se laisser piéger : une qualité, un regard pleinement transférables dans le *randori,* non ? Et enfin, cela signifie que la mise en échec, si elle est sanction, n'est plus punition (défaite, mort ou K.O.), et doit reprendre sa place d'expérience sur laquelle construire son succès futur.

Le *ippon,* l'anti-K.O.

Un jūdō axé sur le *ippon* : d'accord ! D'accord, parce que la recherche du *ippon,* c'est le refus du brouillon, de l'im-précis, de l'embrouillé, parce que c'est l'adéquation de la technique, du *timing,* de la détermination au service du but, et non la précipitation vers ce but. Le *ippon,* ça se construit.

---

7 - C'est la seconde justification donnée aux critères de « force » (*ikioi* et *hazumi*) pour annoncer *ippon :* sinon, *uke* « esquive aussitôt son corps » et se soustrait donc à l'emprise de *tori.* [005]

Parce que chaque *ippon,* c'est revivre l'expérience initiale de Kanō, le choc de la Kitō-ryū, quand il a compris, face à Iikubo Kōnen[8], que ce qui compte n'est pas la quantité de savoir accumulé, mais de se trouver en position de l'exploiter. C'est ce qui orientera sa vision et son discours pédagogiques centrés sur la compétence : savoir mettre en application le savoir. Un savoir vivant pour une mise en branle du monde. *Ippon,* c'est la mise à l'épreuve du savoir, vers la vraie compétence, celle qui permet de tirer de l'expérience les ressources nécessaires à la résolution du problème auquel on est confronté.

Mais pas un jūdō axé sur LE *ippon,* où, une fois celui-ci obtenu, on pourrait se frotter les mains, satisfait du travail accompli. Non, un jūdō où l'on remet le *ippon* sur le métier, un jūdō fondé sur une infinie succession de « un *ippon* », c'est-à-dire la répétition de séquences chaque fois unitairement aussi parfaites que possible, comme un artisan du jūdō.

Parce que l'exigence du *ippon,* c'est ce qui nous pousse au travail, et le *ippon,* ce qui nous éveille : qu'on en soit l'auteur ou qu'on le subisse, il passe par nous et, par là, dans les deux cas, nous enrichit et nous nourrit. Et puis, si le K.O. envoie le boxeur dans les bras de Morphée, le *ippon,* idéal atteignable, lui, fait rêver le jūdōka !

---

8 - Kōnen est parfois lu Tsunetoshi.

Des *geiko* au *randori*, la progression douce[9]

Le *randori* est l'un des exercices principaux du jūdō. Par le passé, dans les débuts du Kōdōkan, il en a même été l'une des spécificités par rapport aux écoles de jūjutsu, et certainement l'une des sources de son succès. D'abord parce qu'il permet l'accumulation d'expérience – et donc la réduction progressive de ses erreurs –, ce qui s'avère précieux quand le *randori* devient compétition ou combat, mais aussi parce qu'il est ludique et source de grands plaisirs (… et de quelques frustrations !). Si l'on regarde les termes, *ran,* « troubles, désordre », et *tori,* « saisie », mais aussi parfois « attaque », on peut proposer différentes traductions, selon notre degré d'optimisme : « saisies / attaques désordonnées », « saisies / attaques non déterminées »…

Le *randori* est ainsi défini dans la charte du jūdō :

« Le *randori* organise la rencontre de deux jūdōka dans une confrontation dont la victoire ou la défaite n'est pas l'enjeu. L'expérience répétée du *randori* permet l'acquisition du relâchement physique et de la disponibilité mentale dans le jeu d'opposition, la mise en application dynamique des techniques acquises, l'approfondisse-

9 - Chronique publiée dans l'*Esprit du judo* n° 13, mars-avril 2008.

ment de la perception dans l'échange avec le partenaire, à la compréhension et la maîtrise des différents principes d'attaque et de défense. Il est pratiqué dans une perspective de progression. [042]

Une définition qui nous éloigne de notre première traduction d'« attaques désordonnées » et nous rapproche de celle que nous proposerons en conclusion, « expression libre ». Et ce, parce que faire *randori* n'est pas naturel, qu'on ne peut pas passer brutalement d'un travail technique, même de qualité, à son application en situation d'opposition. Faire *randori* s'apprend, et la méthodologie du jūdō nous en offre les moyens par une progression qui est à la fois celle d'une vie de jūdōka, mais aussi, en concentré, celle de tout cours.

Les bases

Prétendre pouvoir projeter un partenaire, à plus forte raison un adversaire, suppose une adaptation physique et mentale à la situation. Cela réclame des qualités posturales, d'équilibre, de coordination, de préhension qu'il serait illusoire d'attendre en interactions sans un minimum de qualités motrices individuelles. Savoir se tenir en *shizen-tai,* en *jigo-tai,* connaître le *kumi-kata* fondamental, savoir se déplacer en *suri-ashi* (en laissant frotter, glisser, la plante du pied), que ce soit en *tsugi-ashi* (pas chassés) ou *ayumi-ashi* (en croisant les pieds), connaître les déplacements de base comme *mae* ou *ushiro sabaki* et, bien sûr, savoir chuter ! Tout cela peut être rassemblé dans ce que l'École française de jūdō a appelé habiletés techniques fondamentales (HTF). Elles peuvent être travaillées seul *(tandoku-renshu)* ou à deux, en interaction *(sōtai-renshu),* et vont constituer essentiellement des exercices de déplacements et de coordination plus ou moins complexes, réclamant plus ou moins d'adaptation aux actions et aux déplacements du partenaire. C'est là, déjà, que va se situer le travail d'apprentissage technique, où la situation est isolée, plus ou moins simplifiée ou complexifiée, où les déplacements sont décomposés.

Les *komi*

Viennent ensuite *uchi-komi* et *nage-komi*. Il y aurait beaucoup à dire sur cette idée de *komi* qui véhicule l'idée générale d'entrer ou de faire entrer, d'engouffrer, mais aussi d'entrer dans le complexe, de pénétrer les choses dans leurs plus fines subtilités. *Uchi-komi* (*uchi*, l'idée de frapper perpendiculairement et donc avec un maximum de force), c'est, par des frappes successives, faire entrer toute la matière dans un moule, dans une forme. C'est donc, par la répétition, à la fois former son corps à la technique, et aussi, peut-être, adapter la technique à sa forme de corps, jusqu'à ce que les deux soient indissociables, en respectant scrupuleusement toutes les étapes que sont le *tsukuri* (construction de notre position d'avantage et de la position de désavantage de notre partenaire) et le *kake* (placement spécifique à la technique). *Nage-komi,* c'est faire un pas de plus et aller jusqu'à la projection. C'est donc maîtriser, s'approprier peu à peu, chaque fois plus habilement, plus subtilement, tout le cycle, de *kumikata* à la chute. C'est faire de ce processus quelque chose qui nous soit constitutif.

Les *geiko*

Kakari-geiko et *yaku-soku-geiko* sont des situations pédagogiques qui mènent vers le *randori*. Tous deux ont en commun l'idée de *geiko,* ou plutôt *keiko* (le « k » est prononcé « g » dans l'expression), qui signifie de façon courante « exercer ce que l'on a appris » et est donc souvent traduit par « entraînement ». Or, étymologiquement, *keiko* signifie : réfléchir aux choses primordiales pour en comprendre la raison et le bon sens par la comparaison et l'expérience (*kei* – pour comprendre, comparer et réfléchir, réfléchir et éprouver ; *ko* – ce qui est primordial).

Ainsi, les *keiko* sont une recherche du principe pur. Il est d'ailleurs important de noter que lorsque Jigorō Kanō parle de pratiquer le jūdō, il emploie soit *shugyō* soit *keiko* (encore employé aujourd'hui), ce qu'il n'utilise jamais pour les jūjutsu. Venir faire du jūdō, ce n'est donc pas simplement s'entraîner, c'est, chaque fois, être à la recherche du principe. *Kakari,* quant à lui, signifie ce qui part d'un point et se diffuse pour recouvrir ce qui l'entoure. On peut dire que, dans le *kakari-geiko,* on isole un point, un principe, pour en approfondir la maîtrise et l'expérience par l'exercice, et que les vérités et qualités acquises par ce travail dépassent ce seul principe isolé pour éclairer la pratique entière. Mais c'est aussi, plus concrètement, partir d'une situation donnée et, de là, percevoir, étudier, expérimenter tous les développements possibles. Quant à *yakusoku,* cela signifie « promesse », « accord préalable », « entente » et même « rendez-vous ». Il s'agit donc d'un exercice au thème exprimé et où chacun va jouer son rôle pour donner vie à l'exercice. Ainsi, on peut dire que les *keiko* sont une source infinie de création de situations d'entraînement en termes d'exercices à thèmes, où les élèves sont invités à se conformer à une forme, à réfléchir à sa pertinence, à essayer de la retrouver ou de la mettre en pratique. Repérer la situation ou la créer.

Non pas « saisies désordonnées » mais expression libre

Alors, le terme de *randori,* traduit comme je l'ai proposé par « attaques non déterminées », se comprend bien si on le place en correspondance avec *yaku-soku-geiko,* dont on pourrait alors proposer pour traduction « système d'attaques prédéfini ». Mais si on réfléchit aux *geiko* comme une recherche du principe primordial et de la forme juste, alors on peut proposer, pour *randori,* la traduction d'« expression libre ». En effet, libre parce que, pour la première fois dans la progression que nous avons décrite, on n'est plus dans la contrainte du rôle d'*uke* ou *tori,* mais aussi parce qu'on est libre de la technique et de sa réalisation, même selon une forme très « personnalisée ». Les bases posturales, les déplacements fondamentaux (HTF), les *uchi-komi, nage-komi,* les *kakari* et *yaku-soku-geiko* constituent ainsi une progression douce, qui permet d'amener les pratiquants au *randori* sans qu'ils s'en rendent compte, sans même prononcer le mot, en modifiant peu à peu les paramètres des *geiko* jusqu'à ce que les rôles de *uke* et *tori* se fondent et s'échangent librement, tacitement selon les opportunités.

Ran, le trouble[10]

Alors qu'en jūjutsu le *kata* représentait l'essentiel de l'enseignement, le *randori* est aujourd'hui l'exercice le plus pratiqué en jūdō. Nous devons à Kanō Jigorō de l'avoir mis au centre de sa méthode, d'avoir su reconnaître son potentiel dans une pratique – appelée *nokori-ai, kata-no-kori* ou encore *midare geiko* – développée par la génération de ses professeurs de jūjutsu et qui en représente les balbutiements.

Si le terme lui-même ne peut être de façon formelle attribué au fondateur du jūdō, il ne semble avoir été utilisé ni avant le jūdō, ni ailleurs que dans celui-ci.

Le mot

Randori est souvent traduit, en français, par « exercice libre », par opposition aux exercices à thèmes que sont les *yakusoku geiko* ou *kakari geiko*. Ce n'est toutefois pas son sens littéral, qui, lui, suggère déjà sa méthode, sa forme, mais aussi son ambition.

Il est composé de *ran* 乱 (ce qui est désordonné) et de *dori* 取り (sonorisation de *tori,* saisie). La tentation serait donc de le traduire par « saisies désordonnées » – ce qui

---

rejoindrait l'idée d'exercice libre. C'est une possibilité, mais l'étude philologique du terme ouvre d'autres perspectives.

L'origine

En effet, dans le *Tsuki no shō* (Extraits de la lune), Yagyū Mitsuyoshi (1607-1650), petit-fils du fondateur de l'école Yagyū Shinkage et maître de sabre du troisième shōgun Tokugawa, Iemitsu (1604-1651), écrit :

> « Le *yawara (autre appellation pour jūjutsu, NDLR)* est une invention de [Fukuno] Shichirōemon. L'une de ces écoles s'appelle la Ryōi shintō yawara. [...] Dans ce *yawara*, il est un secret nommé « *ran* ». Lorsque le vent se lève et devient tempête [...] il frappe avec violence ce qui est fort mais ce qui est faible s'adapte. [004, 89]

Deux choses sont à noter ici. D'une part, que *ran* s'écrit dans ce cas avec le caractère signifiant « tempête », 嵐. D'autre part, que la Ryōi shintō est une des écoles ayant influencé la création de l'école Kitō, une de celles étudiées par Kanō Jigorō. C'est ce qui permet à certains historiens de penser que le *ran* actuel de *randori,* signifiant « désordonné » vient en fait de *ran,* « tempête ».

Ce qu'apporte la tempête

Cette hypothèse est étayée par d'autres arguments.

Le nom de l'école citée, la Ryōi shintō, éclaire le sens de ce passage du *Tsuki no shō* : *Ryōi* 良移, « si l'on change habilement [que l'on passe du fort au faible et vice-versa intelligemment] », *shintō* 心当, « notre intention / volonté s'applique / fait mouche ».

Ce secret *ran,* de la « tempête », consiste donc à être capable de conserver sa posture, son centre, son intention, en s'adaptant avec justesse aux circonstances extérieures.

Si nous gardons à l'esprit cette idée de *ran,* « tempête », le *randori* pourrait être, par notre saisie, de faire s'abattre sur notre partenaire la tempête pour qu'il soit, physiquement comme mentalement, ballotté, qu'il perde ses repères et que l'on puisse ainsi le vaincre. Ou, à l'inverse, l'exercice serait d'être soi-même capable, dans la tempête provoquée par le partenaire, de conserver notre posture, de nous adapter et de l'emporter finalement.

Dans le Livre du Ciel, un des rouleaux de transmission de l'école Kitō, justement, se trouve le texte suivant :

> « Même si l'on change pour suivre l'ennemi, garder l'esprit immuable et une réelle tranquillité est assurer la victoire ; une situation où l'on a réalisé la vacuité, où l'esprit et le corps sont immuables, s'appelle posture fondamentale ; une situation dans laquelle on a préservé l'attitude fondamentale se dit *fudōchi (sagesse immuable, NDLR)* ; préserver la posture fondamentale demande de l'inventivité au quotidien. [046, 117, 118]

Il s'agit là encore de connaître et de savoir conserver cette attitude fondamentale tout en s'adaptant aux événements extérieurs.

De la tempête à la désorganisation

Ce n'est toutefois pas ce *ran* que Kanō Jigorō retient, mais celui de « désordonné », lequel peut aussi se lire *midasu* ou *midaru.* D'ailleurs, lorsque l'on inverse l'ordre des caractères du mot *randori,* on obtient deux verbes : *torimidasu* et *torimidaru* qui, dans les deux cas, signifient « perdre ou faire perdre la tranquillité d'esprit ».

Ainsi, *ran,* ce serait « troubler », et *randori,* « troubler le partenaire par nos saisies » (et ne pas se laisser troubler par les siennes !). Troubler le confort d'une posture physique et / ou mentale, et en profiter, ou obliger l'autre à se réorganiser en permanence et profiter du flottement ainsi créé.

Le *ran* choisi par Kanō Jigorō évoque donc la désorganisation : « Désorganiser l'autre par nos saisies » ou « désorganiser l'autre et saisir [l'opportunité] ».

Meilleure utilisation de l'énergie

L'idée de devoir conserver sa posture dans la tempête ne pouvait que plaire à Kanō Jigorō mais pas l'idée corollaire : en effet, nul besoin de faire souffler toujours la tempête pour désorganiser la posture ou le système d'attaque et de défense du partenaire. Un simple courant d'air peut parfois modifier l'attitude dans son ensemble, et c'est pourquoi Kanō Jigorō ne pouvait conserver le caractère « tempête ».

Ce que suggère *ran*

Par l'histoire de son nom, par son sens même, le *randori* suggère l'adaptation, le mouvement.

Le mouvement, c'est cette désorganisation (*ran*) qui oblige l'ensemble de la structure à se réorganiser, se recentrer, ce souffle de vent imperceptible qui fait lever la tête en été, la rentrer dans les épaules en hiver. C'est aussi la tempête (*ran*), quand tout est ballotté, que rien ne reste en place, que les repères disparaissent et que nul ne sait d'où viendra la prochaine vague, la prochaine bourrasque. Désorganisation et tempête obligent à tenter de rétablir les appuis. Mais le vent varie, repousse et pousse. Chaque mouvement devient incertain, toujours plus instable.

Le mouvement n'est pas une notion uniquement physique. Être en mouvement, être mobile, c'est être capable d'adaptation. Adaptation à l'autre, à ses mouvements. Prendre l'initiative et être capable de désorganiser l'autre, physiquement et / ou mentalement, ou subir un temps mais conserver sa posture fondamentale, son intention, tout en s'adaptant jusqu'à ce qu'une opportunité se présente.

Posture fondamentale

C'est là que le concept de *randori* croise une autre idée qui lui est, dans le système de Kanō Jigorō, indissociable : celle de *shizen-tai*. Physiquement, *shizen-tai* est la posture d'équilibre la plus proche du déséquilibre. Mentalement, elle n'est *a priori* ni offensive ni défensive. Elle permet donc au corps de répondre immédiatement au besoin, qu'il s'agisse de s'adapter à une force imposée par le partenaire, ou de s'engouffrer dans une direction qui nous semble opportune. De notre capacité à la préserver dépend notre potentiel de mouvement et d'adaptation. Elle permet également à l'esprit, sans perdre de vue le dessein final, de passer de l'attaque à la défense selon la nécessité, pour finalement atteindre le but fixé. En d'autres termes, elle permet au corps, en conservant en permanence sa capacité de mouvement, de protéger ce qui est essentiel, l'intention, le but, et de pouvoir s'adapter tant aux exigences de la situation extérieure qu'aux ordres de la volonté. *Randori,* c'est ainsi apprendre à conserver sa posture *shizen-tai,* que le vent soit brise, bise ou tempête.

Le saule

C'est sans doute de là que viennent les références fréquentes au saule dans les *jūjutsu* (*yanagi / yō* 楊 *Salix gracilistyla,* saule des rivières) : Yōshin-ryū 楊心流, Tenjin shin.yō-ryū 天神真楊流... Est souvent évoquée la façon dont ces arbres se délestent du poids de la neige qui s'accumule sur leurs branches : elles cèdent et reprennent leur position initiale, exemple de la fermeté souple ou de la souplesse ferme, idée même du principe *jū* (*jū no ri,* le principe de l'adaptation). Dans la tempête, les branches de ces arbres sont ballottées, s'adaptent à chaque nouvelle bourrasque. Elles ne cassent pas, et, en cédant, elles contribuent à détourner le plus fort de la bourrasque du tronc, qui lui, reste immuable. Et, comme le dit M. Shōzō Awazu, « à la fin, le vent se lasse et il s'en va ».

Conclusion

Ainsi, *ran,* ce serait être capable de conserver sa posture dans la tempête (嵐), quand tout est tellement « désordonné » (乱), tellement sens dessus dessous que l'on ne peut se fier aux repères habituels.

Le *randori* consiste donc à être dans une situation où tout est fait pour nous perturber mais dans laquelle on ne perd pas de vue notre but et où l'on s'adapte aux circonstances pour l'atteindre finalement.

Ikioi et *hazumi*, ou la question de la nature de l'énergie[11]

On trouve, lorsque Kanō Jigorō parle de projection, associée l'idée de « *ikioi* » et de « *hazumi* ». Ces deux termes, qui ne sont pas spécifiques au vocabulaire jūdō, décrivent tous deux l'énergie que l'on utilise pour mener à bien une action. Débrouiller la nuance qui existe entre ces deux notions peut s'avérer une clé d'analyse fine des façons d'exploiter les situations du *randori* de jūdō.

En juin 1900, lorsque Kanō Jigorō écrit les règles de compétition, il libelle ainsi l'article 7 :

> 7. Pour qu'en *nage-waza* une victoire par *ippon* soit reconnue, les conditions suivantes doivent être réunies :
>
> 1. il ne doit pas s'agir d'une chute intentionnelle ou due à une erreur mais d'une chute causée par l'attaque d'un des adversaires ou de son esquive ;
> 2. même si le type de technique est parfois difficile à définir précisément, le point essentiel est que la chute soit sur le dos ;
> 3. la chute doit se faire avec un « *hazumi* » ou encore un *ikioi* suffisants. [033, 86, 87]

---

11 - Chronique publiée dans l'*Esprit du judo* n° 14, mai-juin 2008.

Deux mois plus tard, il précise :

> « Explication de l'article 7 [...]
>
>> Sens du c. : comme il est là encore difficile de montrer cela en détail par écrit, il n'y a pas d'autre choix que de s'en remettre au jugement des arbitres mais, si j'ai mis pour règle qu'il faut « *hazumi* » ou *ikioi,* c'est que, quelle que soit la qualité de la façon de projeter, et même si le partenaire tombe sur le dos, on peut difficilement dire qu'il y ait projection si le corps ne tombe pas suffisamment fortement sur le sol. Parce qu'autrement, on ne peut pas savoir si la personne ne s'est pas allongée ou couchée d'elle-même. [034, 92, 93]

Si, en juillet 1916, l'article 7 reste inchangé, l'explication diffère quelque peu :

> « Le sens du c. est que, même si on fait tomber sur le dos, tant qu'on ne fait pas tomber avec suffisamment d'*ikioi* ou de « *hazumi* », comme on ne ressent pas la moindre douleur et qu'il est, en outre, possible d'aussitôt esquiver son corps, on ne peut pas considérer avoir réellement été projeté, et c'est pourquoi j'ai mis « *hazumi* » ou *ikioi* comme condition. [005, 405]

À seize ans d'intervalle, *ikioi* et « *hazumi* » sont toujours là, même si la logique de leur présence est inversée. Alors qu'en 1900, ces notions apparaissent importantes pour l'extérieur, pour l'arbitre, en 1916, il s'agit de l'impression laissée sur la personne projetée qui importe. En effet, sans un minimum de douleur ressentie, sans un instant où l'on reste privé de réaction, il est difficile de ressentir, « dans sa chair », sa défaite ou, plutôt, le fait d'avoir été effectivement projeté par le partenaire. Alors, qu'est-ce donc qu'*ikioi* et *hazumi* ?

Dans les deux cas, nous l'avons dit, il s'agit d'énergie, d'élan. Il s'agit donc de projeter avec suffisamment d'énergie, de force. *Ikioi* et *hazumi* montrent deux logiques différentes d'obtenir puis d'exploiter cette énergie.

Ikioi, c'est la pression que l'on met, c'est la force virile, c'est l'énergie qui vient de soi, celle que l'on met pour avancer. Projeter avec *ikioi,* c'est se mettre soi-même moteur de l'action, générer l'énergie nécessaire et l'exploiter.

Quant à *hazumi,* c'est l'idée de rebond. Comme pour une balle que l'on lance et qui utilise cette énergie pour rebondir, dans *hazumi,* on n'est pas à l'origine de l'action, on en subit l'énergie, l'accueille et l'utilise.

Ikioi, ce serait, à partir d'une phase statique, une attaque directe ou un enchaînement à partir de celle-ci, sans tellement tenir compte de la résistance ou réaction du partenaire. *Ikioi,* c'est imposer sa volonté en faisant fi de l'obstacle. C'est pourquoi le *Grand dictionnaire du jūdō,* qui ne sépare pas ces deux notions et en propose une entrée commune, peut être si sévère avec *ikioi* :

> « *Ikioi* et *hazumi* : deux conditions importantes en *nage-wa-za.* Il est fréquent que « *ikioi* » et « *hazumi* » apparaissent comme un tout mais, en analysant attentivement, *ikioi* serait le passage en force tandis qu'*hazumi* serait l'ingéniosité. Pour un même *ippon,* si on a fait tomber en force, s'il y a *ikioi,* il y a peu de *hazumi* et la valeur de la technique est faible.
>
> Une technique aux parfaits *kuzushi, tsukuri* et conclue en *hazumi,* sera valorisée comme une technique virtuose. [046]

Ce qui est intéressant, c'est que dans le langage courant, faire les choses par *hazumi* a souvent une nuance péjorative : c'est l'idée de subir, de ne pas être maître de la situation. C'est sans doute pour cela que Kanō Jigorō met, dans les citations données ici, *hazumi* entre guillemets (mais pas *ikioi*), car, en jūdō, cette notion est, à l'inverse, valorisée.

Et, si elle l'est, c'est qu'elle fait référence à l'idée même de *jū no ri,* le principe d'adaptation résumé par « quand on me pousse, je tire ; quand on me tire, je pousse », à l'origine de la réflexion de Kanō Jigorō et... de la naissance du jūdō ! C'est l'idée d'exploiter l'énergie qui nous est donnée plutôt que de compter sur notre propre force, ce qui permet, d'une part, d'utiliser le minimum d'énergie – ce qui peut s'avérer précieux dans la logique du combat – et, d'autre part, de pouvoir potentiellement l'emporter sur un adversaire plus puissant que soi.

Mais *ikioi* n'en est pas banni pour autant de la réflexion de Kanō Jigorō. D'abord parce que c'est une réalité du combat, de l'opposition, mais aussi parce qu'il y a des moments où *jū no ri* n'est pas possible ou pas souhaitable. En effet, dans une phase statique, il faut parfois être celui qui remet du mouvement plutôt que de laisser l'adversaire reprendre l'initiative et déployer une énergie qu'on n'est pas sûr de pouvoir maîtriser. Mais il y a là encore deux façons de le faire : la première – stigmatisée par le *Grand dictionnaire du jūdō* – consiste à imposer sa force en niant la relation, et la seconde, à être certes à l'origine de l'énergie déployée mais à la placer intelligemment, là où le partenaire est faible. Et cela correspond alors parfaitement à l'idée formulée très vite par Kanō Jigorō pour compléter, approfondir, l'idée de *jū no ri* : la meilleure utilisation de l'énergie.

L'énergie d'une projection de jūdō – comme, sans doute, de toute action y compris dans notre vie quotidienne – peut donc être *ikioi* ou *hazumi.* Il n'est pas toujours facile de distinguer l'une de l'autre tant le jeu des actions-réactions peut être subtil. Il est à ce propos intéressant de noter que « *hazumi* » peut s'écrire avec le même caractère que « *ikioi* », ce qui montre leur forte imbrication. Dans tous les cas, pour correspondre à la logique qui nous est proposée par Kanō Jigorō, il s'agit de faire l'une ou l'autre en fonction de la situation, du contexte et, toujours, dans l'idée de bonne utilisation de l'énergie du corps et de l'esprit.

Le *dōjō*[12]

« Le nombre de mes élèves augmentait et ceux du kendō également (*Funakoshi Gichin enseigne alors dans le dōjō d'un de ses amis kendōka, NDLR)*. Je commençais à déranger mon bienfaiteur. Ma situation financière ne s'était malheureusement pas vraiment améliorée et je ne pouvais pas faire ce qui à l'évidence s'imposait : construire un dōjō pour le karaté.

Aux alentours de 1935, un comité de soutien à l'échelon national collecta suffisamment de fonds pour construire le premier dōjō de karaté du Japon. Et ce n'est pas sans une pointe de fierté qu'au printemps 1936, je pénétrai pour la première fois dans le nouveau dōjō situé à Zoshi-gaya, arrondissement de Toshima *[Tōkyō]*, et remarquai au-dessus de la porte un panneau portant le nom du dōjō tout neuf : Shōtōkan. Je ne m'étais pas douté que le comité aurait choisi le pseudonyme sous lequel j'écrivais des poèmes chinois dans ma jeunesse. [039, 88]

Ainsi, ce n'est qu'à près de soixante-dix ans que celui qui est considéré comme le père du karaté moderne, Funakoshi Gichin (1868-1957), pénètre dans un dōjō exclusivement consacré au karaté. Preuve, certainement, qu'il n'est pas nécessaire d'un bâtiment pour pouvoir pratiquer. Et pourtant, le dōjō apparaît comme l'un des

---

12 - Texte paru dans *Officiel karate magazine* n° 28, rubrique « Shin », juillet 2008.

éléments essentiels du budō moderne. Alors, qu'est-ce qu'un dōjō, à quoi sert-il, que représente-t-il ?

Dōjō, le terme

Dōjō est un terme qui vient du bouddhisme. C'est ainsi que l'on nomme le lieu où le bouddha Sakyamuni a atteint l'éveil sous l'arbre de la Connaissance. C'est aussi, par extension et comme les deux caractères chinois qui le composent l'expriment, le lieu d'étude de la doctrine bouddhique. En effet, le premier, *dō*, est celui de la « voie », celle sur laquelle on progresse, du « domaine », celui que l'on parcourt. Le second est celui du lieu, *jō*, endroit plat où les gens se rassemblent. C'est l'endroit où l'on vient étudier la voie, là où, à plusieurs, on se réunit pour étudier un domaine particulier. C'est donc le lieu d'étude.

Le *dōjō*, concrètement

Un dōjō, c'est un lieu avant d'être un bâtiment. Il n'est pas forcément exclusivement dédié à une discipline. Certains dōjō accueillent plusieurs disciplines, d'autres ont plusieurs fonctions et ne prennent leur qualité de dōjō qu'à certains moments. Certains sont perdus en pleine nature, d'autres dans des caves, d'autres encore dans les étages des gratte-ciel des métropoles.

Ainsi Funakoshi Gichin aura-t-il jusqu'en 1936 étudié de nuit, en secret, dans le jardin de son professeur, dans la cour de sa maison, sur des terrains d'éducation physique, dans des bâtiments loués ou des dōjō prêtés...

Mais ce qui est évident, c'est que, le temps de la pratique, ce lieu est entièrement réservé à cette discipline : il lui est consacré. Cela signifie qu'il est entièrement (ré)organisé pour la permettre : on libère l'espace, le nettoie, définit la place des professeurs et celle des aînés, ce qui est dans l'espace de pratique et ce qui ne l'est pas.

Le *dōjō*, une matrice

Comme le montre la satisfaction – la fierté – de Funakoshi à son entrée dans le bâtiment entièrement dédié à l'enseignement du karaté au cœur de la capitale japonaise, avoir un espace pérenne, identifié et voué à un enseignement, n'est pas neutre.

Le nom de ce bâtiment ne sera-t-il d'ailleurs pas éponyme du style enseigné par Funakoshi ? Comme le dōjō de Kanō Jigorō, le Kōdōkan, l'était également : on parle en effet de Kōdōkan jūdō.

Du style ou… de l'école ? Car voilà : avoir un lieu, dans lequel on se sente bien, qui permette l'accueil de tous les élèves qui le souhaitent, autant qu'ils le désirent, permet de former des disciples qui vont ensuite aller essaimer. Ce lieu est source : historiquement, c'est de là que le mouvement, d'abord mince puis grandissant, est parti ; lieu garant de l'orthodoxie, il alimente ce fleuve et lui donne sa force dans le temps et dans l'espace.

C'est là que les professeurs qui en sont issus peuvent revenir, périodiquement, se ressourcer. Là, encore, où ils enverront leurs élèves les plus doués ou les plus motivés, où les pratiquants du monde entier rêvent d'aller, ne serait-ce qu'une fois.

Car on n'entre pas dans un dōjō sans s'inscrire dans une filiation.

Le *dōjō*, une organisation

Quand on franchit la porte d'un dōjō (*nyūmon* en japonais, terme qui signifie aussi « se faire disciple »), on devient « élève de ». Élève de telle discipline (le karaté), de tel style (shōtōkan, gōjū-ryū…), de tel professeur, qui lui-même a eu tel ou tel professeur, telle ou telle influence de tel expert réputé. Et, lors de stages ou de rencontres avec des élèves d'autres dōjō, c'est par ce pedigree que l'on se situera et se reconnaîtra, qu'on se découvrira convergences ou divergences.

Mais à l'intérieur même du dōjō que l'on rejoint, on s'inscrit dans une hiérarchie : il y a le(s) professeur(s), les élèves plus avancés – les *senpai* –, ceux qui entrent en même temps que nous, ceux qui viendront après – les *kōhai.* C'est là une hiérarchie forte, indépendante de la notion de grade : une reconnaissance de l'expérience plus forte que celle de la performance ou de l'efficacité.

Le *dōjō*, une lente forge

Tous les jours ou quelques fois par semaine, j'interromps le cours de ma vie pour me rendre au dōjō.

Jeune pratiquant (pas forcément en âge), j'y retrouve les professeurs, les *sensei,* « ceux qui ont vécu avant ». Ils connaissent les difficultés que je m'apprête à découvrir, peuvent m'éviter des pièges dans lesquels ils sont eux-mêmes tombés ou ont vu tant d'autres se précipiter. Ils ont une idée de l'endroit vers lequel je dois me diriger, et leur responsabilité va être de créer l'environnement et les conditions pour que je puisse le faire.

Il y a les *senpai,* « les compagnons qui me précèdent ». Par leur présence, par leur engagement, ils ont fait en sorte que le dōjō existe jusqu'à ce que j'en pousse la porte, que l'art que je m'apprête à découvrir soit perpétué jusqu'à moi. Ils seront de précieux conseillers, plus ponctuellement que les professeurs et, plus proches, c'est par eux que l'on découvre les us et coutumes, les comportements attendus. Ce seront ceux aussi qui me serviront de modèles directs quand je serai perdu dans la complexité des enchaînements montrés par le professeur, ou encore pour les attitudes et postures.

Puis, il y aura bientôt les *kōhai,* ou « compagnons qui me suivent », pour qui je serai à mon tour guide et modèle.

Le *dōjō*, un protocole

Dans le dōjō, on ne se comporte pas comme à l'extérieur : on va avoir le droit de donner coups de pieds et de poings à nos partenaires, les projeter au sol, ou encore leur appliquer clés et étranglements. Cela ne se peut sans un minimum de règles.

Se présenter propre, tout comme son *dōgi,* montre que l'on est en relation avec soi et avec l'autre. Saluer le dōjō ou ses partenaires montre que l'on est conscient de ce que l'on va faire, présent et actif.

En effet, saluer le dōjō, en entrant puis en sortant, est un acte symbolique, certes, mais pas un acte de dévotion ou de soumission à telle ou telle religion. Non, c'est plutôt comme une parenthèse que l'on ouvrirait puis refermerait. Un temps particulier – celui de la pratique –, dans un espace particulier – celui du dōjō –, où les règles sont différentes de ce qui se passe en dehors mais que l'on accepte en conscience, et que l'on montre par le salut. Saluer, c'est se mettre dans un état d'esprit qui permette la pratique, dans un type de relation à l'autre librement consentie mais limitée dans le temps.

Entrer dans le dōjō, c'est sortir du temps commun. Franchir la porte du dōjō n'est pas s'affranchir des règles, c'est en épouser d'autres, comme les contacts physiques, ou accepter la valeur de l'expérience, du modèle (celui dont on profite, celui que l'on propose). Modèle ou attitude qui, eux, dépasseront le cadre du dōjō pour raisonner au quotidien.

Le *dōjō*, un lieu qui s'entretient

Le dōjō est le lieu du progrès. On progresse parfois rapidement, parfois lentement : cela dépend des individus et, pour chacun, de la période. Mais en quoi progresse-t-on réellement ? Notre technique s'améliore certainement, notre corps s'adapte toujours plus à l'exigence de l'art, notre esprit se renforce des difficultés surpassées, la façon dont nous nous comportons face à la discipline, l'enseignement aux autres nous renseigne sur nous-mêmes, etc. Tout cela forme un tout, c'est le domaine que nous explorons : ni plus ni moins que nous-mêmes (face à nous, face aux autres) au travers du média qu'est le karaté, le jūdō… c'est une voie, et elle se trouve dans le dōjō.

Le dōjō est alors métaphore de ce qui se passe en nous. Au Japon, les *kōhai* doivent arriver en avance et nettoyer le dōjō, le préparer pour l'arrivée des aînés puis, après la pratique, tout ranger (comme c'était le cas en Occident dans le cadre de l'apprentissage). Cela peut être vécu comme une contrainte, mais ce que cela signifie réelle-ment, c'est que le dōjō m'appartient. Quand je passe le balai dans le dōjō, ce n'est pas le dōjō que je prépare, c'est mon corps, mon esprit, mon âme, que je dépous-sière pour permettre la pratique – la mienne –, mais c'est aussi pouvoir accueillir les autres.

C'est la raison pour laquelle les professeurs – à plus forte raison ceux qui fondent un style, une école – sont si sensibles à la construction d'un dōjō qui leur soit propre, qui leur ressemble et dont le nom leur convient, tant la forme peut aussi influencer le fond.

Construire un dōjō, c'est donc bâtir un écrin pour ce qui nous est le plus précieux, lui donner la forme la plus adaptée, puis l'entretenir, que ce soit extérieurement à soi ou en soi.

Le *dōjō*, une lumière dans la nuit[13]

Ce tableau représente le Kōdōkan quand il occupait un bâtiment de la résidence de Shinagawa Yajirō[14] (1843-

---

13 - Chronique publiée dans l'*Esprit du judo* n° 42, février-mars 2013.

14 - Nommé ambassadeur plénipotentiaire en Allemagne, il offrit à Kanō de profiter de sa résidence le temps de son absence, de

1900) dans le quartier de Fujimi, à Tōkyō. Élément d'un diptyque, c'est en général son pendant, lequel représente l'intérieur du dōjō, qui est mis en avant (et encore, souvent uniquement sa partie gauche où apparaît Kanō) tant il est, pour qui s'intéresse à l'histoire du jūdō, riche en informations d'autant plus précieuses que nulle source contemporaine de cette période ne nous renseigne sur la réalité de l'entraînement quotidien d'alors[15].

Il y a beaucoup à dire, à analyser, sur ces peintures, aussi bien indépendamment l'une de l'autre que comme un ensemble dont les éléments se répondent et se complètent. Mais, ici, ce n'est pas en historien ou théoricien que je vous invite à regarder cette représentation depuis l'extérieur, mais comme un jūdōka sensible à ce que l'artiste a perçu et révélé de l'essence même du jūdō, alors que la pratique n'y est qu'entraperçue. Un artiste, Hishida Shunsō (1874-1911) qui, s'il s'agit bien de lui, n'était non seulement pas jūdōka mais avait, à cette date, quatorze ans[16] !

Vers l'intérieur

Un paysage nocturne, un bâtiment d'où émane de la lumière. Des passants qui, attirés par celle-ci, s'arrêtent,

---

mars 1886 à avril 1889.

15 - À ma connaissance, les textes dont nous disposons et qui décrivent cette période dite de Fujimi-chō ont tous été écrits plusieurs (dizaines d') années après, à partir de souvenirs donc.

16 - Ces tableaux auraient toujours été conservés par le Kōdōkan jusqu'à ce que, « récemment » (il ne m'a pas été possible, au moment d'écrire cette chronique, d'avoir plus de précisions), ils soient attribués à Hishida. Toutes les parutions sur le jūdō reprennent cette information mais, bizarrement, à ma connaissance, aucun des catalogues des œuvres de Hishida ne les recense. En outre, le *Jūdō Daijiten* [046, 156] les date de la première moitié de l'année 1887. Cependant, comme Hishida n'est arrivé à Tōkyō qu'en 1889 et que le Kōdōkan a quitté ce bâtiment en avril 1889, elles dateraient alors plus vraisemblablement du premier trimestre 1889 : le peintre (né en septembre 1874) avait donc quatorze ans.

curieux. Tandis qu'à l'extérieur, tout invite au calme et au repos, au retour chez soi, sur soi, à l'intérieur, tout évoque l'étude. La concentration, l'attention se lisent dans les attitudes, les visages : on y est tourné vers la découverte et l'acquisition d'un savoir, d'un progrès. Ce lieu est un lieu de métamorphose, c'est une salle de travail.

La lumière, mais aussi sans doute le bruit, l'ambiance, attirent, et tout cela attise la curiosité, suscite l'intérêt de celui qui y est extérieur. Il y a, sur ce tableau, ceux qui sont dans la lumière et ceux qui, maintenant une distance prudente avec ce foyer qui n'est pas (encore) le leur mais les irradie cependant de sa lueur et de sa chaleur, sont à la lisière : à eux de décider. Enclos de murs pour cadrer et contenir tout autant que pour préserver l'extérieur de tout trouble, le respecter et ne rien imposer, le dōjō n'en est pas moins un lieu ouvert où quiconque le souhaite peut franchir la porte toujours laissée, au propre comme au figuré, grande ouverte. Le *Dai Nihon jūdō shi* [003, 131] rapporte qu'en 1883, Kanō Jigorō avait fixé pour horaires quotidiens de pratique 15 heures – 19 heures et, le dimanche, 7 heures – midi . Un dimanche, Saigō Shirō, qui en avait la responsabilité, arrivant un peu en retard, trouva Kanō assis au milieu du dōjō. Celui-ci le réprimanda : « Que se passerait-il si un débutant venait ? Ne voyant personne, il repartirait et ne reviendrait plus ! » On peut bien sûr y voir le souci d'élargir le nombre de pratiquants pour un jeune professeur aspirant à faire connaître sa méthode, mais cela relève surtout du principe de toujours donner à boire à celui qui a soif quand celui-ci, sans plus se contenter de regarder le torrent couler, se penche enfin pour y puiser.

Vers l'extérieur

En jūdō, le secret est offert : dévoilé et exposé en permanence, en pleine lumière, laquelle, filtrant par les porosités du dōjō, rejaillit, adoucie, à l'extérieur. On peut regarder et rester à jamais spectateur d'un processus qu'on ne vivra pourtant qu'en franchissant non la porte du dōjō mais le pas de la pratique car, en jūdō, le secret est dans le faire, pour peu que cela respecte un minimum de cadres. Le dōjō est un écrin où le trésor qu'il abrite grandit à mesure que les gens y puisent et repartent plus riches qu'ils ne sont venus.

Car c'est cela aussi, le jūdō : certes, on vient travailler sur soi en un lieu qui s'offre sans s'exposer, mais ce n'est pas sans lien avec l'extérieur. Au contraire même, tous les efforts individuels comme la méthode proposée y sont orientés pour pouvoir répandre au-dehors les bienfaits qui y auront été acquis. Dans le tableau, l'un des personnages en *seiza* a ainsi le regard tourné vers l'extérieur, semblant faire le lien : le travail en interne, en laboratoire, qui, pour les besoins de l'expérience, coupe le pratiquant des règles, repères et conventions extérieurs, le nourrit en fait pour sa vie quotidienne.

La lumière allumée

Vis-à-vis du non-jūdōka, la lumière du dōjō, c'est le contraire du prosélytisme. C'est la présence constante, la possibilité toujours offerte d'entrer, de visiter, pour voir ou pour faire. C'est l'inverse de l'urgence : la certitude que, quel que soit le temps de la décision, il y aura toujours quelqu'un pour nous accueillir, nous ouvrir la porte.

Pour le jūdōka, la lumière du dōjō, c'est le lieu de ralliement de la tribu, le signal du travail. Générations, parcours, ambitions, talents, expériences s'y retrouvent, s'y mêlent, s'enrichissent les uns les autres. Pour celui qui a pratiqué, peu ou beaucoup, et s'est éloigné un temps, même long, la lumière tamisée du dōjō est un phare dans la nuit, l'assurance qu'il y a, à tout moment, un endroit où il peut revenir et être accueilli en fils prodigue. Refuge, donc, quand, dans la vie, le besoin s'en fait sentir : le vieux jūdōka fatigué vient s'y ressourcer, s'y retrouver, se concentrer sur lui-même pour pouvoir à nouveau se tourner vers l'extérieur.

La lumière du dōjō, c'est l'attente patiente et bienveillante, l'expression de *shizen-tai* : accueillir l'autre comme il est, comme il vient. La lumière allumée, c'est la chaumière de l'alchimiste dans la forêt profonde : ici, des forces sont à l'œuvre, sourdes et profondes, qui nous mènent vers la renaissance. Et le jūdōka le sait comme le passant le sent ; qu'il choisisse de reprendre son chemin ou se décide à franchir le seuil, il peut être rassuré : alors que tout le monde se repose, il y a là des gens qui veillent et qui travaillent ensemble à s'améliorer et qui, partant, changent un peu le monde.

Le porteur de lumière

La magie, et une des clés de la pratique, c'est cette assurance de trouver, en permanence, la lumière allumée en un lieu où il s'agit non d'avoir été, d'être ou de prétendre, mais simplement de faire. Dans le bouddhisme *zen,* lorsqu'un maître choisit son successeur, on parle de transmission de la lampe. On y voit souvent une métaphore de la connaissance, et on rêverait de connaître cela, non ? Mais a-t-on alors bien conscience de ce que cela signifie en réalité ? Comme le jūdō, le *zen* est pratique et non abstraction : la transmission de la lampe, c'est le transfert de la tâche très concrète, très ingrate, terriblement répétitive, de maintenir la lumière allumée dans le dōjō, de faire en sorte que, jour après jour, dans les périodes fastes comme dans la difficulté, la pratique ne s'interrompe en aucun cas, et qu'aucune bonne volonté ne soit jamais sans feu ni lieu.

Toute évidente qu'elle nous semble – c'est son absence qui nous troublerait –, la lumière du dōjō n'est en effet pas là par miracle, et tout ce qui précède n'existerait pas si... quelqu'un n'en avait pris la responsabilité. Quelqu'un qui, jour après jour, à l'heure promise, ouvre la porte, allume le dōjō et le maintient prêt et disponible pour tous ceux qui le souhaiteront. Quelqu'un qui, souvent, sacrifie sa propre pratique pour la qualité de celle des autres, pour leur offrir les meilleures conditions possibles. Quelqu'un qui, tandis que nous nous étions éloignés, a maintenu la lampe allumée, a formé les nouvelles générations – qui vont nous permettre de garder ou de retrouver le plaisir, le goût du travail, nous donner les moyens d'être, si nécessaire, un temps égoïstes –, a élevé les partenaires de notre (re)construction, par laquelle ils seront eux aussi nourris.

Ce sont eux les gardiens du feu, les porteurs de lumière, et si, aujourd'hui, le jūdō s'est perpétué et diffusé au point qu'il n'est pas une seconde dans l'année où la lumière d'un dōjō ne soit allumée quelque part dans le monde, ce n'est pas tant dû aux génies et combattants d'exception, à ceux qui sont ou ont été dans la lumière, qu'à la constance indéfectible de milliers d'anonymes qui l'ont maintenue allumée.

Alors, ce tableau...

Alors, ce tableau, il nous révèle que de la lumière dans un dōjō, c'est beau, précieux et que, ne reposant que sur les hommes et leur foi en le progrès, c'est fragile, et finalement, un miracle.

De la lumière dans la nuit, un toit pour couvrir, une porte ouverte pour accueillir et rayonner, des gens pour travailler... par delà les langues, les cultures, les époques, cela nous parle : il se passe quelque chose en ce lieu. Alors, si j'aime cette peinture, c'est que, sans un mot, tout y est dit.

Saluer[17]

Le salut fait partie du quotidien du jūdōka : c'est notre premier contact avec la discipline, la première chose que, débutant, nous apprenons, parfois très formellement, parfois par simple imitation. Par la suite, nous répéterons ce geste des milliers de fois. Il peut devenir un simple automatisme ou être vécu comme une contrainte, comme un folklore, il n'est quelquefois qu'esquissé voire oublié ; il n'en demeure pas moins au cœur de notre pratique : retour sur un des fondements du jūdō.

Où ? Quand ? Comment ?

Kanō Jigorō nous dit que l'on doit saluer à l'entrée, à la sortie du dōjō, avant chaque exercice, *kata* ou *randori* et que, si l'on salue bien sûr son partenaire, il convient également de saluer les plus avancés. Il existe deux façons de saluer, au sol, *zarei,* et debout, *ritsurei*. On peut, au travers de ses textes – onze dans lesquels ce thème est abordé, couvrant une période de 48 ans –, constater une évolution dans la façon de saluer, surtout pour *zarei* sur lequel il insiste plus particulièrement (c'est en effet la forme de base, qui précède même les *randori* debout aujourd'hui encore au Kōdōkan). Pour *ritsurei*, qu'il décrit à propos du *jū no kata* en 1915, il se contente, en 1931,

17 - Chronique publiée dans l'*Esprit du judo* n° 20, juin-juillet 2009.

d'une photographie, ainsi que d'une précision sur la distance qui est sensiblement la même que pour *zarei*, mais pouvant être plus importante.

Si nous prenons sa description de *zarei* en 1900 et en 1931, nous pouvons constater certaines différences. D'abord, le discours sur la bonne distance entre les partenaires se simplifie entre 1900 et 1931, passant de la moyenne des tailles des partenaires à une distance fixée à environ 1,5 m. Quant à la forme même, si on peut accepter quelques manquements dans l'exécution, il existe une constante : il est indispensable de poser les mains sur le tatami. En 1931, il précise que le geste de la tête doit également être complet. Et puis, si en 1900, les orteils doivent être dressés, ils doivent, en 1931, être allongés.

Précisons encore, comme l'indique Murata Naoki [049, 80], que pour descendre à genoux, nous faisons gauche-droite, et, à l'inverse, droite-gauche pour nous relever, mais que cela ne date que de 1942 (appliqué à partir du 1-1-1943) et qu'auparavant, et donc du temps de Kanō, c'était le contraire : droite-gauche / gauche-droite.

Ainsi, la forme évolue mais le salut reste. On peut même constater au travers de ses écrits que plus le temps passe, plus Kanō Jigorō insiste sur la forme. Aurait-il constaté que celle-ci était de moins en moins respectée ? Luttait-il contre un manque de fond ?

Pourquoi le salut ?

Kanō Jigorō s'étend peu sur les raisons du salut, mais nous pouvons définir au moins trois dimensions sur lesquelles le salut influe grâce à trois indices.

Premièrement, Kanō nous rappelle que le jūdō n'est pas une distraction, qu'il a un but ambitieux et que, pour pouvoir l'atteindre, il faut observer certaines conditions, notamment de sérieux et d'application. Et que le salut en est un des facteurs.

Il s'agit là du rapport à soi : en effet, le salut, c'est donner un coup d'arrêt à notre élan, à notre envie. Avant d'avoir le droit de jouer, de s'exprimer pleinement, il faut s'arrêter un instant, s'appliquer sur une forme contraignante. Il faut, l'espace d'un instant, renoncer à son projet, pour mieux le définir peut-être. Par la forme contrainte, je maîtrise mes émotions – l'envie comme l'appréhension – et me rappelle que l'espace qui va m'être proposé, l'enjeu de ce qui suit, n'est pas le libre défoulement des passions mais, au contraire, une question de maîtrise : maîtrise des principes, des techniques... Je m'en remets au travail accompli.

Deuxièmement : Kanō Jigorō nous dit que le jūdō est une lutte et que, pour que ça ne dégénère pas, il faut marquer le respect que l'on porte au partenaire par le salut, car il est important de montrer, avant comme après, qu'essayer de projeter, étrangler ou encore porter une clé à son adversaire n'a d'autre but que de progresser, et que la confrontation n'est que le moyen de ce progrès.

C'est le rapport à l'autre : par le salut, on ouvre une parenthèse dans le temps, on définit un espace, mais aussi un temps particulier pendant lequel on va se comporter d'une façon qui ne serait pas acceptable dans le temps commun (essayer de se faire tomber l'un l'autre, s'immobiliser, s'étrangler...), toutefois ici librement acceptée par les deux protagonistes ; à commencer par rompre la distance, venir au contact. Puis, la parenthèse refermée, plus question de se comporter de la sorte. On offre sa sincérité : notre confrontation / étude ne sortira pas de son cadre, on ne trichera pas avec les règles. En refermant la parenthèse, on remercie pour le travail que l'autre nous a permis d'effectuer.

Troisièmement : il faut remarquer que le discours de Kanō sur le salut est souvent associé à celui sur le comportement, les manières ; et souvenons-nous que l'une des ambitions du jūdō est de pouvoir appliquer dans la société ce qui est acquis dans le dōjō.

Il s'agit du rapport aux autres : le dōjō est un microcosme où les émotions sont bousculées, où le corps souffre. Être capable – et cela va de pair avec les manières, le comportement – de se refréner, de se tenir droit, centré, de se rhabiller, de maîtriser sa soif, de taire sa fatigue, pour simplement saluer en se tenant à la bonne distance du partenaire, c'est faire preuve d'une maîtrise qui sera fort utile de retour dans la société.

Un peu d'étymologie

Le caractère *rei* (« salut »), dans sa forme ancienne signifie placer sur l'autel de nombreuses offrandes bien arrangées. Il peut désigner, aujourd'hui encore, une offrande, un cadeau, une parole, une lettre de remerciement, mais aussi un comportement socialement juste, adapté, correct, c'est-à-dire « conforme aux attentes », aux « habitudes de la société fondées sur l'expérience et visant à sa préservation » [020]. On le traduit souvent par « politesse », ce qui correspondrait plutôt au terme *reigi,* souvent utilisé par Kanō, et dont la définition est : « Manières que doit suivre l'homme pour que ses relations avec les autres soient pleines, et pour maintenir l'ordre social. » [050]

Le salut, garant de l'ordre social

Tout cela est fort confucéen, mais il est vrai que le sens social des manières est d'abord de se comporter comme les conventions nous l'imposent, comme la société l'attend, et, en second lieu, « de ne pas mettre les autres dans l'embarras et faire mauvaise impression ». [051, 197]

Et là, nous devons nous souvenir de l'intérêt premier de Kanō Jigorō : l'éthique, le rapport à soi, le rapport à l'autre. Le salut n'est pas une morale imposée, le salut est invitation à m'interroger sur ma distance à l'autre, sur ma relation à lui, à ce que je vais faire avec lui, à ce que je propose aux autres. Et le salut, plus précisément, pour Kanō, est une des manières dont le but est de faire apparaître à l'extérieur ses sentiments intérieurs tout en préservant l'ordre social et en agissant pour l'harmonie sociale. Nos manières parlent donc pour nous et, en fonction de celles-ci, et plus particulièrement au travers du salut, l'individu donne à ceux qui le voient – à plus forte raison à ceux à qui il s'adresse – le moyen de le comprendre, de le « percer à jour » sans la nécessité des mots. Ainsi la nature de ses sentiments influencera-t-elle la forme tandis qu'en retour, la forme influencera le fond.

À l'inverse, nous prévient Kanō Jigorō, ne pas être capable de respecter les manières démontre notre inaptitude sociale, notre manque d'intérêt vis-à-vis de l'autre, des autres, tandis que notre façon de saluer, dans sa forme comme dans sa sincérité, révèle notre attitude intérieure. Si par ce geste nous ne démontrons que notre laisser-aller, nous ne pouvons recevoir, en retour, que du mépris.

Point de salut à celui qui se cache

Parce que le salut nous rappelle aussi que vivre en société, c'est être vu et donc donner à voir. Et la façon dont nous serons perçus dépend de notre attitude. Aussi, refuser de saluer – ou le faire mal pour montrer que ce n'est pas pour soi –, c'est se rebeller, c'est briser le code, nier le contrat social, agir en égocentrique, afficher sa sauvagerie, refuser de s'incliner.

S'incliner, dans le jeu postural qu'est le jūdō, nous le savons bien, c'est se mettre en danger. D'ailleurs, le salut est, d'un point de vue martial, une position de vulnérabilité. Et c'est même fait pour cela. Je suis fragile – je ne peux pas combattre –, je peux être vigilant mais pas réagir rapidement – pieds joints ou deux genoux au sol. Mais c'est une posture que j'offre à l'autre car elle lui garantit aussi que je ne pourrai pas l'attaquer pendant ce temps-là.

Et devant quoi nous inclinons-nous ? Certes, devant le partenaire, mais surtout devant le lien. Le lien à l'autre, le lien à soi, le lien au principe. Parce que le jūdō n'est pas une lutte contre l'autre mais contre soi, un moyen de s'abandonner toujours plus aux principes, rompre – cette fois – nos liens avec notre ego, nos raideurs, nos lourdeurs.

Se découvrir

Saluer, c'est donc renoncer au paraître et se découvrir.

Se découvrir devant les autres… mais aussi se découvrir soi-même. Saluer, c'est se tourner vers soi. D'ailleurs, physiquement, je me replie sur moi-même : je me rassemble, je me recentre, je me concentre. C'est partir en quête de soi, de sens.

Si je ne salue pas, je renonce à créer les frontières d'un espace de travail où je pourrais me découvrir ; en refusant d'offrir du temps à l'autre, je renonce à m'offrir du temps pour moi, à me tourner vers moi pour mieux m'exprimer ensuite. En ne marquant pas la distance qui me sépare de l'autre, comment pouvoir la combler et comment savoir où me retrouver ?

Si je semble me couper du monde, de l'autre, je m'ouvre en fait à ce qui va suivre, à mon partenaire – en le prenant en compte et en lui offrant ma sincérité –, à la société, dont je respecte les codes et les assume en homme dégrossi.

Et si cela n'est pas (totalement) affaire de forme – celle-ci le cédant à la sincérité de l'intention –, saluer, c'est faire preuve de maîtrise : maîtrise du temps, de l'espace, des émotions, des codes sociaux. C'est s'être élevé de l'animal farouche à l'homme éduqué par le travail.

Saluer, c'est être poli.

礼, *rei* (caractère moderne)

禮, *rei* (caractère ancien)

L'art de la répétition[18]

Un professeur de civilisation japonaise, qui ne connaissait rien au jūdō, m'a dit, voici vingt ans : « Au Japon, quand on a fait vingt ans la même chose, on dit que c'est un bon début. » Je crois qu'il a raison. Je crois même que c'est une vérité mais, qu'ailleurs, on l'a oubliée, par manque d'exemples, car il est très difficile de demander aujourd'hui à un Occidental de refaire le même geste pendant aussi longtemps. Petit clin d'œil à une vertu mésestimée : la répétition.

La répétition, c'est la routine

Répéter nous ennuie. Nous avons besoin de variété, nous avons besoin d'élargir nos connaissances, de comprendre la globalité des choses. Nous attendons du professeur de l'inventivité : répéter est fastidieux, et ne sommes-nous pas là pour prendre plaisir ?

Ce qui frappe (enfin... entre autres choses !) lorsque l'on s'entraîne au Japon, c'est que c'est toujours la même chose. C'est même tellement systématiquement pareil, que ce sont, à l'université par exemple, les élèves de première année qui font l'échauffement. En fait, ils se

---

18 - Chronique publiée dans l'*Esprit du judo* n° 21, août-septembre 2009.

contentent de donner un rythme, de scander. Après, c'est pareil : *uchi-komi* puis *randori.* Et même dans les *uchi-komi,* nous trouvons peu de variété, beaucoup répètent la même technique pendant tout l'entraînement, tous les jours, toute l'année pendant dix, quinze, vingt ans…

La répétition, en japonais, se dit *kurikaeshi* 繰り返し, et l'on parle d'exercices de répétition, *kurikaeshi-renshū. Kaeshi,* dans ce cas, c'est « faire encore une fois *kuri* ». Et *kuri* (verbe : *kuru*), c'est ramener vers soi. Plus précisément, c'est dérouler et amener à soi le fil du cocon de ver à soie ; par extension, ramener petit à petit vers soi, inlassablement, quelque chose de long et ténu [020]. Or, une fois ce fil patiemment déroulé et accumulé, on en tresse des étoffes.

Répéter, c'est donc accumuler de l'expérience. Et répéter une chose, c'est approfondir ses connaissances (à défaut, dans un premier temps, de les élargir). C'est accumuler de la matière qui servira à répondre de façon juste et précise à une situation.

Les Japonais parlent de mémoire du corps. Les anciens, en France, parlaient de routine : « Connaissance, habileté acquise par l'expérience, la pratique, plus que par l'enseignement ou l'étude » [021]. Et c'est exactement ce que proposent les gammes pour le pianiste, les *uchi-komi* ou le *randori* pour le jūdōka. Mais le *randori* a ceci de génial qu'on y fait tout le temps la même chose sans jamais s'en rendre compte !

Répéter, c'est se donner de la matière pour offrir au corps la capacité d'agir, de réagir, sans que cela passe par l'intellect. Un de ses bénéfices est d'accéder à une rapidité d'action et de réaction infiniment plus grande que si toutes les informations devaient passer par le filtre de la réflexion.

La répétition, c'est le contraire de la routine

Mais voilà, le sens du mot « routine » a vieilli. Aujourd'hui, son emploi est péjoratif. Certes, c'est ce qu'on fait sans y penser, mais de façon machinale, invariablement, par habitude, dans le plus grand ennui.

Mais si, comme nous venons de le dire, la répétition libère l'esprit en rendant pour une part le corps autonome, la question est : que fait-on de cette liberté ?

Un professeur de Kokushikan – lycée et université réputés pour la sévérité de leurs entraînements pluriquotidiens – me disait : « Je ne peux rien apprendre à qui se contente de venir à l'entraînement. » Il voulait, je pense, me dire par là que la plupart se contentent de subir, de réagir. Ils ne deviennent forts que parce qu'ils sont dans un milieu hostile : c'est seulement une question de survie. Mais seuls ceux qui se posent des questions progressent vraiment. Et ça donne un Suzuki Keiji, par exemple.

Car c'est par l'intelligence, la recherche, que l'on sort de la routine, qu'on transforme cet exercice fastidieux en un champ de découvertes, que l'on modifie jusque dans le moindre détail sa façon de faire et, partant, sa perception. Mais en changeant sa perception sur une entrée, sur un mouvement, on change sa perception de la technique, du *randori,* du jūdō, et peut-être même de soi et donc du monde. Non ?

Et puis, enfin, on y trouve du plaisir, un plaisir bien plus savoureux que celui de la variété, du zapping. Celui que l'on ressent quand s'ouvrent devant soi des perspectives insoupçonnées et vertigineuses. N'oublions pas : « Sans constance on ne peut prétendre à rien, pas même au plaisir[19]. »

La répétition, c'est donc aussi la chance de pouvoir sortir de la routine.

---

19 - Non, ce n'est pas de Kanō Jigorō mais d'Emmanuel Charlot, 1991.

Répéter n'importe quoi ?

Jeune étudiant au Japon, je voyais, au fur et à mesure de la répétition des *randori,* se former sur le tableau, trait à trait, le caractère 正. Le premier jour, cela m'a surpris, car j'en connaissais le sens mais pas l'usage courant. Son sens est « ce qui est juste ». Son usage est en apparence beaucoup plus trivial : compter par cinq (comme nous utilisons, nous, la petite case barrée), puisque ce caractère se compose de cinq traits. En fait, tout le monde l'utilise, dès l'école primaire et en toutes circonstances pour compter facilement de 5 en 5. J'ai vite compris cela et ne vis plus, les jours où les entraînements étaient par trop durs, dans la construction de ce kanji et sa répétition (13 *randori* debout = 2 fois le caractère complet + ses trois premiers traits) que le moment de la délivrance – mais cette histoire de sens et d'usage que je n'arrivais d'abord pas à faire coïncider m'est restée dans la tête.

Plus tard, j'ai appris qu'il s'agissait du caractère de prédilection du confucianisme. Il désigne ce qui est juste. Sa construction indique que les pieds se dirigent en ligne droite, directe, vers l'objectif.

Je ne peux pas croire qu'il n'y ait pas de corrélation entre son usage commun et sa forme. Ne serait-ce que parce qu'il existe des dizaines de caractères en 5 traits. Et je crois qu'il y a là un double sens. D'abord, cela nous invite à comprendre que c'est de la répétition que naît la justesse. Mais aussi que ce qui est important, c'est de répéter des choses justes. Sinon, c'est la forme fausse, celle qui détruit le corps et perturbe la perception que nous faisons nôtre.

En fait, le corps est intelligent, et pour peu que notre réflexion et notre pratique s'inscrivent dans le long terme, la répétition corrige les erreurs, les aberrations, les gestes parasites, et tend vers ce qui est plus économe, plus dépouillé, plus fluide... plus juste. Sinon, c'est avec le dos et les genoux détruits que notre pratique prendra fin après quelques années, ne nous laissant qu'un souvenir ambigu, lié au plaisir de la confrontation, mais avec peu de foi en la science du jūdō, en sa capacité à vaincre le grossier par le subtil. Et qu'aurons-nous alors à transférer de positif dans la société ?

Conclusion

La répétition, pour peu qu'on en pénètre tant soit peu le sens, c'est passer du grossier au subtil, de la pesanteur à la grâce[20]. La répétition, c'est passer de ne pas faire à parfaire.

---

20 - Pour reprendre le titre d'un ouvrage de Simone Weil, *La Pesanteur et la Grâce.*

Le *tai-sabaki* ou l'intelligence de la situation[21]

Si le terme *tai-sabaki* 体捌き s'est largement répandu dans nos dōjō, je suis frappé de constater qu'il n'est généralement guère employé que comme une sorte de synonyme, propre à la discipline, « d'esquive ».

Or, il me semble que la notion de *tai-sabaki* est beaucoup plus large et que ses implications en font un des éléments essentiels de la pratique, l'articulation de tous nos gestes, le liant de toutes nos actions, la condition première de la réussite ou de l'échec, de la capacité ou de l'incapacité.

Les emplois

Si nous laissons de côté (juste un instant) le terme *tai*, qui signifie « le corps (dans sa structure) », *sabaki* doit évoquer d'autres notions connues, comme *mae / ushiro* (*mawari*) *sabaki* (déplacement avant / arrière [rotatif])[22]. Dans ce cas-là, ces déplacements, dont la fluidité et l'économie du geste sont les garantes de l'efficacité (d'où

---

21 - Chronique publiée dans l'*Esprit du judo* n°23, décembre 2009 – janvier 2010.

22 - Notions notamment diffusées au travers du programme des habiletés techniques fondamentales (HTF) développé par Patrick Roux ou par des experts tel Hiroshi Katanishi.

les nombreuses répétitions seul, *tandoku renshū*), n'ont pas pour seul objet l'esquive mais bien, le plus souvent, l'attaque, le placement pour se trouver en situation de porter une technique. Ajoutons qu'il existe également les termes *ashi-sabaki* et *te-sabaki,* dont le Grand dictionnaire du jūdō [046] précise qu'il s'agit de sous-ensembles de *tai-sabaki* et qui réfèrent, pour le premier, au travail des pieds / jambes et, pour le second, à celui des mains, sans cloisonnement attaque / défense.

Avant d'aller plus loin, regardons les définitions proposées par les dictionnaires japonais pour *tai-saba-ki.* Si le dictionnaire susdit insiste sur la notion de déplacement – « Déplacer son corps dans toutes les directions, en avant, en arrière, à droite, à gauche, vers la position nécessaire, ou bien changer l'orientation de son corps » [046] –, on ne peut être qu'admiratif devant la définition qu'en donne le *Daijirin,* un des dictionnaires de référence de la langue japonaise, et qui nous renvoie directement au jūdō : « En jūdō, se préparer à l'attaque ou à la défense en se déplaçant avec fluidité de façon à détruire la posture du partenaire (*kuzushi, NDLR*) sans que la sienne le soit. » [050]

Tout est dit ! Mais développons un peu tout de même.

Des sens de « *sabaku* »

Sabaki est la forme substantivée du verbe *sabaku,* polysémique, mais dont nous retiendrons deux acceptions principales [053, 050, 020]. La première confirme ce que nous commencions à pressentir et peut se résumer en « maniement habile ». Ainsi, nous la trouvons dans le sens très concret de « manier habilement quelque chose de difficile à utiliser, maîtriser parfaitement un outil », ou plus abstrait de « régler une affaire avec habileté, doigté ».

Ainsi, *tai-sabaki,* c'est utiliser avec habileté son corps, comme un outil, avec une nuance qui serait « pour régler la question », « pour aller au bout », comme le montre un autre sens, pour nous secondaire, de *sabaku* : « Vendre tout son stock. »

Cette idée de naviguer, d'agir avec clairvoyance et efficacité recoupe l'autre acception essentielle : « juger / jauger ». C'est déjà là une interprétation mais je vais m'expliquer. En effet, *sabaku,* c'est « séparer », « démonter », « démembrer », « démanteler », mais surtout « débrouiller une situation inextricable, extrêmement complexe ». C'est donc être capable de comprendre les mécanismes, de faire la part des choses. *Sabaku* a d'ailleurs un homonyme, avec une graphie différente (裁), qui signifie « distinguer le bien du mal et décider ». Il est traduit par « juger » et appartient au registre juridique. Mais le *sabaku* qui nous intéresse est intelligence de la situation, une intelligence active, qui va au bout des choses, orientée vers l'action.

Alors, *tai-sabaki,* c'est le corps qui juge, c'est l'intelligence intuitive, qui ne prend pas le temps de l'intellectualisation, qui se passe de l'intellect. Ceci rejoint l'étymologie graphique du caractère *sabaku,* constitué, pour sa partie gauche, de la « main » (扌) et de « séparer » pour sa partie droite (別). *Sabaku,* c'est donc séparer avec la main ; *tai-sabaki,* c'est donc le corps qui tranche.

L'intelligence en action

Le *tai-sabaki* est l'exemple même de la bonne utilisation de ses ressources (énergie, corps, intelligence, savoir...), pour obtenir une compréhension globale de la situation, en percevoir ses implications, mais aussi pour définir, décider et agir dans le but de sortir d'une situation problématique.

Toutes nos facultés sont sollicitées et orientées vers un but commun : résoudre le problème qui nous est posé. Par elles, nous démontons la situation, percevons les rouages, déterminons les priorités, mettons les choses en relief, en perspective, afin de les distinguer, d'en voir les articulations, et de pouvoir agir pertinemment, efficacement. Le *tai-sabaki* n'est donc pas esquive du problème. Au contraire, c'est y être à la fois pleinement engagé – dans l'action, en son cœur –, et extérieur – mémoire et anticipation –, non pour s'en débarrasser, le repousser et le maintenir loin de soi, mais pour le dissoudre, pour lui apporter une solution, pour qu'il s'évanouisse.

Le *tai-sabaki* est intelligence pratique, de la pratique, fondée sur celle-ci, et sa pertinence repose donc en grande partie sur l'expérience de la situation. L'expérience est mémoire : mémoire du corps, mémoire intellectuelle. Le corps et l'esprit unissent leurs mémoires, leurs réserves, leurs capacités : ils agissent de conserve, en intelligence. Mais le corps est présent à toutes les étapes : il est à la fois capteur, acteur et vecteur. À la fois acteur autonome et outil de la volonté, de la décision : le *tai-sabaki* est une intelligence dont le vecteur est le corps ; c'est l'intelligence faite corps.

Le *tai-sabaki* : l'art de rectifier

Rectifier, c'est remettre les choses droites, c'est rendre conforme à ce qui doit être. Or, le conflit, le *randori,* est une situation de bouleversements, de trouble, de désordre (le *ran,* de *randori*), une situation complexe où de nombreux éléments entrent en compte. Le *tai-sabaki* tel que nous l'avons vu, c'est œuvrer, par le corps, à résoudre cette situation. Dans cette conception du *tai-sabaki,* tout mouvement, tout placement ou déplacement, toute attitude devient décision et engagement, inscription dans un processus qui est à la fois ensemble de possibilités et limite parce qu'orientation. D'où l'importance de garder une posture, un (dé)placement qui laissent le maximum d'ouverture(s), de choix, de possibles, et de ne s'engager dans des impasses que le plus tardivement possible.

Par le *tai-sabaki,* le corps est à la fois juge, acteur, outil ; et tout frémissement est ajustement, rectification, adaptation, anticipation et, finalement, décision.

Kake, nage ?[23]

Rien dans *kuzushi, tsukuri, kake* ne nous parle de projection. Aucune projection non plus dans le *jū no kata* dont Kanō Jigorō dit qu'il doit ouvrir notre étude du *kata*. Pourtant, le jūdō, c'est bien l'art de la projection, non ? Et si le *jū no kata* avait un secret essentiel à nous livrer ?

Je me souviens...

Je me souviens des séances de *nage-komi* scandées de « Et vous mettez du *kake,* hein ! Je veux entendre du bruit ! », et je me souviens aussi que, à chaque fois, j'avais l'impression que quelque chose m'échappait : débutant, on m'avait dit que *nage,* c'était la projection. Puis, après, on m'avait parlé de déséquilibre *(kuzushi),* placement *(tsukuri)* et projection *(kake).* J'avais fini par accepter de me dire que *nage* et *kake* devaient être synonymes, d'autant qu'au Japon même, j'entendais dire « *kake made* », « jusqu'au *kake* », ce qui, concrètement, signifiait qu'il y allait avoir... chute ! Mais cela continuait de me troubler.

Je me souviens également avoir toujours été fort perplexe devant le *jū no kata,* les rares fois où je l'ai vu démontré enfant. Certes, il se dégageait bien quelque chose de cette... chorégraphie exécutée par des « gradés » mais...

23 - Chronique publiée dans l'*Esprit du judo* n° 31, avril-mai 2011.

pourquoi on ne le fait pas tomber à la fin, cet adversaire ?!

Quand les mots nous parlent

Pour trouver le sens général d'un mot, on se tourne vers les dictionnaires. Et là, nul doute possible : *nage,* c'est la « projection », *kuzushi,* la « destruction », *tsukuri,* la « construction ». *Kake* est le substantif de *kakeru,* « suspendre », « accrocher », « pendre » ; c'est aussi « consacrer », « placer » , « appliquer » (du temps, de l'énergie, de l'argent). On retiendra l'idée de « placement ». *Waza o kakeru* : « placer / porter une technique ».

Le sens de *kake* semble bien loin de *nage.* Alors, pour un sens propre à un domaine (« idiotisme »), il faut demander aux spécialistes. Or, les professeurs japonais semblaient ne pas du tout comprendre le sens de ma question : « Pourquoi, dans l'usage, *kake = nage* ? Ben, c'est normal ! Quand tu places une technique, il y a projection ! ». Certes. Souvent, du moins (et les *uchi-komi* alors ?).

Heureusement, en ce qui concerne le jūdō, nous avons la chance d'avoir les textes de Kanō Jigorō, même si je n'y ai eu accès que bien plus tard. Et avec les mots du fondateur, on comprend qu'il y a bien eu, par la suite, une confusion.

Ce que Kanō Jigorō nous dit

L'idée est simple : pour prendre le dessus dans une situation de confrontation, il faut que l'autre soit dans une posture faible, et que je sois moi-même dans une posture forte. Il faut donc « détruire sa posture » – c'est le *kuzushi –,* puis « construire » une situation dans laquelle le rapport de force nous est favorable – c'est le *tsukuri.* Si celui-ci est bien fait, Kanō nous dit que, « en réalité, le partenaire est toujours debout, mais il se trouve dans une situation que l'on pourrait qualifier de mort en sursis » [001]. Et de préciser : « Le corps du partenaire se retrouve dans une position extrêmement périlleuse dans laquelle je peux le projeter aussitôt si je porte une technique, même minimale. » [001] C'est le *kake*.

Kake, c'est le choix ultime, celui de la finition, qui dépend du *tsukuri,* non seulement pour qu'il soit efficace, mais aussi dans sa forme car, en fonction de celui-ci, on pourra, ou non, porter (se placer pour) telle ou telle technique. Mais :

> « Il est juste de d'abord insister sur l'exercice au *tsukuri* et, ensuite, de mettre de l'énergie dans celui du *kake.* La raison est que si le *tsukuri* est suffisant, la technique passera même si le *kake* est faible, alors que si le *tsukuri* est insuffisant, et même si le *kake* est efficace, cela ne fonctionnera pas si le partenaire est fort et, s'il est faible, il y a risque de le blesser. [058, 311]

Où les apparences sont trompeuses

Le *kuzushi – tsukuri* est si important pour Kanō que, semble-t-il, il en fait même l'exercice principal du *randori,* le jeu consistant donc à amener le partenaire en situation de « mort en sursis ». Mais, bien sûr, tout n'est pas encore, à ce stade, gagné : on peut encore tout gâcher au moment du *kake,* en remettant, par exemple, le partenaire sur ses appuis. Et c'est pourquoi, de temps en temps, il fallait aller « *kake made* », « jusqu'au *kake* », ce qui entraînait parfois la chute. Expression qui nous est parvenue.

Alors, oui, quand on met du mouvement et que l'on va jusqu'au *kake* il y a (souvent) chute. Mais c'est la conséquence du placement, des étapes précédentes, et non le but. En d'autres termes, il n'y a pas projection (acte volontaire de projeter), il y a une suite d'actions poussées si loin... que cela aboutit à la chute du partenaire. D'où la confusion, aisée : « Vous pouvez aller jusqu'au placement » = « vous pouvez projeter ». Mais cela n'a pourtant rien à voir. Et il n'y a qu'à s'intéresser au *jū no kata* pour s'en persuader.

Le *jū no kata* : la démonstration

Kanō le dit clairement : « Il est juste de commencer par le *jū no kata*. [...] [C]e *kata* est l'aspect le plus important du jūdō. » [059, 246] N'est-il pas en effet la démonstration même de *kuzushi, tsukuri, kake* ?

On pourrait résumer ce *kata* à simplement devoir maintenir / suspendre l'instant du *kake. Uke* se retrouve alors privé de liberté, à la merci de *tori* à qui appartiennent encore tous les choix : lequel fera-t-il ? Celui d'achever symboliquement son partenaire, ou celui de le remettre sur ses appuis ?

Ainsi « suspendu », *uke* ressent qu'il y a des situations de dépendance absolue à l'autre, aux événements : l'erreur n'étant pas d'y être, mais d'avoir permis le processus qui y a mené. Ne lui reste plus qu'à accepter soit la chute, soit l'abandon, c'est-à-dire à reconnaître, à assumer la situation pour s'en extraire. Mais le choix appartient cependant à *tori,* qui « suspend » son action. Par cette « suspension », il devient véritablement maître des événements, maîtrise qui, sitôt obtenue, se mue en responsabilité. Être dans la position forte, c'est plus confortable, mais comment gérer cela : « sécher » le partenaire, ne pas en tenir compte (« À lui de se débrouiller ! »), veiller à son intégrité, voire renoncer (parce que le partenaire ne sait pas suffisamment bien chuter, ou parce qu'il y a danger) ?

Kake, le temps de la « suspension »

Le *jū no kata* révèle le *kake* dans le sens même que les dictionnaires suggéraient d'abord mais que nous avions écarté : la « suspension ». Le *kake,* c'est la suspension de l'élan, du mouvement, de l'envie. C'est la suspension du temps : celui de la décision. C'est se donner le temps du choix, et ainsi peser les conséquences des actes qui vont suivre, agir en conscience et donc en responsabilité.

Confondre *kake* et *nage,* c'est en arriver à penser que le but est de projeter, alors que le but réel est d'obtenir la situation qui nous met en position de le faire (ou non).

Mais c'est surtout priver *uke* comme *tori* de la leçon qu'est ce moment de flottement, de suspension. C'est faire croire à *tori* qu'il doit faire tomber absolument, coûte que coûte, alors que ce qui lui est proposé, c'est, par le *kake,* de refuser d'être le jouet de sa propre puissance, et de faire ainsi le choix et l'expérience de la maîtrise de soi.

But ou conséquence ?[24]

Kuzushi – tsukuri – kake... mais où est passé *nage* ? Suite de notre promenade dans les messages du *jū no kata*.

Le *kake* final... à la fin

Chaque technique du *jū no kata* finit sur une « suspension », un *kake* prolongé. Physiquement, cela permet clairement de ressentir que, si le *kuzushi* et le *tsukuri* n'ont pas été justes, le *kake* sera impossible à maintenir (à moins de compenser par la force – il y a donc apports méthodologique et postural). La dépendance absolue de cette troisième phase aux deux autres est ainsi rendue expérimentalement évidente. Mais la technique du *jū no kata* est lente et longue : il y a chaque fois mille occasions de perdre l'avantage obtenu, que les petits défauts posturaux, de distance, de déplacement, de déséquilibre, s'ajoutant les uns aux autres, fassent que l'édifice s'écroule. Impossible de tricher, de compenser les petites lacunes par la vitesse d'exécution ou l'énergie. Au moindre grain de sable, tout est à refaire, ce qui exige de la concentration et une grande attention pour arriver à la conclusion, si éloignée des premiers gestes de l'enchaînement : le *kake* final et l'abandon de *uke*.

Concentration et attention, donc, mais sur quoi ? À quoi ?

---

24 - Chronique publiée dans l'*Esprit du judo* n° 32, juin-juillet 2011.

Mais pourquoi le but n'est-il pas de projeter ?

Nous en faisons l'expérience presque quotidiennement, à nos dépens ou à notre bénéfice : la situation est bien engagée, les défenses successives ont été passées et il n'en reste plus qu'une ultime, toute fragile, si facile… tellement négligeable que, dans l'enthousiasme, dans la précipitation de voir les efforts couronnés de succès, d'atteindre enfin ce Graal (l'immobilisation ou la projection), on la néglige effectivement et, en une fraction de seconde, la situation est inversée.

Et ce, parce que nous nous sommes projetés victorieux, nous avons considéré l'objectif atteint, ou atteignable : nous n'étions plus dans l'instant, dans la réalité présente, mais dans un futur, qui aurait pu être, qui était même tout proche, mais qui n'était encore que potentiel. Nous n'étions plus centrés sur ce que nous avions à faire : nous sommes sortis de la réalité, de l'instant, en pensant qu'il suffisait de le vouloir pour que cela se réalise. Or, la réalité ne se laisse pas plier à notre volonté.

Ainsi, en nous focalisant sur l'objectif – projeter ou immobiliser –, nous nous privons de liberté : nous nous mettons nous-mêmes en situation de *kuzushi,* c'est-à-dire que nous nous privons de toute latitude de mouvement, de tout jeu. Et comme c'est difficile, exigeant, nous sommes dans l'impatience de l'atteindre, et cherchons tous les raccourcis qui nous soulageront. Nous n'agissons donc plus de façon adaptée, conforme, et l'objectif, qui était si proche, s'éloigne.

Se concentrer

En *kyūdō* / *kyūjutsu,* l'art de l'arc japonais, on ne dit pas qu'il faut oublier la cible. On parle de *ikken nakazumi* 一間中墨, c'est-à-dire occuper / être le centre d'une aire d'une hauteur d'environ *ikken* (1,80 m). En fait, peu importe la hauteur – dont l'image est fondée sur la taille de la moyenne des Japonais d'autrefois –, l'idée est de se concentrer uniquement sur un espace d'environ notre taille et envergure, plus une partie de l'arc en hauteur. La cible ? On l'a repérée, visualisée, mais on ne peut pas agir dessus : on ne peut pas la rapprocher, pas la déplacer, on n'a aucune prise sur l'objectif. Pas plus qu'on ne peut demander au vent d'arrêter de souffler, à la pluie de cesser. Ajoutez à cela que, sur le champ de bataille, on ne peut avoir de contrôle sur un univers mouvant, hostile et désordonné, qu'il est impossible d'appréhender entièrement. Si l'attention de l'archer est perturbée par ce qui l'entoure, par le regret de ce qui n'est pas mais qu'il aurait voulu (des conditions idéales), il ne pourra plus tirer. À lui de prendre en compte l'environnement (pluie, vent, distance, vitesse ou immobilité de la cible...), puis de se concentrer sur ce qu'il peut contrôler, maîtriser : lui et son matériel, la séquence de gestes qui lui permettra de décocher dans les meilleures conditions, c'est tout. Après... cela ne lui appartient plus.

Se laisser porter

Le taoïsme parle de *mui,* 無為, le « non-agir », ce que les écoles de sabre ont habilement transformé en 無意, qui se prononce de la même façon mais signifie « sans intention ». Ne pas vouloir, c'est éviter de tordre la réalité pour la faire correspondre à ce que l'on souhaiterait, c'est être en prise directe avec l'événement tel qu'il est au moment où il est, c'est être entièrement présent à l'instant, agir uniquement sur ce sur quoi on a prise, et non ce sur quoi on voudrait avoir (déjà) du pouvoir.

Ainsi, dans le *jū no kata,* on agit sans précipitation sur la situation qui nous est offerte. Chaque action en entraîne une autre, de *tori* comme d'*uke.* Chaque geste prend appui sur le précédent, qui le rend possible. S'ensuit une série d'actions-adaptations où, parfois (et c'est le seul *kata* à présenter cette particularité), plusieurs esquives / attaques sont nécessaires pour parvenir à la conclusion, laquelle n'arrive finalement qu'en conséquence logique d'un enchaînement où jamais la volonté de *tori* n'a cherché à s'imposer, ne s'est manifestée autrement qu'en se laissant porter par les événements, un à un.

On est dans le « non-agir » : on se contente de suivre le cours des événements sans s'y opposer, sans le précipiter, on est « sans intention » autre que de faire ce qui doit être fait à un instant précis, non pour terrasser le partenaire, mais pour se retrouver chaque fois vivant et en situation de choix. La conclusion ? On ne l'avait pas prévue, elle arrive d'elle-même dans la logique des choses, nous surprenant. Mais si *uke* avait (encore) esquivé, nous nous serions appuyés sur cette action pour poursuivre, aussi loin que nécessaire, sans lassitude ni précipitation, la spirale engagée. Sans jamais non plus nous estimer vainqueurs, même après être parvenus au *kake,* avant l'abandon signifié d'*uke.*

Faire du but la conséquence et… se laisser surprendre

Kanō nous dit que le *jū no kata* « est approprié pour faire comprendre comment on peut obtenir la victoire en s'adaptant à la force de l'adversaire » [059, 246]. Car il s'agit bien de cela : s'adapter, ou plutôt agir en parfaite adéquation avec la réalité jusqu'à la « victoire », qui n'arrive pas parce qu'on l'a voulue, mais parce qu'on a mieux suivi, mis à profit, le cours des événements que notre partenaire, dont les actions, les choix, lui ont laissé chaque fois moins de choix, de liberté que nous.

Kanō nous le dit jusque dans le système de grades ! *Kyū* et *dan* sont des marches, des étapes, et on les gravit une à une. Une action après l'autre, chacune rendant possible la suivante, qui n'aurait donc pu être sans la précédente. Ou qui aurait été, sinon impossible, du moins inadaptée.

Se fixer un objectif et le maintenir pour horizon, sans jamais se laisser gagner par l'impression que nous nous en rapprochons, par l'impatience de l'atteindre. Faire ce que l'on doit faire et être surpris par la réalisation inattendue de cet objectif que l'on croyait encore si éloigné et qui survient soudain, qui se réalise sous nos yeux, presque malgré nous. N'avoir finalement été que le vecteur qui a permis au cours des choses de suivre cette voie-là, qui aurait pu être autre : travailler et…, et non travailler pour…

Et *nage* alors ?

Outre que le triptyque *kuzushi – tsukuri – kake* est un schéma tout aussi pertinent en *katame-waza* qu'en *nage-waza,* pourquoi Kanō n'y a-t-il pas adjoint *nage* ?

On peut voir les choses de deux façons (au moins). La première est qu'il veut nous dire que, si *nage* il y a, c'est que cela ne peut être que la conclusion possible d'un enchaînement de conséquences, si ce qui devait être fait l'a été. Oublier l'objectif pour arriver à ses fins : ne pas vouloir, mais faire, s'appliquer à chaque étape sans anticipation, sans désir ni frustration. En substance, ce serait : « Agissez sur ce qui est en votre pouvoir, en vous appuyant sur ce que vous avez construit. Faites et laissez faire. »

La seconde est que, en fait, la projection, l'immobilisation, l'étranglement ou la clé ne sont tout simplement pas les objectifs du *randori* de jūdō ; que tout cela n'est que mise en scène, transposition de la contrainte qui pèse sur nous en permanence, des obstacles qui nous barrent la route, pour tout projet (projection ?). Le but n'est alors pas de projeter le partenaire, c'est de s'être libéré de la contrainte qu'il représente et de se retrouver en totale situation de liberté de choix et d'action. En position de *kake* : projettera ? projettera pas ? Qu'est-ce qui est juste, à cet instant et dans cette situation précise ? À vous de juger : vous avez les mains libres ! Le choix est vôtre. Et sa responsabilité aussi.

Qu'avons-nous fait de nos étés ?[25]

Périodes de forte activité et temps calmes rythment notre année. Les vacances d'été, en France comme au Japon – au moins jusqu'au sortir de l'université –, se distinguent des autres pauses saisonnières par leur longueur. Elles nous offrent temps et liberté, mais... qu'en faire ?

Le temps rompu

La rupture d'été est vécue comme normale, due et salutaire. Pourtant, en la rapprochant de notre expérience, on peut s'interroger sur son évidence, sa pertinence. Car le jūdōka connaît la rupture : la blessure, les aléas de la vie, le maintiennent parfois éloigné des *tatami,* et il sait donc quel effort c'est que de revenir quand le rythme, l'habitude sont perdus. Par ailleurs, c'est un temps libre de nombre des contraintes qui nous étreignent au quotidien, situation généralement vécue comme agréable, et donc attendue. Or, cette attente est en fait pénible, car à mesure que la date de la délivrance approche, la charge des obligations se fait plus lourde, parfois à la limite du supportable. De ce point de vue,

____

25 - Chronique publiée dans l'*Esprit du judo* n° 33, août-septembre 2011.

cette rupture est au moins double souffrance : celle de l'attente, celle du retour.

Le temps pour soi

Prendre son *jūdōgi* sans se poser la question de savoir si on va au dōjō ou non est un confort dont la limite est la routine, celle qui nous éloigne du pourquoi de l'action. La pause estivale est une bonne occasion de remettre à plat nos habitudes de vie, de les questionner, voire de les amender, de choisir de nouvelles orientations ou, au contraire, de réaffirmer nos choix, de retrouver le plaisir après avoir éprouvé le manque.

La longueur des vacances d'été est propice à un éloignement de notre environnement quotidien : activités, collègues, amis, quartier… obligations ! Vacance de (quasi) toute contrainte, qu'il faut savoir gérer, car, comme le dit Paul Valéry, « un homme seul est toujours en mauvaise compagnie[26] » : devenu notre propre maître, quoi de plus facile que de s'écouter et, bien souvent, de se laisser aller à… ne rien faire, sous couvert de goûter un repos bien mérité.

Le *shochū keiko*[27], ou le temps de la démonstration

Kanō Jigorō est bien conscient de cette fâcheuse tendance à confondre repos et oisiveté et c'est pourquoi, en 1896, il met en place l'entraînement d'été. Tout comme le *kangeiko* (datant de 1884), dont il est le pendant, il s'agit d'une période d'entraînement exceptionnelle. Si le premier se tient dans le froid du petit matin de janvier, le second consiste en 30 jours d'entraînement aux heures les plus chaudes (de 13 à 15 heures). L'idée est de donner un but au jūdōka, afin de le sortir de la torpeur dans laquelle la chaleur le plonge, l'obliger à se rendre au

---

26 - Paul Valéry, *L'Idée fixe*, 1932.

27 - Littéralement : « entraînement dans la chaleur ».

dōjō et à y pratiquer. Il se rend ainsi compte que, non seulement c'est possible, mais que c'est même agréable. Et, pour pouvoir tenir la distance, il faut savoir gérer sa motivation, son sommeil, son alimentation, ses blessures. Bref, savoir se préserver pour atteindre son but, un but lointain qui demande persévérance et endurance, mais que l'on atteint par un effort quotidien supportable. La difficulté résidant dans la répétition. Avoir surmonté les obstacles extérieurs comme intérieurs, avoir choisi l'activité à l'oisiveté et connaître pour récompense progrès, santé et satisfaction du défi relevé, est une leçon que Kanō souhaiterait que tout jūdōka soit capable d'étendre à son comportement quotidien. En effet, en été, tout dépend de nous, tout est possible : personne n'étant là pour nous forcer, nous pouvons disparaître, fuir toute contrainte, mais le jūdōka doit savoir ne pas s'endormir, se fixer des objectifs et se donner les moyens de les atteindre quand tout le pousserait au repos.

De l'art d'utiliser les pauses

Cette idée est à rapprocher de l'expérience que Kanō a de l'été. Ōtaki Tadao[28] nous parle d'un pari fait entre Kanō Jigorō et Tsuboi Kumezō avant qu'ils n'entrent à l'université : ils s'étaient promis d'apprendre par cœur, pendant leur séparation, autant de villes anglaises que possible. À leur retour, Tsuboi en connaissait deux fois plus. Il s'était en effet totalement investi dans ce projet, tandis que Kanō ne s'y était intéressé que de façon marginale. Le jeune Kanō fut surpris de constater à quel point quelques semaines consacrées à un domaine particulier peuvent être décisives. De même, dans « Manuel de jūdō » [058], Kanō raconte la leçon reçue de Shiraishi Naoji. Élève extrêmement brillant, celui-ci ne veillait pourtant pas tard et ne prenait jamais de retard. Curieux de découvrir son secret, Kanō observa qu'il mettait à profit toute pause, récréation, intercours, retard du pro-

---

28 - 8ᵉ dan Kōdōkan et éditeur en 1972 d'une compilation annotée de textes de Kanō Jigorō.

fesseur pour revoir, apprendre, préparer, tandis que ses camarades se détendaient ou passaient le temps à autre chose. Cet art d'utiliser la pause, de profiter (mettre à profit) – et permettant un meilleur repos –, serait même une des sources de « bonne utilisation de l'énergie ».

« Le Kōdōkan jūdō, fruit de la trêve estivale[29] »

Travailler en temps creux crée bientôt une distance entre soi et les autres, mais ce n'est que conséquence, et non but. Conséquence de l'exploitation de deux temps distincts. Celui de la digestion : revenir sur ce qui a été étudié, se l'approprier au calme, le faire sien et le maîtriser enfin, c'est fabriquer le terreau pour les apports futurs, les études à venir. Ensuite, le temps de l'investissement : amasser, accumuler informations, connaissances, expériences. Se lancer à corps perdu dans un domaine, trouver les portes d'entrée, en éprouver les (nos) limites, le prendre à bras-le-corps : « Quand on ne pense pratiquement qu'à une seule chose du matin au soir, il nous vient plein d'idées et l'intérêt croît. » [060, 275] Les choses prennent peu à peu leur sens, se mettent en place ; de nouvelles dimensions apparaissent, s'ouvrent. Et nombreux sont les articles où Kanō explique comment, sans ces longues plages de concentration exclusive sur la pratique, où s'exercer, où réfléchir, le jūdō n'aurait jamais vu le jour. Il se remémore ainsi :

« [...] Pendant la pause estivale, comme je ne pensais pratiquement qu'au jūdō du matin au soir, que j'imaginais toutes sortes de choses et m'exerçais, si je me remémore ma fatigue par ces temps chauds, me revient cette envie de boire et ce que c'était de la supporter. Je me souviens du bonheur de concevoir une nouvelle technique, de l'essayer, de la placer au moment opportun et de la réussir. J'ai aussi en mémoire ces nuits d'été passées à veiller hors de la moustiquaire et où j'étais piqué

---

29 - Titre d'un chapitre de *Jūdō et période estivale*, revue *Jūdō*, juillet 1916. [060]

au travers du jūdōgi. Quand je me dis que ce sont ces entraînements d'été qui sont à la source du jūdō, cette saison me rend d'humeur nostalgique. [056, 278]

Le temps de la transformation

Temps de rupture, temps ouvert, l'été peut aussi être la période d'expériences exceptionnelles, qui permettent la découverte, mais aussi la compréhension, par analogie, de celles qui nous sont plus familières, leur éclairage sous un autre jour. C'est ainsi que, pendant des années, Kanō Jigorō emmena ses élèves du « Cours Kanō » en bord de mer pour leur faire pratiquer la natation : confrontation à un milieu différent, dans lequel il est possible d'évoluer en trois dimensions.

Pour peu que l'on distingue l'oisiveté (à proscrire) du repos (à ménager), peu importe la façon, l'été est l'occasion du mouvement : un mouvement intime dont nous sommes les seuls initiateurs et comptables, et qui nous transforme en profondeur. C'est le moment d'engranger pour l'hiver, pour les périodes d'austérité où notre liberté est restreinte. C'est l'accumulation avant imprégnation, l'été pour mourir et renaître à soi-même, pour semer ce qui éclora au printemps suivant. Le jūdō n'est-il pas né au printemps (mai 1882), des étés précédents ? Alors, des vacances d'été, certes, mais pour emplir cette vacance de possibles et de sens.

Saisir la ceinture[30]

Face à l'importance accordée à sa couleur, on entend parfois dire que la ceinture ne sert qu'à retenir la veste. Il ne s'agirait donc que d'un bout de tissu ? C'est ce que suggéreraient les textes de Kanō Jigorō... Et pourtant...

Les textes

Kanō Jigorō n'aborde la ceinture que dans sept textes, de façon brève et concrète. Ainsi, « elle doit être en étoffe épaisse de coton blanc, pliée en 5 ou 6 épaisseurs et cousue entre 4 et 6 fois sur la longueur d'un fil blanc. [...] Il convient de pouvoir faire deux tours avant de la nouer » [061, 23]. Il dit encore : « Quant au nœud, on veillera qu'il soit du côté du ventre, et non sur la colonne vertébrale » [062, 27] et il divise la ceinture en 8 parties et invite les professeurs à user des termes proposés (avant, côté droit...) lors de l'apprentissage technique. [063]

Si trois autres textes fixent la couleur selon le grade, le dernier attire l'attention sur ce que notre façon de la nouer dit de nous : « Se présenter sur les *tatami* avec un nœud de ceinture se défaisant facilement révèle non seulement notre propre inattention, mais représente

---

30 - Chronique publiée dans l'*Esprit du judo* n° 34, octobre-novembre 2011.

une perte de temps qui porte préjudice aux autres. »
[064, 289]

Des couleurs

Invention de Kanō, on ne sait pourtant pas exactement de quand date le système des couleurs. De 1883 avec les deux premiers 1er dan ? De 1884, ainsi que la plupart des éléments de la pratique ? Par l'iconographie, nous savons toutefois que c'était déjà en place entre 1886 et 1889. La première mention écrite date de 1913 [065] : ceinture blanche (5e et 4e kyū), puis, du 3e au 1er, marron pour les adultes et violette pour les jeunes. Ensuite, noire du 1er au 9e dan et rouge pour le 10e (et au-dessus). La ceinture rouge et blanche date de 1931 [066], pour les grades du 6e au 9e dan compris. Notons que les « Règles concernant les *dan* et *kyū* » [067] stipulent qu'une ceinture bleu clair distinguait les débutants[31] mais on ne sait pas de quand date cette habitude, jamais évoquée par Kanō. D'ailleurs, ni celle-ci ni la marron n'apparaissent dans la dernière mention faite aux couleurs sous la plume de Kanō [058], alors qu'elles continuent à figurer dans les « Règles concernant les dan et kyū » du Kōdōkan jusque 1939 au moins.

En revanche, aucune explication n'est donnée sur le choix de ces couleurs. Nous en sommes donc réduits aux conjectures. Et les théories vont des plus farfelues aux plus plausibles.

Du blanc et du noir

La théorie que je propose ici – mais sans garantie aucune –, c'est que Kanō aurait, pour le blanc et le noir, joué sur

---

31 - On ne fait en effet pleinement partie du dōjō qu'après avoir persévéré quelque temps et manifesté son intention ferme de poursuivre. C'est la cérémonie du *nafuda* : le nom de la personne est inscrit sur une plaquette de bois, laquelle est ensuite accrochée dans le dōjō, aux côtés de celles des aînés.

les sons. Ainsi, un débutant peut se dire *shirōto* (素人)[32], et un expert *kurōto* (玄人). Si, ce qui se prononce ici « to » (人), est l'homme, les sons *shirō* et *kurō* peuvent aussi signifier, avec une autre graphie (et en prononçant le « o » final comme court et non long, « ō »), « blanc » (白) et « noir » (黒) : d'où, phonétiquement, « homme blanc » (débutant), « homme noir » (expert), symbolisés par ceinture blanche, ceinture noire. Mais, si cette théorie me séduit autant, c'est à cause du sens des caractères premiers : 素 et 玄. Dans les deux cas, cela se rapporte à une technique de teinture qui consistait à réunir les fils en bouquet, à faire un nœud à une extrémité, par lequel on les suspendait, avant de laisser couler la teinte. Quand on défaisait le nœud, la partie interne était restée non teinte, vierge, et on la désignait par le caractère 素, qui a pris le sens de : « brut », « conforme à l'origine », « pur » (sans ajout). En revanche, partout ailleurs, la teinture, goutte à goutte, imbibait peu à peu toute la fibre, jusqu'en son cœur. Cette imprégnation progressive, cette progression par capillarité, était notée 玄, qui a pris le sens de « profond », au propre comme au figuré, mais aussi de « calme », « serein ». Ainsi, passer de 素 à 玄, et donc, par jeu de mot, de blanc à noir, c'est passer de l'état brut à un calme serein né d'une lente, profonde et indélébile imprégnation de l'art.

Voir rouge

Mais le rouge ? Il ne saurait se comprendre seul, mais en contraste avec le blanc. Noté 紅, il symbolise la vie pleine, l'énergie débordante. Si l'habitude de séparer les adversaires entre blancs et rouges remonterait aux guerres entre Minamoto (bannière blanche) et Taira (bannière rouge) au XIIe siècle, on sait que la coutume de décorer les lieux de ces deux couleurs lors des fêtes et cérémonies

---

32 - Kanō n'emploie en fait pas ces termes, sinon, pour le premier, en 1889 [001]. Cela montre qu'il l'avait en tête lors de la mise en place de son système, ce qui peut, timidement, accréditer cette thèse.

est antérieure, sans pouvoir la dater précisément. Le couple rouge-blanc est ainsi le symbole des opposés, et leur union est signe d'*extra-ordinaire,* de temps hors du temps quotidien. Avant le *jūdōgi* bleu, c'était aussi cette symbolique des contrastes qui distinguait les jūdōka en compétition : signe que l'exercice relevait de l'exceptionnel, d'un temps *a-normal.* Mais que pèse un symbolisme millénaire face aux sirènes de l'audimat ? Ainsi, passer en une vie du blanc au rouge, c'est passer de l'immaculé, du sans relief, à la vie pleine, c'est avoir réuni les opposés, être passé de l'autre côté du miroir.

Un repère

Objet pratique qui ferme la veste et offre une prise solide au partenaire, la ceinture, par sa couleur, représente le parcours effectué et constitue un repère visuel pour s'adapter à son partenaire. La volonté de changer de couleur de ceinture peut aussi constituer une source non négligeable de motivation à la poursuite de la pratique. Mais la couleur nous confère aussi une responsabilité, nous désigne comme les dépositaires d'un savoir, d'une posture dont on devient comptable... ce qui peut effrayer.

Rappelons enfin une évidence : la ceinture indique le niveau. Or, le niveau, c'est l'horizontale. Ainsi, tandis que notre travail consiste à savoir nous tenir debout dans la tourmente, à conserver notre verticalité, la ceinture rappelle que celle-ci n'existe que par rapport à l'horizontale. Plus encore, cet axe est médian et nous indique notre centre, le croisement des axes, le nœud reposant sur le *seika tanden,* le centre du corps, centre des énergies.

Un lien

La ceinture est maintenue par un nœud. Certes, concrètement, il serait difficile de faire autrement, mais le nœud, au Japon, a une grande importance : il emprisonne le sort ou les esprits comme il scelle les résolutions. Ainsi, que la ceinture se noue n'est pas neutre : ce faisant, chaque fois je réaffirme ma détermination au travail, mais je fais aussi le lien avec mon expérience précédente, comme avec la science des anciens, que je fais mienne. Objet de décor du grade, la ceinture, par son nœud chaque fois refait devient symbole de maîtrise progressive. L'expression japonaise que l'on peut utiliser ici, *mi ni tsukeru,* est riche de sens : c'est à la fois, concrètement, placer sur son corps – ici ceindre –, mais aussi faire peu à peu sien un savoir-faire, travailler à la maîtrise. Et puis, en nous ceignant les reins, ne nous préparons-nous pas au combat, à la fois prétexte et fin du travail ?

La ceinture est donc lien, et un lien solide, entre le *nous* d'aujourd'hui et celui passé, entre nous et la discipline, mais pas seulement : si la ceinture est connaissance, elle est aussi reconnaissance. Elle est donc encore lien avec nos pairs : de là la ceinture que l'on remet, adoubement couronnant le passage des épreuves, ou la ceinture que l'on transmet. Et si l'un la transmet, et que l'autre l'accepte avec émotion, c'est qu'une ceinture fait corps avec nous, elle est chargée de notre sueur, de notre travail – c'est donc le don d'un peu de soi.

Chaque nœud de ceinture lié tisse ainsi un lien d'entraînement en entraînement, un lien avec les personnes qui nous entourent dans la pratique. Il est aussi, par la promesse implicite du travail qu'il noue, jalon vers la pureté : celle du geste, et de ses conséquences. Finalement, une ceinture, ne serait-ce pas la corde à nœuds par laquelle nous nous hissons ?

Des *zōri* pour conquérir le monde[33]

Deux petites histoires

Milieu des années 1550. Depuis plus de soixante-quinze ans, le Japon est morcelé en provinces gouvernées par des seigneurs qui ne reconnaissent plus aucune autorité politique ou militaire centrale. Ces provinces, véritables petits pays, s'affrontent en des luttes incessantes : c'est l'époque des seigneurs de la guerre. Oda Nobunaga (1534-1582), seigneur de la petite province d'Owari est l'un d'eux et, si rien encore ne laisse présager du destin qui sera le sien – devenir l'homme le plus puissant du Japon et entamer la réunification du pays –, il n'en a pas moins nombre de personnes à son service. Parmi eux, un petit « porteur de sandales ». Au Japon, on se déchausse avant d'entrer dans une maison, aussi le rôle de ce préposé aux sandales (*zōri*) était-il de veiller sur elles lorsque leur propriétaire était à l'intérieur et, surtout, de les tenir prêtes pour son départ. Or, un soir d'hiver, Oda s'apprête à sortir et, lorsqu'il enfile ses sandales, il a la surprise de constater qu'elles sont agréablement chaudes. Furieux, il accuse son serviteur d'avoir eu l'outrecuidance de les

---

33 - Chronique publiée dans l'*Esprit du judo* n° 44, juin-juillet 2013.

chausser secrètement, mais celui-ci s'en défend. Sommé de s'expliquer, le jeune homme raconte avoir pensé que ce serait plus confortable pour son seigneur, étant donné le froid qui régnait, si ses chaussures étaient chaudes, et les avoir donc mises à l'intérieur de son vêtement, directement contre sa peau. Oda Nobunaga ne le croyant pas, le serviteur défait son kimono et, dans son dos, la marque des *zōri* apparaît clairement. Comprenant qu'il a affaire à quelqu'un de peu ordinaire, Oda lui confie des responsabilités de plus en plus grandes, et le porteur de sandales deviendra non seulement un des généraux les plus importants d'Oda, mais celui qui lui succédera : il s'agit de Toyotomi Hideyoshi (1537-1598), le deuxième des grands réunificateurs du Japon.

L'an 2000. L'équipe de jūdō du Japon est en stage de préparation olympique. Parmi les sélectionnés se trouve Takimoto Makoto, réputé électron libre, capable du meilleur comme du pire, et avec qui l'encadrement ne sait sur quel pied danser. Or, dans les gymnases, on laisse ses chaussures à l'entrée et on se balade pieds nus, en chaussettes ou chaussons, sauf pour aller aux toilettes, où l'on revêt des chaussures réservées à ce lieu. Un soir, un cadre de l'équipe passe une première fois devant les toilettes et constate que toutes les paires de chaussons à disposition sont éparpillées, retournées, sens dessus dessous. Repassant quelques minutes plus tard, il les trouve toutes bien rangées, soigneusement alignées. Intrigué, il se demande qui a bien pu faire cela et découvre, étonné, qu'il ne peut s'agir de personne d'autre que Takimoto... Impressionné par ce que cela révèle de perfectionnisme, il appuie la sélection de Takimoto, lequel deviendra champion olympique cette année-là.

Dans nos dōjō

En dehors du Japon, on se rend généralement en chaussures jusqu'au vestiaire, et les *zōri* – quelles que soient leurs forme et matière – font partie de la tenue du jūdōka. On revêt le *jūdōgi*, on enfile nos *zōri,* puis on va jusqu'au *tatami* : un jūdōka ne parcourt pas pieds nus un espace qui a pu être foulé par des chaussures venues de l'extérieur. Ce sont ces *zōri* qui assurent notre transition entre un monde (celui de notre quotidien) et un autre (celui du tapis). Leur rôle est donc immense, puisqu'elles préservent l'espace du travail de toute souillure. Tout aussi important, elles sont, sur le bord du tapis, rangées (alignées), et dans le sens du départ.

Mais pourquoi les ranger ?

Parce qu'une sandale enlevée à la va-vite qui gît retournée sur un sol potentiellement sale se salit à son tour et ne peut donc plus ensuite jouer proprement son rôle. Parce que les ranger, c'est aussi savoir prendre la place qui est la sienne, sans s'éparpiller, et faire ainsi place à l'autre : c'est déjà être dans l'accueil et la prise en compte des partenaires. Parce que si le travail est toujours possible même dans des conditions difficiles, l'environnement influe sur sa qualité, et l'on se disperse moins quand le cadre est organisé et rangé. Dans le bazar, l'œil et l'esprit attirés sans cesse par autre chose que ce que l'on est en train de faire, il est difficile de se centrer, de se concentrer. À l'inverse, quand tout dans ce qui nous entoure semble être à sa place, cela procure un sentiment de quiétude propice à une concentration pleine et entière. En calligraphie, il n'est pas rare, avant que les élèves ne saisissent leur pinceau, que le professeur interroge : « Là, maintenant, dans quel état est votre maison ? » Si aucune réponse n'est attendue, la question n'en est pas moins essentielle. Mais quel lien y a-t-il entre le désordre chez soi et le caractère que l'on s'apprête à tracer ? La calligraphie est un art d'union entre l'esprit, la main, les outils (pinceau, encre, papier...), un équilibre entre contrôle du geste et jaillissement, où l'écrit est expression de soi, les caractères révélateurs du nôtre, de caractère. Il faut être tout entier à ce que l'on fait, au point de pouvoir s'y oublier, se soustraire pour laisser trace formelle...

et comment y parvenir si tout n'est pas en ordre chez soi, dans le désordre intérieur ? Cela ne rejoint-il pas la notion de *sutemi* ? La question n'est pas de savoir si vous avez passé l'aspirateur et rangé vos chaussettes dans le tiroir avant de sortir, mais de vous demander si vos affaires sont en ordre. Pour le dire autrement : est-ce que tout est prêt si vous ne deviez pas rentrer, si vous mourriez là, maintenant, tout de suite ? Est-ce qu'il n'est rien qui soit encore en suspens et vous retienne ailleurs que là où vous êtes, qui vous empêche d'être pleinement dans ce que vous faites ? Est-ce que tout est en place pour votre départ ? Ne serait-ce pas cela, le *sutemi* : la capacité à s'abandonner, à pouvoir être entièrement à ce que l'on fait, à faire ce qui doit l'être parce que rien ne nous retient, pas même une pensée ? Ce n'est pas jeter le corps, c'est s'abstraire de ce qui nous pèse – même légèrement – pour s'acquitter pleinement, entièrement, de ce qui doit être fait à cet instant-là, et ainsi pouvoir se laisser porter par le mouvement juste, en être le vecteur, parce que rien ne nous retient : les choses sont comme il est juste qu'elles soient... en ordre, donc.

Mais pourquoi dans le sens du départ ?

Parce que, pour les placer dans le sens du départ, il faut se retourner une dernière fois vers l'extérieur : c'est une forme de salut, une parenthèse que l'on referme, un renoncement temporaire à ce monde afin de pouvoir être pleinement présent à celui dans lequel on va entrer. Parce qu'il n'est nulle halte qui ne dure. Dans son roman retraçant la vie du sabreur Miyamoto Musashi, Yoshikawa Eiji écrit que Miyamoto comprend qu'il va gagner son duel contre Sasaki Kojirō, son principal rival, quand celui-ci, après avoir dégainé, jette son fourreau. Assurément, Sasaki avait déjà renoncé à pouvoir rengainer. Mais dans le dōjō, la dynamique est tournée vers l'extérieur, et on va donc repartir, car ce qui s'y passe ne prend sens que si on le transpose ensuite au-dehors. On y vient travailler, reprendre force et vigueur, et c'est avec une énergie renouvelée que l'on repart à la conquête du quotidien et... ce serait bête de le faire du mauvais pied parce que la deuxième sandale est introuvable, ou en manquant de chuter en se contorsionnant pour enfiler des chaussures trop éloignées ou dans des axes impossibles. Les *zōri* rangées et dans le sens du départ, c'est pouvoir saluer le tapis, se retourner et se lancer dans le monde bien stable sur ses appuis, équilibré, centré, d'un pas assuré, et ce dès le premier, celui qui permet...

... le plus grand des voyages

Certes, il ne suffit pas de s'occuper des chaussures des autres pour connaître un destin extraordinaire, mais Toyotomi et Takimoto n'auraient-ils pas perçu intuitivement ce que véhiculent les expressions françaises « avoir un caillou dans sa chaussure », ou « marcher à côté de ses pompes », qui expriment bien que, quand on a un problème pour quelque chose d'aussi naturel et essentiel que la marche, rien ne va vraiment bien. Être bien dans ses chaussures, c'est non seulement pouvoir voyager loin, mais c'est surtout ne pas y penser. C'est donc pouvoir être pleinement concentré sur son objectif. Ne pas savoir si on va retrouver ses chaussures, ça ne donne pas une bonne impulsion au départ, ne serait-ce que parce qu'il faut d'abord résoudre ce petit problème : c'est une perte de temps, d'énergie, une déconcentration, un poids. Se dire qu'il nous faut sortir, mais qu'il va falloir enfiler des chaussures glacées, ça ne donne pas envie de quitter la chaleur de l'intérieur et d'aller faire ce qui doit pourtant l'être. Toyotomi soulage son seigneur de cette insignifiante préoccupation, de cette légère réticence à se lever et partir. Il lui offre le monde. Takimoto permet à ses coéquipiers de ne pas se dissiper, de rester fixés sur leur objectif, sans avoir à se soucier, même un instant, d'un problème aussi trivial. Il leur offre le rêve olympique. Et pourtant, c'est si peu de chose, si léger, une si infime mise en ordre du monde !

Bon, faut que j'aille ranger mes chaussures, moi...

Kanō et la symbolique des cycles[34]

Nous sommes début 1884, soit moins de deux ans après la création du Kōdōkan jūdō, en mai 1882. Jigorō Kanō va mettre en place un certain nombre de rituels et cérémonies qui vont rythmer la vie du dōjō, et des pratiquants. Il utilise volontairement la symbolique des cycles pour faire passer un message. Ces rituels sont encore en vigueur au Japon.

Un cycle annuel : motivation et partage

C'est à l'occasion des rites du nouvel an de 1884, deux ans après la fondation du Kōdōkan, que Jigorō Kanō met en place le *kagami-biraki,* littéralement « ouverture du miroir », qu'il fixe chaque année au deuxième dimanche de janvier.

Au Japon, le miroir est lié au retour du soleil alors que le monde est plongé dans les ténèbres. L'aspect symbolique est donc affirmé dès son appellation. Dans l'esprit de Kanō, une partie de son intérêt consiste à relancer les efforts des pratiquants, à les *remotiver.* En ce cœur de

---

34 - Chronique publiée dans l'*Esprit du judo* n° 3, mai 2006.

l'hiver, la pratique est dure pour les corps et les esprits… les dōjō ne sont pas chauffés ! Or, rappeler, par l'évocation du miroir, le retour prochain de la lumière, de la chaleur, permet de souligner que le plus dur a été fait, qu'un nouveau cycle commence.

C'est aussi, bien sûr, une façon de partager. Manger ensemble, c'est faire partie de la même famille. Et cette nourriture physique comme spirituelle (discours de Jigorō Kanō, des professeurs, démonstrations de *kata*, de *randori…*) s'est longtemps échangée – jusque janvier 1930 – à huis clos, tous les membres du Kōdōkan étant conviés. Pour cette occasion, les tables ont été dressées au préalable dans le dōjō par les personnes ayant reçu un grade dans l'année. Celles-ci s'occupent également de la préparation des plats, assurent le service et se chargent du rangement.

Un cycle semestriel : les périodes de pratique exceptionnelles

Constance et continuité dans l'effort

Jigorō Kanō a institué deux périodes de trente jours, une au moment le plus froid de l'année, le *kangeiko*, « entraînement dans le froid », et une dans les mois les plus chauds, le *shochū keiko*, « entraînement dans la chaleur ».

S'il y a rupture par le passage d'un cycle à l'autre, il faut aussi marquer la continuité. Alors le *kangeiko* commence quelques jours avant le *kagami-biraki*, pour se terminer quelques jours après. Ainsi, il est demandé un effort exceptionnel au pratiquant, effort qu'il soutient jusqu'à la cérémonie du *kagami-biraki* – laquelle marque la fin de l'année d'entraînement – et qu'il maintient encore après celle-ci, pour montrer que si la date a changé, que si quelque chose a été « rompu », puis a commencé à renaître, le principe de l'entraînement, la régularité, l'engagement, eux, demeurent. Concrètement, le *kangeiko* se tenait du 6 janvier au 4 février, soit une période de

30 jours à venir s'entraîner tôt le matin, en général à partir de 5 h 30.

Le *shochū keiko* ne voit le jour que treize ans après, en juillet 1897. Si, comme pour le *kangeiko,* il s'agit de s'entraîner pendant 30 jours, à partir du 15 juillet, il s'en distingue par deux points : d'abord, il s'agit de s'entraîner, cette fois, dans les heures les plus chaudes, c'est-à-dire à partir de 13 heures. En conséquence, Jigorō Kanō ne s'attend pas que tout le monde puisse venir, ne serait-ce qu'à cause des horaires. Le *shochū keiko* s'adresse donc plutôt au public scolaire et universitaire, qui peut mettre à profit ses vacances d'été.

Pour Jigorō Kanō, il ne s'agit pas de faire souffrir pour le simple plaisir d'avoir souffert et d'y avoir survécu. Ce qu'il demande à ses élèves, c'est d'être conscients de ce qu'ils sont en train de vivre, pour mieux en profiter, et que cela soit le plus utile possible. En somme, il met en scène une situation qui demande persévérance et efforts parce que ce sont deux attitudes qui, pense-t-il, sont indispensables à l'homme, pour mieux se connaître et être utile à la société.

Kōhaku shiai – faire ensemble

La compétition *kōhaku shiai,* ou « compétition des rouges contre les blancs » date, elle aussi, de 1884. Il s'en tient deux par an, l'une au mois de mai, et l'autre au mois d'octobre.

Les règles, telles qu'on les connaît encore, datent de 1885. Il s'agit d'une compétition par équipe où les participants sont séparés en deux groupes (les rouges et les blancs), eux-mêmes organisés par ordre de grades et force supposée. Le combattant qui gagne reste sur la surface de compétition et prend le combattant suivant dans la ligne du groupe opposé. En cas de match nul, c'est le dernier entré qui reste. Pour l'emporter, il faut marquer un *ippon.*

À cette compétition est lié le *batsugun seido*, « système d'excellence », qui permet que toute personne ayant battu au moins cinq personnes du même grade par *ippon* reçoive immédiatement une promotion de grade. Le record est de vingt-sept victoires. Cette compétition revêt une importance particulière pour Jigorō Kanō car elle s'effectue par équipe. Même perdu dans la masse des participants, chacun influe sur le résultat final de son groupe, ce dont il n'est pas forcément facile de se rendre compte, surtout lorsque les lignes comptent plusieurs centaines de combattants ! C'est évidemment le message que Jigorō Kanō veut faire passer et qui, outre la motivation liée à l'enjeu de la compétition, justifie en fait celle-ci. Il veut donc que chacun soit conscient que ses actes ne sont pas neutres pour le groupe, qu'il s'agit de se comporter de façon responsable. Ce qui inclut de ne pas déclarer forfait sans raison valable. En effet, puisque tout le monde est censé participer, être absent signifie donner une victoire au camp adverse. C'est pourtant une attitude qu'il constate déjà et contre laquelle il s'élève.

Un cycle trimestriel : honorer le travail accompli

Il est une cérémonie qui se tient tous les trois mois : la cérémonie d'augmentation en *kyū* et *dan, shinkyū shōdan shiki,* la plus importante se tenant au sein même du *kaga-mi-biraki.* Le système des *kyū* et *dan* permet à Kanō de valoriser symboliquement le travail et la progression globale des jūdōka.

Un cycle mensuel : émulation et profit de l'expérience

La « compétition qui revient tous les mois », *tsukinami shiai,* est une compétition individuelle qui permet de définir un ordre de force dans le dōjō, lequel était remis en question tous les mois. Les pratiquants étaient alignés dans cet ordre. Le plus faible de la fois précédente commençait et gagnait autant de places qu'il pouvait gagner de combats – une défaite ou un match nul mettant fin à la série. Dans le cas du match nul, comme pour le *kōhaku shiai,* c'est celui pour lequel c'était le premier combat qui restait. Mais, pour l'emporter, il fallait marquer deux *ippon.* L'intérêt était double. D'abord créer une émulation, ensuite offrir l'expérience aux pratiquants d'éprouver leurs techniques dans une situation d'opposition maximale.

Un cycle hebdomadaire : profiter du temps libre pour mieux apprendre

Le dimanche était un jour à part au Kōdōkan. Si, une fois par mois, il était consacré au *tsukinami-shiai* et que, dans l'année, trois autres dimanches étaient réservés pour le *kagami-biraki* et les *kōhaku shiai,* les autres dimanches, l'entraînement était plus long que d'ordinaire et se tenaient également *kōgi* (conférences) et *mondō* (questions et réponses entre pratiquants et maître).

Un cycle quotidien : la régularité nécessaire

C'est le fondement même de la pratique, presque sa définition. Il convient de venir pratiquer tous les jours. Sans cette régularité, aucun réel progrès n'est envisageable.

Liberté, agilité, papier froissé[35]

Dire que la pratique du jūdō sollicite le corps est une évidence. Le corps y est à la fois l'outil et le vecteur de la volonté. Le projet : non pas des muscles « comme la pierre », mais un corps souple et travaillé comme du « papier froissé »...

Un corps forgé par et pour la pratique

La méthode de formation du corps dans les écoles de jūjutsu du temps de Kanō est des plus simples : on ne s'en préoccupe pas ! C'est la répétition, notamment au travers du *kata* qui accomplit – ou non – la transformation progressive. Au départ, notamment par manque de coordination, de souplesse, de force, d'endurance, de proprioception, de relâchement, les techniques bien sûr, mais aussi les déplacements sont mauvais, à contretemps, gauches, trop lents ou trop rapides. Mais, à force, le corps s'adapte à l'effort demandé. Les muscles sollicités se renforcent peu à peu, l'endurance devient suffisante et la technique possible. Le corps ainsi formé, moulé par le *kata,* est donc parfaitement adapté à la pratique, au style de l'école étudiée.

---

35 - Chronique publiée dans l'*Esprit du judo* n° 8, avril-mai 2007.

Courir deux lièvres à la fois

Les jūjutsu étaient centrés sur l'art de rester en vie et cela constituait leur principal objet. Un corps qui soit adapté à la pratique n'était qu'une condition nécessaire, indispensable même, mais loin d'être suffisante, et le fait que la répétition transforme l'outil qu'est le corps du pratiquant n'en était qu'une conséquence, au mieux heureuse. Jigorō Kanō ne les suit pas dans cette démarche. Ce qu'il a ressenti, lui, c'est que cette réconciliation, cette complicité nouvelle, entre lui et son corps – entre autres effets positifs de sa pratique – a tout simplement contribué à changer sa vie. Pour lui, cela ne peut rester une conséquence et doit devenir l'un des objectifs de la méthode. Dans un monde où – sauf cas exceptionnel – le combat n'est plus nécessaire à la survie, ce sont les effets causés par l'exercice du combat, la préparation à celui-ci, qui doivent en devenir le but. Et parmi ces effets, se réapproprier son corps est d'une importance capitale.

Forger puis éduquer

Au début, il s'agit surtout pour Kanō de forger le corps pour qu'il puisse supporter la charge de pratique quotidienne permettant l'entraînement et l'application des techniques, puis il en vient à l'idée de former le corps par l'éducation physique : solliciter volontairement tous les muscles, faire jouer toutes les articulations dans leur amplitude maximale, même si ce n'est pas directement lié à une technique. Supprimer les techniques dangereuses et introduire au centre la façon de chuter. Les *ukemi* participent de cette notion d'éducation physique, puisqu'ils permettent de ne pas subir de blessure, donc de conserver la santé – et ainsi de pratiquer plus et plus librement, sans craindre de sanction lourde et handicapante pour son corps.

Un corps harmonieux et proportionné

D'autre part, « ce à quoi il faut veiller ensuite est à s'exercer à la plus grande diversité de techniques possible » [048, 206]. Ce conseil est à la fois pertinent du point de vue du combat – plus on maîtrise de techniques, plus on a de solutions possibles – et du point de vue de l'éducation physique puisque toutes les techniques n'exploitent pas de la même façon les chaînes musculaires, voire font appel à des muscles différents, et sollicitent l'équilibre de manières diverses. Malgré cela, et même si le pratiquant a bien conscience de l'importance de développer en parallèle les deux aspects, il ne peut solliciter de façon exhaustive ni tous ses muscles, ni toutes ses articulations dans leur amplitude maximale. Ainsi, Jigorō Kanō explique que certains mouvements de *kata* ont été introduits dans le but de solliciter des muscles qui le sont peu par la pratique du *randori,* ou pour faire des mouvements d'amplitude supérieure à ce qui serait nécessaire dans le cadre du combat : « Quand on emploie bien le *kata,* le jūdō n'a plus ni lacune sur le plan du combat, ni défaut sur le plan de l'éducation physique. » [059, 245, 246] Travaillant dans cette double perspective, chaque aspect se renforce l'un l'autre, jusqu'à atteindre un niveau qui n'aurait pas été possible par l'entraînement exclusif de l'un ou de l'autre. Kanō parle de développement équilibré et harmonieux. Il ne s'agit pas de créer des déséquilibres, mais un corps qui puisse suivre dans toutes les directions pour répondre à toutes les situations et nécessités. L'expression la plus utilisée est alors *enman kinsei* que je traduis par « harmonieux et proportionné ».

L'intelligence du corps

Le jūdō est fondé sur la mobilité, le mouvement. La posture *shizen-tai* (droite et naturelle) est le fondement de cette mobilité. Pour qu'il soit possible de conserver une telle posture et d'en user pour profiter des occasions offertes ou se défendre efficacement contre les techniques portées par l'adversaire, il faut que le corps agisse conformément à la volonté. Il faut aussi que certaines actions aient été autant automatisées que possible, pour éviter, quand ce n'est pas nécessaire, le ralentissement de l'action provoqué par l'analyse. Cette capacité du corps à agir par lui-même, l'« intelligence du corps », se forme par l'expérience et la pratique. Parmi les termes les plus utilisés par Jigorō Kanō pour parler du mouvement, beaucoup comportent le caractère *bin*, qui traduit une idée d'agilité et de rapidité : *binsho, kibin, binkatsu, binsoku,* tous pouvant être traduits par « agilité, vivacité, promptitude ».

Un corps qui répond à la volonté

Parmi ceux-ci, *binkatsu* sert à la fois à désigner le mouvement, le déplacement et le corps. Dans ce dernier cas, il est toujours associé à *jizai,* « libre ». Il faut donc que le corps soit agile et libre. *Jizai* est surtout employé par Jigorō Kanō pour désigner le corps du pratiquant, notamment dans l'expression *jiyu jizai,* « libre, qui répond à la pensée ». Ainsi, il écrit souvent que le corps doit suivre « les ordres de la volonté » [103, 48 ; 101, 51], « ce que désire la volonté » [103, 48], doit « se déplacer selon l'intention ». [104, 18 ; 105, 57 ; 029, 251 ; 099, 158, 159]

Ce qu'il faut éviter

Jigorō Kanō définit également les écueils qu'il faut, selon lui, éviter. Par exemple, un corps formé par l'éducation physique est un corps fort (dont la force peut facilement s'appliquer, sans effort, dans n'importe quelle direction), mais pas forcément un corps à la musculature outrancière :

> « L'éducation physique a certes pour but de rendre le corps bien portant, mais penser avoir atteint le but de l'éducation physique simplement parce que l'on a développé

un corps fort, aux muscles comme la pierre, est une terrible erreur. [...] Le célèbre lutteur américain Dallu est venu chez moi et il me dit, en me les montrant : « Mes muscles sont comme ça ! » Ils étaient vraiment développés et avaient l'air puissant. Je riais intérieurement, mais comme il aurait été mesquin de se moquer de lui, je ne fis aucune critique. Ce garçon m'annonça que, lorsque j'irai aux États-Unis, il m'accueillerait, que ce soit à San Francisco ou à Los Angeles. Dans la mesure du possible, je souhaitais éviter cet accueil. Je pris maladroitement contact et y échappai finalement. Que l'on s'imagine que je puisse partager la pensée de ce professeur qui m'accueillait m'aurait fait extrêmement honte. Je n'ai jamais valorisé une telle histoire de développement musculaire. S'il ne s'agissait que de cet individu, ce ne serait pas un problème. Cependant, si tous les Américains et tous les Japonais succombaient à cette vision, ce serait en sacrifiant le développement d'autres plans. Que les gens ordinaires se mettent ainsi à développer sans raison leurs muscles n'est vraiment pas à notre gloire. [003, 1161]

Le corps du jūdōka

Pour expliquer l'effet que la pratique du jūdō doit avoir sur le corps de celui qui s'y adonne, Jigorō Kanō prend l'exemple d'une feuille de papier. Une feuille de papier que l'on aurait tellement froissée qu'elle serait devenue semblable à un chiffon, capable de plier dans n'importe quel sens, quel que soit l'endroit.

« Si l'on cherche une analogie, la plupart des autres méthodes d'éducation physique, pour assouplir une feuille, commencent par la plier en deux, puis en quatre, puis en huit, ce qui fait que, progressivement, les plis se multiplient. Le jūdō froisse ce papier dans la main de façon à ce que toute la feuille soit assouplie. [099, 160]

Ainsi, pour Jigorō Kanō, il faut, pour faire du jūdō, un corps harmonieux, proportionné *(enman kinsei)*, qui obéisse à notre volonté *(jiyū jizai)* pour des mouvements lestes *(bin)* et légers *(kei,* dans les expressions *keimyō,* « léger, simple et gracieux », et *keikai,* « léger, agile, leste, preste, alerte »). Le pratiquant de jūdō est droit, souple et ferme à la fois, comme le bois flexible d'une lance qui plie et reprend sa forme (c'est l'image originelle contenue dans l'idéogramme *jū*), et dont la pratique l'a rendu apte à utiliser son corps sans crispation ni contrainte d'aucune sorte, apte à « se plier » dans toutes les directions comme un papier qui a été froissé maintes fois puis déplié.

La technique
Debout
comme au sol

Le *nage-waza* au centre[1]

1889. Kanō vient d'achever la mise en place du premier cycle du Kōdōkan jūdō. La plupart des éléments sont en place, tant en interne (*kata, randori,* grades, etc.) que pour l'extérieur. La participation des élèves du Kōdōkan aux tournois organisés par la préfecture de police, qui se soldent par de nombreuses victoires, quelques égalités et aucune défaite, a consacré la méthode, et Kanō Jigorō peut, le 11 mai 1889, faire sa première conférence de présentation théorique de son système : « Du jūdō et de sa valeur éducative comme pédagogique. » [001]

Cependant, les judokas du Kōdōkan ont déjà eu maille à partir avec certains experts des autres écoles de jūjutsu, spécialistes du *katame-waza*. Certes, leur supériorité en *nage-waza* leur a toujours permis – jusque-là – de s'en tirer à bon compte ; mais Kanō Jigorō en a tiré les leçons et il fait désormais travailler ses élèves dans ce domaine, sinon plus qu'auparavant, du moins de façon plus adaptée aux autres styles.

> « [...] l'éclosion d'experts de *tachi-waza* orna l'histoire de la période de fondation du Kōdōkan. Le fait de placer l'accent sur le *nage-waza* eut pour conséquence de négli-

---

1 - Texte publié dans la partie dossier de l'*Esprit du judo* n° 2, mars 2006.

ger un *katame-waza* vigoureux. Alors, aux alentours de l'année 20 de l'ère Meiji, lorsque les experts de toutes les écoles de toutes les régions se réunirent à la préfecture de police, figuraient parmi ceux-ci des spécialistes du *katame-waza* et, lors des combats contre eux, si les membres du Kōdōkan n'éprouvèrent aucune difficulté debout, au début, ce fut assez difficile en *katame-waza.* Mais, après un moment, même le *katame-waza* ne fut plus un souci et le *katame-waza* gagna en puissance dans tout le Kōdōkan. [002, 23]

Le jūdō se développe considérablement dans les années suivantes : il est désormais pratiqué à la préfecture de police de Tōkyō ainsi qu'à l'école navale, tandis que des dōjō s'ouvrent dans de nombreuses écoles. Dès lors, le jūdō n'a d'ailleurs plus à se confronter aux écoles de jūjutsu, puisque les tournois de la préfecture de police ont été abolis, et parce que Kanō Jigorō, en cela fidèle à ses principes, interdit toujours à ses élèves de se battre. Logiquement, et tout à fait naturellement, le *katame-waza,* moins travaillé, perd de son importance, cédant toute la place ou presque au *nage-waza* – par ailleurs si cher à Kanō Jigorō.

La situation perdure jusqu'en 1895 : pendant toute cette période, c'est le *nage-waza* qui caractérise véritablement le travail des élèves du Kōdōkan jūdō, tandis que leur expertise dans le domaine du *katame-waza* est tout juste suffisante pour leur permettre d'échapper aux experts du domaine...

Tanabe Mataemon

1895 marque la création de la Butoku-kai, une association qui a vocation à réunir les experts des différentes disciplines martiales afin qu'ils parviennent, par l'échange et la concertation, à une forme synthétique de leur domaine. Bien sûr, en tant que professeur de jūjutsu, Kanō Jigorō est convié, et il envoie également quelques-uns de ses meilleurs élèves travailler avec les autres écoles.

Parmi les écoles rencontrées se trouve notamment la Fusen-ryū, dont le représentant, jeune héritier (il a alors vingt-six ans) à la quatrième génération, se nomme Tanabe Mataemon (1869-1946). Ce n'est pas un inconnu pour le Kōdōkan. En effet, à dix-huit ans, il était venu à Tōkyō pour participer aux tournois de la préfecture de police et avait déjà causé quelques soucis aux combattants du Kōdōkan. Et c'est très probablement à lui que Kanō Jigorō fait référence lorsqu'il rappelle les difficultés qu'avaient alors éprouvées ses élèves en *katame-waza* pendant le tournoi, ou lorsqu'il évoque l'un des matchs nuls.

Tanabe Mataemon a commencé l'entraînement avec son père et son grand-père dès l'âge de neuf ans. Tous les jours, son père prie pour qu'il devienne le jūjutsu-ka le plus fort du pays... et il commence à l'envoyer se confronter aux autres experts alors que le jeune garçon n'a que quatorze ans. Plus tard, Tanabe confie d'ailleurs :

> « Mes partenaires étaient alors presque tous des gens extrêmement forts et vigoureux et il n'y avait bien sûr aucune raison pour qu'un seul soit plus petit que moi ou moins fort physiquement. [...] Mais cette période de mon enfance, où je pratiquais désespérément avec des adversaires avec lesquels je ne pouvais absolument pas rivaliser en force des bras, est une pratique vraiment précieuse que, même en le souhaitant, on ne peut reproduire. Par la suite, j'ai combattu avec de nombreux valeureux adversaires de grande force physique, à la technique formidable et, dans ces moments-là, j'étais fort reconnaissant de l'enseignement sévère de mon père. [003, 891]

Tanabe dispute son premier tournoi au même âge. Il ne pèse alors que 45 kg et il obtient pourtant un match nul contre un lutteur de sumō... C'est à l'occasion de ce combat qu'il comprend l'importance de savoir s'enrouler correctement autour des jambes et des hanches de l'adversaire. Dès lors, il participe à tous les tournois de jūjutsu et de sumō. Il se targue de n'avoir jamais frappé, ni sur étranglement ni sur clé – ce qui lui a d'ailleurs joué quelques tours. Il obtient l'autorisation d'enseigner (*menkyo*) à seize ans et tous les documents de l'école (*menkyo kaiden*) à vingt-deux ans. Entre-temps, en 1890, il s'est installé à Tōkyō où il va devenir professeur de jūjutsu à la préfecture de police, avec, pour collègues, des professeurs du Kōdōkan.

De sa vaste expérience du combat en désavantage physique, il développe un système au sol extrêmement efficace. Ces deux points de réflexion, il les appelle : « Façon de capturer une anguille » et « Façon du serpent pour manger la grenouille ». Pour bien comprendre la première, il faut se souvenir que tous les combattants ne portaient pas de veste, et que les pantalons étaient parfois courts, aussi la sueur était-elle un élément important à prendre en compte. Tanabe explique sa première devise de la façon suivante :

> « Si vous essayez d'attraper directement l'anguille au bon endroit, elle s'échappe à coup sûr. Si vous placez votre main sans trop de force pour qu'elle ne s'en aperçoive pas, que vous la déplacez progressivement jusqu'au point important et, qu'arrivé là, vous affirmez votre prise, elle ne vous échappera pas. [004, 111]

Quant à la seconde, il dit :

> « Le serpent n'engloutit pas la grenouille d'un seul coup. Il avale une jambe et attend patiemment que la grenouille fatigue. Puis il prend la deuxième jambe et attend encore que sa proie ait fini de se débattre pour passer au corps, et ainsi de suite. [004, 111]

Lorsqu'il arrive à la Butoku-kai, personne ne peut rivaliser avec Tanabe au sol. On dit même que personne n'a jamais osé revenir une seconde fois après être passé entre ses mains, à l'exception de Tobari Takisaburō (de trois ans son cadet). Ce dernier a une double casquette. Il est à la fois jūdōka (il deviendra 8e dan) et expert de la Tenjin shin.yō-ryū, style qu'il enseignera toute sa vie parallèlement au jūdō.

Certains professeurs de jūjutsu voient là une faille à exploiter pour essayer d'enrayer la domination du Kōdōkan. Une équipe est alors formée, qui s'entraîne exclusivement sous la direction et selon les principes de Tanabe. La rencontre a lieu et, même si les annales ne sont pas explicites, il est vraisemblable que les membres du Kōdōkan perdent. Toujours est-il que, face à cette nouvelle situation, Kanō Jigorō décide de rééquilibrer la pratique entre *nage-waza* et *katame-waza*.

> « Ensuite, des experts de *katame-waza* vinrent de toutes les régions à la Butoku-kai de Kyōto et, lors des rencontres avec eux, ils firent souffrir ceux des membres du Kōdōkan les moins aguerris au *katame-waza*, même si ces derniers l'emportaient sans la moindre difficulté en *tachi-waza*. C'est pourquoi l'entraînement au *katame-waza* augmenta par rapport à avant et, ces derniers temps, les principaux membres du Kōdōkan ne le cèdent à personne, que ce soit en *nage-waza* ou en *katame-waza*. [002, 23]

Dès lors, et en raison de la qualité du travail de Tanabe Mataemon, le sol prend une dimension jusqu'alors inconnue.

Sur la photo ci-après, Tanabe Mataemon est le 6e en partant de la gauche, debout. Cette photo, prise en juillet 1906, et où on reconnaît, au centre, assis, Kanō Jigorō, regoupe les maîtres des différentes écoles de jūjutsu représentées à la Butoku-kai.

Maeda Mitsuyo et Tani Yukio

Sur ces entrefaites, en 1897, arrive au Kōdōkan Maeda Mitsuyo (1878-1941), il a dix-neuf ans. Il s'inscrit donc en plein retour du *katame-waza*. Il passe 1er dan en 1899, 3e dan en 1901, 4e dan en 1904. Il ne mesure que 1,64 m pour 64 kg [046], mais devient pourtant capitaine de son équipe universitaire, Waseda, à l'époque où celle-ci domine le jūdō scolaire. Il n'y avait alors bien sûr aucune catégorie de poids. Mifune Kyūzō (qui deviendra 10e dan) se souvient que lors de son inscription au Kōdōkan en 1903, les personnages centraux de l'entraînement étaient alors Maeda et son camarade d'université Satake Shinshirō (1892-1936). [004, 47]

En 1904, Kanō Jigorō demande à Tomita Tsunejirō de se rendre aux États-Unis pour diffuser le jūdō ; il lui adjoint une escorte composée de Maeda et de Satake. Avec Ōno Akitarō, Mitaku Tarō et Tani Yukio, ils relèvent tous les défis des boxers, lutteurs et catcheurs partout où ils se rendent. Tani Yukio (1880-1950), lui, passe par les États-

Unis où se trouve Maeda, avant de s'installer à Londres où on le surnomme « little Tani ». Avant de devenir membre du Kōdōkan, il a eu pour premier professeur Tanabe Mataemon... et c'est lui aussi un petit gabarit.

Si leurs chemins ne font que se croiser ponctuellement, il est par ailleurs probable que Tani et Maeda, tous les deux confrontés au même type de problème du fait de leur petite taille et de leur faible poids, aient travaillé ensemble les stratégies du *katame-waza* face aux combattants étrangers.

Maeda, quant à lui, enseigne le jūdō à Princeton, Yale et Colombia, avant d'ouvrir un dōjō à New-York. Il se rend ensuite en Europe où il accepte toutes sortes de défis et où il s'attire une certaine renommée, surtout en Espagne ou on le surnomme « Conde Koma ». Il retourne ensuite sur le continent américain : à Cuba, au Mexique, au Pérou, avant de s'établir en 1915 au Brésil (à Belém, au nord-est du pays). Il y enseigne le jūdō aux militaires et aux policiers, ouvre un dōjō, mais s'implique également beaucoup dans la vie locale, notamment dans la communauté japonaise. C'est ici qu'il meurt en 1941 sans n'être jamais retourné au Japon. Il est nommé 7ᵉ dan à titre posthume pas le Kōdōkan cette même année.

On peut se demander quelle forme de *katame-waza* pratiquaient ces combattants envoyés à l'étranger. Plusieurs éléments nous aident : le vocabulaire employé par Kanō Jigorō, les règles de compétition d'alors (en 1900, Kōdōkan et Butoku-kai ont pu se mettre d'accord sur des règles communes) et les livres d'Arima Sumitomo, deux tomes publiés en 1905, les premiers sur le jūdō [006, 007]. Kanō Jigorō parle beaucoup, pour désigner le travail des spécialistes au sol, d'enroulement, d'enlacement. Quant aux règles de compétition :

> « [règle XV]. Parmi les *shime-waza*, les ciseaux à la poitrine, dans les *kansetsu-waza*, les techniques portant sur les doigts, les chevilles, les poignets ou encore les *ashi-garami*, ne sont pas autorisées en compétition.

(Explication) La raison pour laquelle, parmi les *shime-waza*, les ciseaux à la poitrine ne sont pas autorisés est que, entre gens de même niveau, ce ne sont pas des techniques très efficaces, et que si elles le sont effectivement quand il y a une différence de dan, il arrive, quand on résiste trop, qu'elles produisent des dégâts sur les organes ou blessent les côtes. La raison pour laquelle les *kansetsu-waza* sur les doigts ou les poignets et chevilles sont interdits est que, comme ces techniques sont très vite efficaces, il y a risque de blessure sur ces articulations avant que l'on puisse faire un signe. De même, les *ashi-garami* étant des techniques très vite efficaces et qui blessent aussitôt si l'on résiste légèrement, je les ai incluses dans celles-ci. [005, 410, 411]

Il y avait donc des ciseaux ainsi que des clés sur toutes les articulations, ce que confirment les livres d'Arima qui montrent clés de doigts et de jambe. Toutes ces techniques étaient donc travaillées à l'entraînement, mais leur éviction de la compétition a provoqué leur abandon progressif.

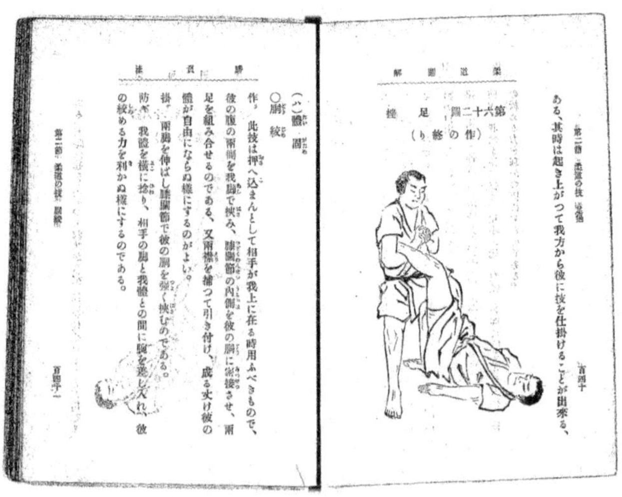

[007, 140, 141]

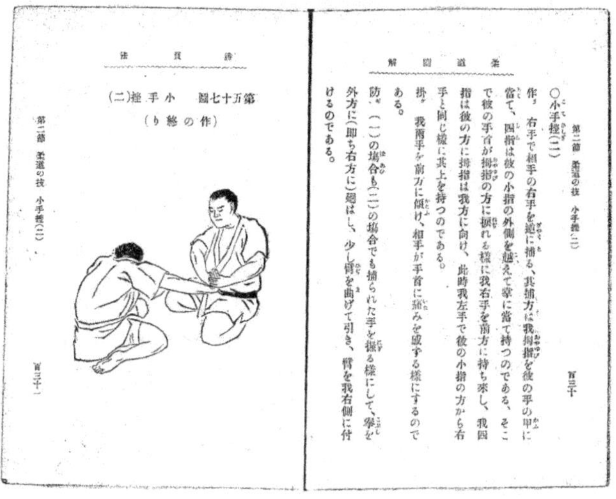

[007, 130, 131]

Oda Tsunetane et le kōsen jūdō

Oda Tsunetane (1892-1955) s'inscrit au Kōdōkan en 1910, à l'âge de dix-huit ans. Il devient tout de suite très fort et entre dans l'institut de formation du Kōdōkan (Kōdōkan jūdō kyōin yōsei-sho) qui ouvre ses portes en 1911 (et les fermera trois ans plus tard). Le cursus est de trois ans et il en sort 3e dan en 1914. En 1917, il devient professeur de jūdō au lycée de Kagoshima puis, en 1918, au lycée de Sendai jusqu'en 1921 où il revient à Tōkyō pour enseigner à Aoyama Gaku-in, ainsi qu'à l'université Rikkyō à partir de l'année suivante. Il deviendra 9e dan.

Il est à noter qu'il est, lui aussi, d'un petit gabarit, 1,60 m, 63 kg, et qu'il devient fort réputé au sol, au point que l'on parlera de « l'école Tsunetane », *Tsunetane-ryū*. Il expliquait qu'au sol, les jambes doivent agir comme des tentacules, s'enrouler, et que, chez les spécialistes, les orteils peuvent agir indépendamment les uns des autres [004, 102].

La compétition par équipe dite kōsen jūdō (kōsen jūdō taikai) est créée en 1914 à l'initiative de l'université impériale de Kyōto. Kōsen est l'abréviation de *kōtō gakkō* [traduit ici, pour la commodité, par lycée] et de *senmon gakkō* [école spécialisée]. Il s'agit d'une compétition à laquelle peuvent participer ces deux types d'écoles ainsi que les universités impériales : en effet, si le statut diffère, les étudiants qui fréquentes ces établissements sont dans la même tranche d'âge.

La compétition se déroule selon les règles classiques. Quand Oda prend la direction du dōjō du lycée de Sendai, il ne voit pas comment remporter la compétition sur le lycée de Tōkyō, sinon par le travail au sol. Pendant trois mois, cinq à six heures par jour, il fait travailler ses élèves exclusivement dans ce domaine et ils remportent la victoire.

Il faut garder à l'esprit que le kōsen jūdō a été développé dans la seule perspective de la compétition. D'ailleurs, contrairement au *katame-waza* tel qu'il était pratiqué au début du xxe siècle, le travail de clé se concentre uniquement sur l'articulation du coude. Le sol, dans cette optique de la compétition, offrait de multiples avantages. D'abord, de ne pas se prendre *ippon* debout (même s'il fallait deux *ippon* pour mettre un terme au combat), d'autant plus qu'il s'agissait de compétitions sans catégories de poids. Ensuite, parce qu'avec un temps de combat de 30 minutes avec prolongation de 30 minutes, la probabilité d'y obtenir un match nul, toujours mieux pour l'équipe qu'une défaite, est plus importante que debout.

Dès lors, la compétition se spécialise de plus en plus au sol avec la découverte de *matsuba-gatame* par le lycée d'Okayama, technique qu'Oda rebaptise *sankaku-garami* et qui deviendra la position de base du kōsen jūdō à partir de 1922.

La compétition se spécialise tellement au sol – les témoignages de ceux qui ont connu cette époque rapportent que le leitmotiv était « le kōsen jūdō commence au sol et finit au sol », et que c'étaient six heures d'entraînement quotidien exclusivement au sol –, que Kanō Jigorō s'en émeut. Il ne conçoit pas que l'on puisse se passer ainsi du jūdō debout. Cela pour plusieurs raisons. D'abord parce que, selon lui, c'est dans le *tachi-waza* que l'on découvre les subtilités du jūdō. Ensuite parce que, d'un point de vue du combat réel, se mettre au sol ne permet pas d'esquiver les coups, ce qu'Oda conteste. Ce à quoi Kanō Jigorō répond que c'est possible, dans une situation d'un contre un, mais pas si on doit affronter plusieurs personnes [008, 438]. Enfin, il s'agit d'une question d'attitude.

Il va donc, en novembre 1925, changer les règles de la compétition de jūdō. Ainsi peut-on continuer au sol si :

« 1. on a porté une technique qui n'a pas marqué *ippon* et que l'on poursuit l'attaque au sol.

2. on arrive au sol après avoir porté une technique ou avoir été projeté. [008, 441]

Mais les étudiants n'en tiennent pas compte. En 1926, ils créent une fédération universitaire, changent le nom de la compétition et continuent à appliquer les mêmes règles jusqu'à la dernière édition, en 1942. La seule différence est que le Japon est dorénavant divisé en trois régions (est, centre, ouest), et que seuls les meilleurs de chacune se retrouvent pour la finale à Kyōto. Kanō Jigorō fera encore une tentative lors d'un séminaire de hauts gradés en août 1928, en demandant que les règles rejoignent celles du Kōdōkan, mais rien n'y fera. Il ne lui restera plus qu'à protester dans ses articles contre le problème logique que pose ce type de combat.

Comment le jūdō est devenu ce qu'il est...[2]

Aujourd'hui, les termes *ne-waza* (techniques au sol) et *katame-waza* (techniques de contrôle : immobilisations, clés, étranglements) nous semblent synonymes, tout comme *tachi-waza* (techniques debout) et *nage-waza* (techniques de projection). Pourtant, puisque les mots diffèrent, c'est que, sans doute, ils ont des choses différentes à dire. Ensuite, si les termes *katame-waza* et *nage-waza* sont antérieurs au jūdō, *ne-waza* et *tachi-waza* n'apparaissent sous la plume de Jigorō Kanō qu'en juin 1918 [009], lui-même ne faisant certainement que reprendre des expressions ayant alors cours parmi les pratiquants. Voilà qui nous permet de comprendre qu'il y a eu entre-temps une importante évolution de la pratique. Essayons d'analyser ce qui mène à la création de ces nouveaux mots, d'expliquer comment ce travail au sol si particulier, qui fait figure d'exception, presque d'anomalie, dans le monde des pratiques martiales, est apparu dans le jūdō.

Les termes

Waza peut se traduire par « les techniques de... », « le travail de... ». *Nage* correspond à « projection », *tachi*

2 - Chronique publiée dans l'*Esprit du judo* n° 2, mars 2006.

signifie « debout » et *ne,* « être allongé, couché », c'est-à-dire ce qui se passe au sol. Quant à *katame,* un détour par le chapitre 76 du Daodejing (Tao-te-King) permet d'en appréhender le sens : « L'homme à sa naissance est souple et faible, à sa mort dur et fort. Plantes et arbres sont souples et malléables à leur naissance, secs et cassants à leur mort. Ainsi, le dur et le fort accompagnent la mort, le souple et le faible, la vie. » Dans ce passage bien connu, le mot « souple » traduit le caractère *jū* de jūdō et le mot « dur », le caractère qui, en japonais, se lit *katame.* Ainsi, *katame,* c'est contrôler le mouvement, le figer, le geler.

Les débuts

En aucun cas *katame* n'apporte de nuance qui suppose un rapport avec le sol et, d'ailleurs – à l'exception des techniques d'*osae-komi* (immobilisations) –, les étranglements (*shime-waza*) et clés (*kansetsu-waza*), dans les écoles de jūjutsu, se travaillaient aussi bien debout qu'au sol (le *kime-no-kata* en est l'héritage). Nombreuses étaient les écoles de jūjutsu qui étaient spécialisées dans ce travail de contrôle debout, ainsi que dans le travail de coups (*ate-waza*), et peu travaillaient spécifiquement le *nage-waza* (techniques de projection). Les méthodes de ces écoles permettaient en ce sens, bien sûr, de mettre l'adversaire hors de combat, mais surtout de le maîtriser, en vue par exemple de l'arrêter ou de le ligoter. Ainsi, si Jigorō Kanō introduit le *katame-waza* dans le jūdō lors de sa création en 1882, c'est que lui-même l'a étudié au sein de la Tenjin shin yō-ryū. Pourtant, son attention va vite se focaliser sur le *nage-waza,* lequel va exercer une véritable fascination sur lui, dès la découverte de la subtilité de cette dimension auprès de son professeur de la Kitō-ryū, école faisant figure d'exception pour son expertise en ce domaine.

> « Comme autrefois les gens qui pratiquaient le jūjutsu comme technique d'appréhension s'exerçaient principalement au *katame-waza,* quelques-uns parmi eux ne comprenaient pas le véritable sens du *nage-waza* et il

semble que certains n'y accordaient que très peu d'importance. Pourtant, lorsque l'on comprend la logique du *nage-waza,* un sens profond se fait jour. [010, 131]

Au travers de la découverte du déséquilibre et des notions liées de *kuzushi* (déséquilibre) et *tsukuri* (action préparatoire), Jigorō Kanō comprend le principe que le Daodejing enseignait déjà : se laisser enfermer, figer, c'est perdre, mourir. « Ce que doivent le plus respecter les pratiquants de *randori* de jūdō, c'est, avec agilité, de se déplacer en toute liberté. » [011, 73]

Le couple *nage-waza / randori*

Voilà qui nous amène à l'innovation principale de Jigorō Kanō qui va mener, à terme, à la naissance du *ne-waza* (travail au sol) : le *randori* debout ! En effet, si des formes proches ne sont pas complètement absentes de la pratique dans les écoles de jūjutsu (mais depuis à peine quelques années avant la naissance du jūdō), celles-ci pratiquent essentiellement le *kata.* Jigorō Kanō, persuadé que c'est de la pratique dynamique que naissent les bienfaits du jūdō, ainsi que son efficacité, va systématiser l'exercice du *randori,* ce qui sera rendu possible notamment par l'exclusion des techniques trop dangereuses et l'apprentissage des brise-chutes. On s'aperçoit qu'en 1889, sa motivation principale quant au *katame-waza* (techniques de contrôle) reste son souci constant de conserver la liberté de mouvement.

“ Il existe aussi toutes sortes de moyens pour immobiliser le corps du partenaire mais, du point de vue du combat réel, ils ne sont pas particulièrement utiles. Plutôt que de maîtriser l'immobilisation, mieux vaut à l'inverse maîtriser la manière de se relever lorsque l'on a été immobilisé. Mais comme il n'y a guère d'autre choix, pour s'exercer à se relever, que de s'entraîner à immobiliser, la pratique des immobilisations occupe également une certaine part de la méthode de combat du Kōdōkan. [001]

Trouver des solutions

La pratique presque exclusive du *nage-waza*, plusieurs heures par jour, va amener la maîtrise de l'art de la projection à un niveau certainement jamais atteint auparavant. Il deviendra donc de plus en plus difficile de parvenir à maîtriser, même pour de bons pratiquants, des adversaires rompus à cette pratique... du moins tant que les deux protagonistes se tiennent debout ! Et c'est la conclusion à laquelle les experts du *katame-waza*, tel Tanabe Mataemon, vont vite arriver. Ils vont donc restreindre leur champ d'action là où ils ne risquent pas la projection : au sol. Le *ne-waza*, issu du *katame-waza*, mais surtout, finalement, né d'une réaction à l'évolution du travail de *nage-waza* devenu trop efficace, connaît ses balbutiements. Jigorō Kanō reconnaît l'importance du *katame-waza,* mais il n'en reste pas moins persuadé que la subtilité du jūdō ne se goûte que par la pratique continue du *nage-waza*, à laquelle il ne cessera jamais d'exhorter inlassablement les pratiquants.

> « Si l'on souhaite s'exercer au quotidien dans l'idée que cela serve dans un combat réel, il faut absolument pratiquer de façon que le corps puisse se déplacer en toute liberté et que l'on puisse frapper ou projeter agilement. Il arrive bien sûr qu'il soit nécessaire d'employer des techniques de contrôle, mais c'est sur le *tachi-waza* qu'il faut insister. [009, 418]

Pourtant, ce seront les jūdōka eux-mêmes qui créeront définitivement la rupture, dans un double mouvement. D'abord, le quasi-abandon de toute tentative de *katame-waza* dans les séquences debout. Ensuite, la qualité du travail au sol de certains, dont Oda Tsunetane, et l'utilisation de cette arme dans la compétition de jūdō. On peut supposer que le terme *ne-waza*, à connotation plutôt péjorative à l'époque, s'est répandu dans le milieu étudiant aux environs de 1915, pour finalement imposer la division que l'on connaît bien aujourd'hui : travail debout / travail au sol (*tachi-waza / ne-waza*) au détriment du couple historique *nage-waza / katame-waza*.

La technique : Debout comme au sol

Aux limites de
la « technique »

Le secret de la Kitō-ryū[1]

Deux anecdotes célèbres de la vie de Jigorō Kanō dévoilent un passage décisif d'une conception de son art à une autre. Quand la technique reine laisse la place à l'art de la préparer, par *kuzushi* (destruction), *tsukuri* (construction), *kake* (placement).

La technique, le point de départ

Jigorō Kanō, qui vient de commencer le jūjustu de l'école Tenjin shin yo-ryū, veut trouver une solution pour battre Fukushima Kenkichi, la terreur du dōjō. Il raconte lui-même comment il procède [100] : il commence par tenter toutes les techniques qu'offre cette école. Comme rien n'y fait, il cherche la solution auprès d'un ancien lutteur de sumō, qui lui enseigne les techniques de son art. C'est un nouvel échec. Finalement, après avoir cherché à inventer lui-même une technique, il se rend à l'ancienne bibliothèque shogunale pour consulter les ouvrages occidentaux, dans lesquels il finit par trouver la description d'une « variante de *kata-guruma* », qui se révélera efficace face à Fukushima. Ainsi, ce que propose le jūjutsu, ce sont des solutions techniques et, comme nous l'indique cette anecdote, Jigorō Kanō cherche dans cet arsenal à sa disposition, comme dans un catalogue,

<hr>

1 - Chronique publiée dans l'*Esprit du judo* n° 4, juillet 2006.

l'arme adaptée au problème posé. C'est dans cet élan qu'il va réunir toutes les techniques qu'il va pouvoir trouver : celles des écoles qu'il étudie, mais aussi en consultant les professeurs des autres styles et en se procurant les livres de transmission abandonnés par les héritiers des anciennes écoles. C'est à cette période qu'il se livre à un travail d'inventaire à trois niveaux différents. D'abord, il sélectionne, excluant de sa méthode toutes les techniques qui ne reposent pas sur des principes mécaniques et physiologiques cohérents, qui nécessitent trop de force ou des particularités physiques exceptionnelles. Ensuite il classe, en séparant les techniques qui restent en trois groupes (*nage-waza*, *katame-waza* et *ate-waza*) et, à l'intérieur de ceux-ci, en sous-groupes. Parallèlement, alors que dans les *jūjustu* – essentiellement pour préserver le secret –, les noms des techniques ne donnaient aucune indication sur la technique en elle-même, Jigorō Kanō les renomme de façon explicite : *de-ashi-barai* (balayage du pied avancé), *ō-soto-gari* (grand fauchage extérieur), etc. Enfin, il les organise en supprimant du *randori* celles qui sont trop difficiles à contrôler et risquent de blesser le partenaire, ne les conservant que dans les *kata* ou dans les applications spécifiques au travail de défense. Il en fait de même pour celles d'*ate-waza*. Parmi toutes ces techniques, il insistera dès le début du Kōdōkan sur celles de *nage-waza*. Plus tard (1895), il en organisera certaines en une progression, le *gokyō*, « cinq enseignements », qui sera modifié en 1920, un travail qui sera dédié aux techniques de projection. Mais tout ce travail ne représente rien d'autre, alors, qu'une collection de techniques.

La technique, le point final

Si connaître une technique est une bonne chose, cela reste inutile si on ne se retrouve jamais en position de l'appliquer. Quiconque a fait un peu de *randori* a été face à ce problème que Kanō a découvert et analysé progressivement en mûrissant dans sa pratique. L'homme qui a le plus clairement confronté Kanō aux limites de la « technique comme solution » (qui avait fonctionné contre Fukushima Kenkichi) est le professeur de l'école Kitō, Iikubo Kōnen. Kanō devient son élève en 1881, après quatre ans d'études de la Tenjin shin yo-ryū. Iikubo Kōnen, bien qu'âgé de plus de cinquante ans, ne laisse aucune occasion à son jeune élève d'appliquer les nombreuses techniques qu'il connaît pourtant parfaitement. C'est le genre de problème qui ne peut laisser Jigorō Kanō indifférent, que seule la découverte – et la formulation – de la solution pourra apaiser intellectuellement... Cette seconde anecdote célèbre montre clairement l'évolution décisive qui se produit dans la conception de Kanō, à ce moment-là : en 1885 – soit trois ans après la fondation du Kōdōkan ! –, c'est lui qui projettera plusieurs fois nettement son professeur sans être lui-même projeté [101]. À la suite de ce *randori* – le dernier qu'ils feront ensemble –, Iikubo remettra à Kanō l'ensemble des documents de transmission de l'école. Comment Kanō a-t-il pu surmonter l'obstacle que lui oppose le vieux maître de la Kitō ? De deux façons. D'abord par l'analyse : il a remarqué deux choses. La première, c'est que, à la différence des autres écoles de jūjustu, l'art de la Kitō-ryū ne se concentre pas sur les techniques en elles-mêmes, mais sur la façon de les amener... même si l'enseignement n'en dit rien. La seconde, qui est une prise de conscience personnelle, c'est que l'on ne peut porter une technique que si l'on est comparativement en meilleure posture que le partenaire. C'est ainsi qu'il va définir les trois étapes qui précèdent la technique : *kuzushi* (« destruction »), *tsukuri* (« construction »), *kake* (« placement »). Ensuite par la pratique : avant de finir par être si efficace sur la personne qui lui semble la plus à même de pointer les défauts de sa méthode, Jigorō Kanō s'est exercé au quotidien avec ses élèves selon sa méthode et en isolant ces points. *Kuzushi,* littéralement « destruction » : il s'agit de détruire la posture du partenaire. Le *kuzushi* permet de fixer le partenaire « dans la position la plus inconfortable qui soit, où il ne lui est possible ni de chuter ni de se redresser, mais qui se situe entre les deux » [102, 146, 147]. C'est-à-dire qu'il est figé, qu'il a perdu sa capacité de mouvement. Jigorō Kanō parle de six (avant, arrière, latéral droit et gauche sur l'avant comme sur l'arrière) ou huit directions (en ajoutant droite et gauche) principales de déséquilibre – où huit peut aussi désigner une infinité de directions. En effet, il précise que peu importe la direction choisie, il s'agit dans tous les cas d'amener le partenaire sur la plus petite surface d'appui possible. Il peut être figé, fixé, physiquement (sur ses appuis) comme mentalement (sur une feinte ou une confusion). C'est pourquoi « déstabilisation » semble être la meilleure traduction de ce terme. *Tsukuri,* après la phase de destruction, est l'étape de la « construction », la traduction littérale. C'est là que l'on construit la situation de faiblesse du partenaire. En effet, l'avoir déstabilisé est important, mais si l'on est soi-même en fâcheuse posture, non seulement on ne pourra pas profiter de la situation du partenaire, mais surtout on ne peut pas dire qu'il soit faible. La notion de faiblesse est relative et dépend de la situation de l'un par rapport à celle de l'autre. Construire la faiblesse est donc une double tâche. Il s'agit d'une part, sinon d'accentuer, du moins de maintenir la « déstabilisation » du partenaire et, d'autre part, de se positionner soit en posture forte, c'est-à-dire là où notre capacité de mouvement est préservée. *Kuzushi* et *tsukuri* doivent avoir placé le partenaire dans une situation où (en *nage-waza*) « bien qu'encore debout, il est dans une situation de "mort en sursis" » [001]. Vient ensuite le *kake,* qui n'est autre que le « placement », le moment où l'on applique la technique. C'est ce qui fait dire à Jigorō Kanō : « Une technique doit se porter soit quand la posture du partenaire s'est affaiblie d'elle-même, soit lorsque je l'ai moi-même détruite » [058, 311]. Bien sûr, ces étapes de *kuzushi, tsukuri, kake* ne s'appliquent pas qu'au *nage-waza,* mais aussi au *katame-waza.* Dans le premier cas, la technique qui vient après le *kake* prolonge le mouvement tandis que dans le second, elle le fige.

Meilleure exploitation de l'énergie

La meilleure façon d'amener la technique est d'exploiter le mouvement. Un mouvement que la technique de jūdō elle-même peut aussi permettre de créer. Ainsi, si les *ashi-waza* sont bien sûr des techniques de projection, elles sont souvent employées également pour déstabiliser le partenaire, l'obliger à bouger ses appuis et ainsi faciliter le *kuzushi.* C'est la technique au service de la méthode. La technique de jūdō, telle que conçue par Kanō, exploite le principe de meilleure utilisation de l'énergie de quatre façons. D'abord, il s'agit de choisir la technique pertinente en fonction de la situation. Ensuite, la technique en elle-même exploite des principes physiques, mécaniques, qui ne nécessitent pas – ou peu – de force physique. Mais aussi, la technique ne porte qu'une fois le partenaire en situation de « mort en sursis », c'est-à-dire quand il est dans la position la plus faible possible, tandis que l'on est dans la plus forte possible. Enfin, la méthode pour amener cette situation exploite elle-même le principe de bonne utilisation de l'énergie intellectuelle et physique : *kuzushi, tsukuri, kake.* C'est ainsi que Jigorō Kanō, au cours de son propre chemin, est passé de la conception encyclopédique courante de son art (qu'il avait portée à son point culminant) à un autre niveau de compréhension où la technique – aussi formidable soit-elle en elle-même – ne constitue pas le jūdō. À ce niveau, le jūdō est aussi et surtout la méthode qui nous mène à pouvoir l'appliquer. Faire du jūdō, c'est retrouver le « secret » de l'école de Kitō que Jigorō Kanō a su non seulement découvrir, mais sortir de son mystère. C'est respecter ces concepts, ces méthodes et leur faire confiance, plutôt que de s'en remettre aux mécanismes instinctifs, à la force physique. C'est le choix de la maîtrise.

Du *sutemi* et du sacrifice[2]

Sutemi-waza : « techniques de sacrifice »... Mais qu'est-ce que je peux bien sacrifier dans un *sutemi* ?

Le *sutemi* n'est pas un sacrifice

Le sacrifice : s'il y a de la noblesse dans ce terme, c'est en partie parce qu'il contient l'idée de coût. En effet, on ne peut sacrifier que ce qui nous est précieux, sinon ce n'est pas sacrifier, mais jeter, se débarrasser, voire utiliser, manipuler. Non, le sacrifice, il faut que cela nous coûte : plus le coût est élevé – le paroxysme étant le sacrifice de sa vie –, plus sa valeur semble grande et plus... le gain attendu est important. Car – et c'est le deuxième critère – la notion de sacrifice est liée à celle de gain : on ne sacrifie rien, et encore moins soi-même, sans en attendre un bénéfice qui compensera pour le moins le sacrifice consenti. Or, ce bénéfice est toujours tourné vers soi (ou considéré comme tel : ses proches, sa patrie...). Un sacrifice fait aux dieux n'est pas destiné à les satisfaire, mais à calmer leur courroux ou attirer leurs bonnes grâces, pour le bien de la communauté. Enfin, l'objet du sacrifice doit être irrémédiablement détruit : si nous n'en avons plus la possession, l'autre n'en bénéfi-

---

2 - Chronique publiée dans l'*Esprit du judo* n° 35, décembre-janvier 2012.

ciera pas sous sa forme première. Ce n'est pas abandonner, donner, céder la jouissance à un autre (c'est ce qui le différencie du don, de l'offrande), c'est offrir à la destruction ce que l'on possède, en conscience, pour une situation meilleure dans le futur : c'est détruire pour une renaissance.

Or, que se passe-t-il en *jūdō* lors d'une technique de *sutemi-waza* (réussie) ? Il y a bien bénéfice pour moi mais, concrètement, cela ne me coûte rien : je n'abandonne rien à l'autre que je ne puis retrouver. Il n'y a donc pas non plus destruction : mon intégrité physique est intacte, mon équilibre, un instant perdu (mais l'a-t-il vraiment été ?), sera recouvré aussitôt, voire dans de meilleures conditions, libéré de la contrainte du partenaire.

Alors, qu'est-ce qu'un *sutemi* ? Le mot en lui-même est composé de *mi* 身, « le corps », et *sute* 捨, du verbe *suteru,* qui peut se traduire par « jeter », « abandonner », « renoncer ». Ainsi, le *sutemi* est une technique où l'on jette / lance son corps : directement sur le dos, *ma-sutemi,* ou sur le côté, *yoko-sutemi.*

Le *sutemi* : un sacrifice en puissance

Si, aujourd'hui, en *jūdōgi,* il nous est possible d'enchaîner les tentatives de *sutemi,* le *koshiki no kata,* qui en compte de nombreux et sur lequel il finit, nous rappelle qu'un *sutemi* ne se tente pas à la légère. En effet, revêtu d'une armure qui entrave notre mobilité, échouer revient à se retrouver à la merci de son adversaire, telle une tortue sur le dos. En outre, sur le champ de bataille, il faut certes se débarrasser de son opposant du moment, mais un *sutemi,* c'est s'exposer aux coups d'un autre qui, lui, serait sur ses appuis tandis que nous peinerions à nous relever, par exemple. Le *sutemi* est donc une prise de risque considérable, une décision en conscience, qui doit être vue comme irréversible, sans seconde chance : un quitte ou double.

« Jeter son corps »... le double sens fonctionne en français comme en japonais et l'on comprend qu'il ne s'agit pas là d'un acte anodin. Dans le vocabulaire du bouddhisme, *sutemi* (parfois lu *shashin*), c'est, à des fins de rétribution (et donc de bénéfices dans les renaissances futures), l'immolation du corps, mais cela peut aussi être renoncer au monde pour entrer dans l'ascèse, et donc « abandonner le corps » (ses besoins, son confort) à la pratique. Dans le vocabulaire courant, *sutemi,* c'est faire quelque chose de toutes ses forces, en sachant que l'on court (potentiellement) à sa destruction. Il s'agit donc de (dé)laisser son corps pour la réalisation d'un dessein plus grand.

Du but et de ses moyens

Il est un autre problème quant à la traduction de *sutemi* par « sacrifice », car, s'il y a noblesse en ce terme, c'est aussi à cause de sa connotation morale, qui renvoie à celui du Christ, « livrant son corps » en rémission de nos péchés. Il en demeure que le coût de l'acte en lui-même finit par le justifier : le but devient prétexte, tandis que le sacrifice devient beau en soi. Or, on doit sacrifier quelque chose (éventuellement soi) pour obtenir quelque chose : on peut le faire en vue de l'avènement d'une ère meilleure, comme on recourt au *sutemi* pour projeter, et non pour se jeter sur le dos. Devant cette dérive du sacrifice pour le sacrifice, John Stuart Mill (que Kanō a bien étudié) écrit à propos du dévouement personnel, qu'il considère comme un bien propre : « La morale utilitariste reconnaît à l'être humain le pouvoir de faire, pour le bien des autres, le plus large sacrifice de son bien propre. Elle refuse seulement d'admettre que le sacrifice soit en lui-même un bien. » [068, 66] Ainsi le sacrifice doit-il rester un moyen (parmi tous les autres) au service d'un but.

Quant à lui, Munakata Itsurō (alors professeur au Kōdōkan), après le sacrifice de trois soldats japonais s'étant fait volontairement sauter pour ouvrir une brèche dans la défense adverse lors des événements de

Shanghai (janvier-mars 1932), cherche à établir comment, du point de vue des principes du jūdō, décider quand il est juste de se donner la mort ou de vivre. Il écrit :

> « Le jūdō est la voie de la bonne utilisation de l'énergie, la voie de la morale rationnelle, la voie de la liberté physique et spirituelle. Si la bonne utilisation de l'énergie l'exige, si la raison ou la morale le commande, sans éviter la mort, sans répugner à vivre, il faut vivre s'il est juste de vivre, mourir s'il est juste de mourir. [...] Ceux qui s'attachent à la vie comme ceux qui se précipitent dans la mort ont tous tort au regard de l'esprit du jūdō. [069]

Le message est clair : n'allez pas vous faire sauter pour un oui ou pour un non ! Le sacrifice de sa vie n'en est un qu'à condition que cette mort ait du sens, c'est-à-dire qu'elle serve le but recherché.

En d'autres termes : quel est le but ? Quel(s) bienfait(s) y a-t-il à ce qu'il soit atteint ?

De toutes ses forces

Mais qu'est-ce qu'un *sutemi* ? C'est concentrer toutes ses forces (son poids, son intelligence de la situation, sa détermination, son expérience...) dans une seule action, sans retour possible, pour l'accomplissement d'un but. Autrement dit, si l'action a échoué, il n'y en a plus en réserve. Agir sans objectif n'a pas de sens, mais être obnubilé par celui-ci peut s'avérer un facteur d'échec : « perdre ses moyens » lors d'un examen, d'un entretien, précisément là où il aurait été important de donner sa mesure, est en effet une situation courante.

Et c'est là que *suteru* (捨) a du sens : étymologiquement, c'est « enlever toute force dans la main, étendre les doigts pour relâcher ce que l'on y tient » [020]. *Suteru,* c'est donc relâcher, renoncer à ce que l'on a pris. Et c'est dans cette acception que Kanō l'emploie : il faut renoncer. Mais... à quoi ? Et pour quoi ?

Renoncer pour agir

Kanō ne parle pas du sens du *sutemi,* mais il a écrit à propos de *suteru* [070, 164, 165 (« Du renoncement à soi »)]. Il explique que, pour être capable de jouir pleinement de ses capacités dans le combat, il faut d'abord « prendre la résolution de renoncer (*suteru*) à soi ». En effet, une fois intégrée et acceptée la possible destruction de soi (en jūdō : l'éventualité de la défaite), on n'a plus alors à être dans la préservation de soi (qui est un moyen, un vecteur). Ainsi libérés, nous ne sommes plus que dans la recherche de solutions, prêts à exploiter toutes nos ressources, nos capacités, prêts à recourir à tout ce qui sera nécessaire et juste, y compris le sacrifice du corps, au moment opportun, sans le laisser échapper par des tergiversations parasites. C'est donc accepter le pire pour faire ce qui doit être fait et donner toute sa mesure.

Dans l'espace symbolique du jūdō, le *sutemi* – qui ne pourrait être traduit par sacrifice que s'il y avait destruction (totale ou partielle) du corps et réussite de l'action – n'est pas aussi potentiellement funeste que dans un combat réel, mais, si l'on est conscient de ce qu'il représente, il est riche d'enseignements. En nous offrant de mesurer immédiatement si « jeter son corps » a eu les effets escomptés, il nous permet de comprendre que le faire au mauvais moment, maladroitement, à moitié, pour fuir une saisie adverse, revient à un suicide, pas à un sacrifice – pas à la recherche de solution qui doit être notre guide dans le *randori*.

Mais cela attire aussi notre attention sur la différence entre projeter et chuter. En apparence, cela se ressemble, puisque notre dos entre plus ou moins en contact avec le *tatami,* mais cela n'a pourtant rien à voir. Projetés, nous subissons les conséquences de l'action du partenaire, sans contrôle sur lui, tandis que, dans notre chute (dont les conséquences peuvent varier), nous entraînons le partenaire, et maîtres du mouvement, en profitons pour le projeter. Avec le *sutemi,* le partenaire meurt (symboliquement) de n'avoir obtenu (sans l'avoir atteint par lui-même) que l'apparence de ce qu'il convoitait (notre chute / échec).

Le *tokui-waza* : un sens très spécial[3]

Nous n'étions encore que ceinture verte, que mes camarades parlaient de leur « spécial ». Il y avait là comme une incohérence, un paradoxe : je me disais que si les techniques de jūdō permettent de répondre à une multitude de situations particulières, se spécialiser, c'était se fermer la capacité à s'adapter, c'était vouloir plier, réduire le monde à sa façon, à sa vision, en être finalement extérieur, refuser de vivre l'aventure, et non se laisser porter, comprendre le mouvement qui nous emporte, puis trouver la ressource technique juste et précisément adaptée.

Au jūdōka, point de « spécial »

Un jour, j'ai lu un témoignage qui m'a conforté dans cette idée : un homme racontait qu'il avait entendu des spectateurs reprocher à un jūdōka d'avoir gagné la compétition sans porter son « spécial », ce à quoi il aurait répondu : « Oui, mais j'ai utilisé d'autres techniques. » Et le narrateur de conclure : « Voilà un jūdōka ! »

---

3 - Chronique publiée dans l'*Esprit du judo* n° 45, août-septembre 2013.

Dans le *Grand dictionnaire du jūdō* [046]… pas d'entrée « *tokui-waza* » ! La démonstration n'est-elle pas faite qu'il n'existe point de « spécial » pour un jūdōka ?

J'ai, bien sûr, cherché dans les textes de Kanō Jigorō et, à ma connaissance, il ne parle de *tokui-waza* (« spécial ») qu'une seule fois, en 1889 [001], sans développer. Cela montre que le terme (Kanō emploie *tokui no waza*) est déjà employé mais, qu'il n'en reparle plus jamais et ne l'ait évoqué ici que dans le cadre d'une énumération des éléments à prendre en compte chez le partenaire avant d'engager le combat (avec sa constitution physique, sa force, son tempérament…) montre que c'est certes, déjà, une réalité, mais pas un idéal. Ailleurs, il ne parle que d'adaptation de la technique à la situation et de déve-loppement harmonieux, ce qui semble en contradiction avec l'idée même de spécial(isation).

Sauf que… sauf que le « spécial » est une réalité, et qui – comme nous venons de le voir – ne date pas d'aujourd'hui. D'ailleurs, Saigō Shirō et son *yama-arashi* n'ont-ils pas contribué à bâtir la légende du Kōdōkan ? Et ce n'est pas seulement une réalité historique ou extérieure : elle fait partie de notre itinéraire de pratiquant. Qui peut se prétendre à l'aise sur n'importe quelle technique ? À droite et à gauche ? Non, nous avons nos schémas, et c'est même par eux que nous entrons véritablement dans la pratique.

Ainsi trouve-t-on un article signé « Shirayama Jakuō, 4e dan » dans le numéro de septembre 1920 de la revue *Yūkō no katsudō* intitulé « À propos du *tokui-waza* » [076] où l'on peut lire : « Ce qui doit à l'origine constituer notre idéal de pratiquant est de devoir s'efforcer de dévelop-per de façon équilibrée toutes les techniques, mais […]. » Eh oui : « mais ».

Alors, réalité contre idéal ? Pas si sûr.

Qu'est-ce qu'un « spécial » ?

Le *Petit Dictionnaire japonais / anglais du vocabulaire du jūdō* [077], lui, propose une définition de *tokui-waza,* d'ailleurs différente dans les deux langues, puisque en japonais il désigne « une technique particulièrement efficace que chacun a acquise », et en anglais, « (technique préférée ou favorite) Toute technique que quelqu'un trouve particulièrement efficace et utilise donc fréquemment ».

Mais on peut aussi préciser l'idée à partir du témoignage précédent. En prenant en compte la déception des spectateurs, d'une part, et le fait que ce jūdōka ait pu l'emporter sur d'autres techniques, d'autre part.

Je crois que c'est Peter Seisenbacher qui disait : « Je ne m'intéresse pas au spécial de mon adversaire parce que, s'il le porte, c'est que c'est trop tard. Je m'intéresse au temps d'avant, qui sert de déclencheur, et m'applique à le reconnaître. » C'est ça, un « spécial » : la certitude – et donc la confiance – que si le partenaire entre (de lui-même ou parce qu'on l'y aura mené) dans la filière, dans le piège tendu, alors cela se déclenchera instantanément, et il n'appartiendra plus alors qu'à son habileté de s'en sortir ou... non.

Prenez un grand spécialiste d'une technique : on sait qu'il va (certainement) la faire, l'adversaire le sait aussi. On se dit que ce n'est pas possible, qu'il ne va pas pouvoir, et pourtant, souvent, si ! Et on veut le voir ! Il y a dans cet aspect systématique, presque inexorable, quelque chose de magistral, de magique, qui nous fait entrevoir un possible, nous donne la direction, le sens, nous redonne envie de travailler. Et la frustration des spectateurs dont nous parlions plus haut de ne pas avoir reçu la leçon, de ne pas avoir pu s'en nourrir, s'en régaler même, le montre.

D'éminents techniciens disent que, pour devenir fort, il faut d'abord construire son spécial. Ils ne parlent pas d'enfermement, mais bien de construction de système d'attaque : travailler à créer, par le *kumi-kata,* le déplacement, les balayages, etc., la situation du « spécial » ou, à l'inverse, partir de celui-ci pour profiter des ouvertures créées par un partenaire tout entier à sa défense, son esquive ; ou bien encore, penser à mettre à profit ce que le refus de la chute de la part de l'adversaire, dans cette situation, ouvre comme opportunités. Ainsi, si notre jūdōka a pu l'emporter avec d'autres techniques que son « spécial », c'est certainement directement lié à la qualité de celui-ci, et ce que cela aura induit de confiance chez l'un, d'insécurité chez les autres.

Le « spécial » apparaît alors comme un nœud de confiance et de compétence vers lequel on fait tendre la situation, ou à partir de laquelle on ramifie son schéma technico-tactique.

Un double mouvement

Ne faut-il pas distinguer l'expérience et l'idéal du « spécial » ? Ou n'y aurait-il pas deux expériences distinctes du « spécial » ?

Il y a, d'un côté, le mouvement qui s'impose à nous. Il a ceci de particulier que, contrairement aux autres, il nous est « naturel », il se fait « malgré nous » et nous surprend nous-mêmes. On est souvent incapable de le reproduire en *uchi-komi* ou même en *nage-komi,* et pourtant, en *randori,* en *shiai,* il est là. Mais le simple fait d'y réfléchir en perturbe l'exécution. Cependant, c'est certainement l'expérience la plus commune entre tous ceux qui ne feront pas – même sur un temps bref – du jūdō leur spécialité, l'expérience qui les rapprochera le plus de la démonstration de « l'efficacité de la technique [...] qu'il ne faut pas faire en force mais en technique ». [076]

Et puis, il y a le « spécial » du spécialiste – quand on a pris le temps de disséquer, dé-construire ce qui était de l'ordre de la perception, du ressenti, pour *rebâtir.* Le « spécial » ne s'impose plus, il nous permet de construire, non pas un simple système d'attaque, mais notre jūdō. En greffant des éléments qui « mènent vers » et d'autres qui

« partent de », on entrevoit des principes, lesquels sont transférables. La citation tronquée plus haut se termine ainsi : « [...] mais, en découvrant la substantifique moelle d'une technique, qu'on applique à chacune des autres, non seulement cela s'étend à l'ensemble, mais c'est aussi un chemin vers une dimension [du jūdō] » [076]. Le « spécial », pour entrer dans le jūdō.

Vous avez dit « spécial » ?

Ce terme de « spécial », en français, est finalement bien trouvé. On peut en effet dégager deux acceptions : « qui est particulier à » et « ce qui sort du commun » [021]. On a abordé la seconde : le « spécial » sort du commun en ce qu'il est *extraordinaire* ; il nous propose une expérience (vécue ou en spectateur) hors norme, car, « laissant transparaître au travers de lui la vérité, il devient modèle pour tous les *kōhai* ». [076]

Quant à la première, Shirayama note que l'expérience n'est pas réellement transférable. Un « spécial » se construit : « Un *tokui-waza* est quelque chose que l'on a fait sien, en ajoutant idée après idée, en l'approfondissant encore et encore, en accumulant les répétitions » [076]. Il rapproche cette démarche du « Connais-toi toi-même » de la Grèce antique :

> « C'est pourquoi il ne s'agit pas simplement de s'activer physiquement, et je ressens vivement qu'il sera extrêmement difficile de se construire ne serait-ce qu'un seul *tokui-waza* si on n'utilise pas son intelligence, n'exerce pas sa capacité d'observation. [076]

Le « spécial » comme chemin vers soi-même.

Tokui-waza ?

Mais, au fait, si *waza* est la technique, qu'est-ce que *tokui* 得意 [053 016, 020, 078] ? On ne sera pas surpris que cela puisse signifier « ce qui nous est intime, préféré, exclusif » ou « ce que l'on maîtrise, connaît le mieux et en quoi on a confiance ». Mais on notera également ce sens : « que les choses se passent comme on le désire et qu'on en soit satisfait (voire par trop fier). »

Or, *tokui* est le composé de *toku* et de *i*, où *toku* 得, c'est « obtenir, acquérir », mais aussi « faire sien, incorporer, comprendre, ressentir ».

Quant à *i* 意, cela peut être « la pensée, le sentiment » ou « ce que l'on a décidé au fond de soi, l'intention ».

Si l'on s'en tient là, *tokui-waza*, c'est donc, au choix et tout en même temps, « la technique préférée, celle que l'on maîtrise le mieux, celle qui nous permet d'obtenir ce que l'on souhaite et qui nous satisfait (dont on est même fier) ».

Mais *i* 意, c'est aussi « le sens, la raison, le contenu des choses ». Alors, le *tokui-waza*, c'est aussi ce qui nous permet de comprendre, ressentir, incorporer le sens, le contenu des choses : c'est ce qui nous éveille au sens, qui nous fait pénétrer, comprendre l'intérieur des choses, tandis qu'on les fait nôtres.

Sans *tokui-waza*, point de jūdōka ?

Voilà qui serait bien hardi d'affirmer. Citons une dernière fois Shirayama :

> « Une fois une technique érigée en spécial, la vérité profonde de cette technique saisie, sa substantifique moelle appliquée aux autres, et une fois que toutes les techniques deviennent également votre spécial, vous pénétrez le domaine de l'expertise de cette voie et on vous désigne comme 5e ou 6e dan. [076]

Et... qui sera encore capable de distinguer quel est (fut ?) le spécial de Hiroshi Katanishi ?

Comme me le disait un jour un *senpai*[4] : « Si l'on peut comprendre le monde au travers du jūdō, pourquoi ne pourrait-on pas comprendre le jūdō au travers de *tai-oto-shi* ? »

---

4 - Un certain E. Charlot.

Finalement, le *tokui-waza,* cette technique qui nous éveille au sens, ne serait-ce pas s'appuyer sur la réalité pour tendre vers l'idéal ? Le *tokui-waza* ou l'art des vérités provisoires.

Le jūdō
Un art martial ?

Efficace, le jūdō ?
Pour Kanō, oui ![1]

Le jūdō n'a rien à voir avec le jūjutsu. L'un commence là où l'autre se termine – la frontière commune étant le combat, qui est une fin pour l'un, un fondement pour l'autre. Si *le* jūdō existe, *le* jūjutsu, lui, n'existe pas. Il existe *des* jūjutsu, c'est-à-dire différentes écoles qui ont en commun de proposer des solutions pour l'emporter physiquement. *Le* jūjutsu n'est pas une réalité concrète, mais une abstraction de cet ensemble non cohérent de styles divers.

Se protéger soi-même

Si la raison d'être des jūjutsu est d'offrir des solutions efficaces, pratiques et pragmatiques permettant la survie, l'ambition du jūdō est la construction de l'individu et l'amélioration de la société. Son moyen est le combat, ou plutôt l'exploitation des principes du combat. C'est une pratique qui se nourrit d'elle-même : elle ne saurait prendre fin. Le jūdō a beaucoup reçu du jūjutsu : une grande partie de ses techniques, de ses méthodes et concepts. Son fondateur, Kanō Jigorō, formé par

---

1 - Texte publié dans la partie dossier de l'*Esprit du judo* n° 26, juin-juillet 2010.

deux écoles, la Tenjin shin.yo-ryū, de 1877 à 1881, puis la Kitō-ryū, a aussi consacré une grande partie de son temps, au début des années 1880, à racheter et étudier autant de documents que possible émanant de toute école. Il connaît donc très bien les jūjutsu. De l'idée que les bienfaits du jūdō découlent de sa pratique naît le *randori,* qui accapare vite la plus grosse part des séances. Pour Kanō, les choses sont claires : « Le *randori* de jūdō a pour buts principaux le bujutsu et l'éducation physique. Sur le plan du bujutsu, le point essentiel est de pouvoir, dans un affrontement réel, battre l'autre ainsi que se protéger soi-même. » [095, 277] Il explique que le jūdō est constitué de trois mailles, dont la première est « l'attaque et la défense » ; et il a pris soin de conserver, lors de l'élaboration des *kata,* des éléments de ripostes sur attaques, par *atemi* ou par armes. Pour lui, la constante référence au combat réel est nécessaire au jūdō pour différentes raisons. Sur le plan historique d'abord. C'est son principe nourricier. Mais c'est aussi ce qui guide le jūdōka vers la posture juste, physique et mentale. C'est ce qui garantit l'exigence, puisque toute insuffisance, imprécision, hésitation, inadaptation, peut avoir pour conséquence la mort. C'est un champ d'application concret : savoir s'adapter à toute situation rationnellement est le projet du jūdō aussi bien que du jūjutsu, même si le jūdō s'attache à mettre en évidence des principes applicables partout, et pas uniquement au combat.

Une question naturelle

Dans la mentalité de Kanō, se poser la question d'une agression est naturel, s'y exercer utile. Enfin, l'époque est particulière. Kanō a conscience que c'est par le biais de l'efficacité qu'il va attirer le public, et pas seulement celui-ci. Les militaires cherchent en effet des méthodes concrètes d'entraînement au combat à faire pratiquer à la population tout entière, et Kanō aimerait que ce soit le jūdō, justement parce que, sous ses aspects guerriers, il parle de tout autre chose. Quoi qu'il en soit, Kanō fait du jūdō et son Kōdōkan un laboratoire martial, demandant par exemple à des instructeurs de la Katori shintō ryū (une des plus célèbres écoles d'armes) d'enseigner le maniement du bâton à ses professeurs.

> « D'abord établir un organe de recherche qui fasse autorité et qui commencerait par étudier les bujutsu de notre pays, puis investiguerait largement ceux des pays étrangers pour former le bujutsu le plus avancé, que j'ai l'intention d'enseigner, bien sûr à notre peuple, mais aussi à tous les pays étrangers. [093, 161]

Mais comme pour toutes les créations majeures, l'imprévu est aussi à l'œuvre. Si le *randori* est un magnifique moyen de gagner en intensité de travail, donc en efficacité, il a aussi, aux yeux de Kanō, ses dérives :

> « Il est possible de pourfendre, frapper ou donner des coups de pieds sans danger dans les *kata,* mais difficile de le faire réellement en *randori.* C'est pourquoi j'en suis arrivé à une méthode sans danger dans l'affrontement. Cela est évidemment inéluctable, mais je ne m'étais pas aperçu qu'il y avait un point sur lequel je n'avais pas suffisamment réfléchi. En effet, il est évident que, dans le *randori,* aucun des deux adversaires n'applique d'*atemi* ou toute autre technique qui pourrait occasionner des blessures à l'autre ; et pourtant, les deux adversaires ne doivent pas adopter une attitude ou une posture qui permettrait d'être facilement touché par un *atemi.* D'un côté, je n'applique pas réellement ce qui causerait des blessures à mon partenaire, mais, d'un autre côté, il me faut être prêt, au cas où il me porterait vraiment ses coups, à les esquiver ou les éviter. Dans le *randori* d'aujourd'hui, que les *atemi* ne soient pas utilisés est chose évidente, mais, parce que l'on convient de ne pas frapper, on en est arrivé à négliger jusqu'à la préparation à l'éventualité où l'adversaire frapperait pour de bon. On doit dire que c'est là un manque. L'attitude et la posture en *randori,* du fait de cette erreur, sont devenues telles que, aujourd'hui, si l'on met de la force dans les bras et les jambes, que l'on écarte les jambes, que l'on baisse le corps très bas quand on est au corps à corps, les dépla-

cements sont lents, et il est difficile d'effacer son corps agilement. C'est pourquoi il est souhaitable, lors du *ran-dori,* de se mesurer au partenaire le plus possible en *shizen-tai,* ou sinon en *jigo-tai,* qui permet une latitude d'esquive du corps à n'importe quel moment. Quand on adopte cette attitude, on peut facilement éviter les attaques du partenaire, ou, si l'on ne parvient pas à les éviter, ne pas être fortement frappé de face. De plus, quand on se place du point de vue de l'éducation physique, il est clair qu'il est souhaitable de s'exercer en *shizen-tai,* attitude qui permet de bouger en toute liberté, aussi bien vers la droite que vers la gauche. Il est parfois des gens qui pensent qu'avoir une musculature d'Hercule correspond au corps idéal, mais le corps idéal, ce n'est pas cela, et on ne peut d'ailleurs cautionner une musculature proéminente : il faut acquérir une puissance que l'on puisse appliquer dans n'importe quelle direction, et où les muscles forts apparaissent aussitôt que l'on force. Pour construire un tel corps, il ne faut pas introduire de force en permanence lors des *randori...* [094, 280-282]

Un des enjeux fondamentaux du jūdō dans son développement futur est planté. La réponse de Kanō est donnée : la pratique juste réclame de ne pas oublier les enjeux du combat réel.

Le jūdō est-il un art martial ?[2]

Parmi les motivations qui poussent les gens à s'inscrire au jūdō, l'aspect de la défense de soi est encore un enjeu important. Le jūdō, fondé sur la recherche de l'efficacité, mais dans le respect de l'intégrité physique du partenaire et encadré par des règles limitant les possibilités dans les situations d'attaque comme de défense, peut-il être considéré comme encore « efficace » en self-defense ? Est-il resté un « art martial » ?

Jigorō Kanō lui-même a commencé l'étude des jūjutsu pour s'imposer physiquement, dans l'idée que ceux-ci permettent au faible de vaincre le fort, par le seul usage de son corps. Certes, il va aller au-delà et voir dans le jūdō trois aspects (martial, physique, intellectuel et moral), mais l'ambition de la pratique comme il la conçoit reste dans le cadre de sa motivation initiale. De quelque point de vue qu'on se place, le jūdō se trouve enraciné, tant dans le temps qu'aux niveaux techniques et méthodologiques, dans la question de la survie en cas de confrontation physique.

Très vite après avoir débuté le jūjutsu, Kanō a conscience que la justification première de l'enseignement qu'il reçoit ne correspond plus aux besoins de son époque :

---

2 - Chronique publiée dans l'*Esprit du judo* n° 11, novembre-décembre 2007.

il n'y a plus autant d'occasions de devoir combattre. Toutefois, ce qui est sans doute vrai concernant la société l'est déjà moins sur le plan individuel : il y aura toujours des Kanō malingres opprimés par leurs camarades pour leurs carences physiques, et en quête de solutions de défense. De la même façon, il est toujours possible de se faire agresser au détour d'une ruelle. Ainsi, même si l'éventualité est mince, le besoin du jūdō dans son aspect purement martial reste une nécessité vitale.

Pour Kanō, avoir les moyens de se défendre n'est pas un luxe, c'est une nécessité, voire une responsabilité individuelle. Cela permet certes de faire face en cas d'agression, mais agit surtout de façon dissuasive : *si vis pacem para bellum* (qui veut la paix prépare la guerre). D'autre part, savoir que l'on a les moyens de se défendre si la situation dégénère permet de rechercher plus sereinement d'autres moyens de régler le conflit et, bien souvent, d'éviter le combat physique.

Les arguments du jūdō pour le combat

L'attitude

L'origine guerrière du jūdō, son enracinement dans l'attaque et la défense, influe considérablement sur certaines exigences de la pratique quotidienne. C'est le cas de l'attitude. Cette attitude prônée par Jigorō Kanō est *shizen-tai* (« posture naturelle »), le corps et le regard droits. Elle a trois avantages principaux en combat – et là, il s'agit bien du véritable combat et non de la compétition de jūdō – :

◊ elle permet de faire face, elle n'est ni agressive ni défensive (elle ne préjuge donc pas de la poursuite de l'action) ;

◊ c'est une attitude de disponibilité physique et mentale qui rend possible une mise en mouvement très rapide ;

◊ elle permet d'avoir une vue globale de la situation, ce qui est particulièrement important s'il y a plusieurs agresseurs.

Le corps

La pratique du jūdō façonne le corps. Il devient robuste, endurant, habitué autant à subir qu'à agir, rompu au contact : quatre avantages dans le conflit physique. Il est aussi souple qu'une feuille de papier longuement froissée (selon une expression de Jigorō Kanō [099, 160]), agile, rapide. Il répond aussitôt à la volonté mais aussi, intuitivement, par l'expérience répétée du combat, il agit parfois de lui-même, faisant ce qu'il faut faire – ce qu'il a l'habitude de faire – dans une situation donnée, sans forcément requérir l'analyse de l'intelligence.

Le mouvement

Le jūdōka est toujours en mouvement ou sur le point de l'être si la nécessité l'exige. La pratique du *randori* fait spécifiquement travailler cet aspect. Ce mouvement qui prend racine et conserve autant que possible la posture *shizen-tai* est peu coûteux en énergie puisqu'il utilise plus le déséquilibre que la force musculaire. Cela permet, d'une part de pouvoir rester, si besoin, en mouvement longtemps et, d'autre part, d'employer éventuellement cette énergie à autre chose. Préserver sa capacité de mouvement – tant physique que mentale –, c'est-à-dire sa capacité d'adaptation, est ce à quoi Jigorō Kanō exhorte le pratiquant, puisque c'est ce qui doit lui permettre de défendre et d'attaquer en conservant à chaque instant autant de choix que possible.

La technique

La surprise d'une projection, la difficulté de sa réception (surtout sans *tatami*...) procurent un premier avantage. Mais le jūdō a gardé de ses racines guerrières quelque chose de précieux : aller au bout du mouvement. Il s'agit de poursuivre, que ce soit debout ou au sol, par une technique de soumission, clé ou étranglement. Cette dernière peut être appliquée pour contraindre à abandonner l'offensive, ou pour mettre l'adversaire hors d'état de nuire s'il n'est pas possible de le raisonner ou si, dans le cas de plusieurs agresseurs, il ne faut absolument pas qu'il puisse revenir à l'attaque. Technique qui, fondée sur des principes mécaniques, assure également la solution la moins coûteuse en énergie.

La tactique

Par la pratique du *randori,* le jūdōka sait quelles sont ses propres forces et faiblesses physiques, techniques, mentales. L'exercice du *randori* lui a aussi donné l'occasion de se mesurer avec des individus très différents : grands, petits, lourds, légers, rapides, puissants, endurants, etc. La forme du corps de l'agresseur donne déjà une première idée ; le contact donne encore de nouveaux éléments. Déjà habitué à gérer l'espace et les conditions extérieures, le jūdōka devrait être en mesure, avec toutes ces informations, d'établir rapidement une première tactique de combat.

Éléments d'histoire

Nomen omen, « le nom est présage »[1]

Connaître le nom des choses, c'est avoir du pouvoir sur elles. Ainsi le malade comme le médecin cherchent-ils à connaître le nom de la maladie, à mettre des mots sur les maux, comme l'exorciste a besoin du nom du démon pour le combattre.

Le jūdō et ses mots : petit voyage dans le rapport de Kanō Jigorō aux noms.

Les noms qui révèlent

Lorsque Kanō Jigorō, surpris par les effets qu'il a ressentis sur lui-même de la pratique du jūjutsu, se dit qu'il lui faut partager un tel trésor, il se trouve confronté à l'image du jūjutsu qui est alors, en ce début des années 1880, pour ses contemporains, désastreuse. En effet, depuis une décennie, ce terme ne désigne plus que des pratiques qui ne sont plus ouvertement pratiquées et démontrées que par des lutteurs (et rarement les meilleurs) au cours d'exhibitions de foire où le sordide et le sensationnel l'emportent sur la précision et la subtilité. Aussi le jūjutsu n'évoque-t-il plus que mines patibulaires, membres disloqués, plaies et bosses. Difficile d'attirer du monde, plus encore de susciter de l'intérêt !

____

1 - Chronique publiée dans l'*Esprit du judo* n° 27, août-septembre 2010.

Le jeune homme (rappelons qu'il a vingt et un ans) va y réagir de deux façons et, chaque fois, en s'appuyant sur les mots. Sa première idée est qu'il faut changer le nom. En effet, si ce n'est pas le même nom, c'est que ce n'est pas la même chose ! Mais quand on est à la fois universitaire et formé aux classiques confucéens, on sait qu'un nom ne se change pas à la légère : c'est le principe du *seimei-ron,* ou « théorie pour un nom juste » (Confucius), c'est-à-dire que le nom des choses doit correspondre à leur nature, leur substance réelle.

En parallèle, il s'interroge sur ce qui rend le jūjutsu si efficace à transformer l'individu et, pour ce faire, il se tourne vers les mots qui lui ont été transmis : *jū* et *jutsu.* Ce n'est certes pas la forme, la technique (ce qui exclut *jutsu*), mais le principe sur lequel elle repose, que Kanō suppose enfermé par les anciens dans le choix de « *jū* ». Ainsi, garder *jū,* c'est à la fois marquer la filiation, l'héritage et remettre la substance au centre, ce que « *dō* » (principe, dans ce cas) vient renforcer. Jūdō : le principe *jū,* le principe de l'adaptation.

Des noms qui masquent aux noms qui guident

Bien sûr, le principe est exprimé par la technique. Et, des techniques, Kanō Jigorō va en passer de nombreuses en revue, reçues soit directement, soit au travers de manuscrits. Le problème, c'est qu'elles proviennent des écoles de jūjutsu dont une des caractéristiques est la culture du secret. Les noms des techniques n'y font pas exception et, s'ils sont souvent imagés (on en retrouve dans le *Koshiki no kata*), il est impossible d'en imaginer (justement) l'exécution : il faut donc en avoir reçu l'enseignement. Kanō va commencer par établir une nomenclature (étymologie : « appeler le nom ») puis renommer chaque technique retenue. Mais ce nouveau nom, taxinomique, est alors description, aide-mémoire, base de réflexion.

Parallèlement, il va travailler sur le choix des termes utilisés dans sa méthode : « *kata* », que, certes, il reprend mais en changeant le caractère (型 devient 形) ; « *randori* », qu'il invente ; « *kōgi* » ou cours magistral (ce *kō* 講, qui désigne une assemblée réunie pour parvenir à une même compréhension par la parole, est le même que celui de Kōdōkan), « *mondō* », ou disputation, repris du bouddhisme tout comme « *shugyō* », la pratique... Rien n'est anodin, rien n'est laissé au hasard.

Des mots pour réfléchir

En mai 1889, dans l'espoir de convaincre de l'intérêt de la pratique du jūdō, notamment dans les établissements scolaires, Kanō donne une première conférence auprès du monde de l'éducation. Dans la partie consacrée au « jūdō comme méthode d'éducation de l'esprit », il précise qu'un des bienfaits du jūdō est le développement du langage. En effet, trouver les bons mots, mais aussi la bonne façon de dire les choses, est quelque chose d'essentiel pour le professeur comme pour l'élève qui doit être capable d'exprimer ses difficultés, de formuler correctement ses questions pour obtenir des réponses pertinentes :

> « En outre, selon que, pour enseigner, on ne montre que par la forme ou qu'on explique oralement tout en démontrant la forme, fait une énorme différence pour celui qui écoute. Par ailleurs, il n'y a que des avantages à pouvoir s'exprimer intelligiblement, que ce soit pour poser une question sur un point que l'on ne comprend pas ou pour débattre et approfondir à plusieurs ; aussi fais-je veiller à ce qu'en *jūdō* on puisse s'exprimer clairement et logiquement. [001]

« Ce que l'on conçoit bien s'énonce clairement »

« Et les mots pour le dire arrivent aisément[2]. » Certes, mais l'étape préalable est de développer le vocabulaire, de savoir nommer les choses. Quand on ne sait pas décrire

---

2 - Nicolas Boileau, « Il est certains esprits... », *L'Art poétique,* 1674.

une situation ou un sentiment, (s')expliquer, on ne peut identifier clairement le problème et on en conçoit frustration et colère : tout est flou et indistinct. Or, nommer, c'est désigner, c'est restreindre, c'est séparer, isoler. C'est rendre distinct. Et ce qui est distinct, c'est ce que l'on voit clairement parce qu'on le distingue du reste, c'est faire la part des choses. Aussi, connaître les noms, savoir nommer, mettre des mots sur les choses concrètes comme abstraites, c'est comprendre, circonscrire ; avoir les bons mots, c'est sortir de la confusion. Définir, c'est marquer les contours : plus on définit (complète, précise l'information), plus on rend particulier, singulier, unique, plus on différencie. Donc, compléter, c'est restreindre. Mais c'est aussi l'accès progressif à la nuance, au subtil.

Résonance

Il n'est pas de synonyme parfait, les champs sémantiques ne se recouvrent jamais tout à fait, ni en français ni en aucune langue : les mots ont un sens et ils nous entraînent avec eux. Choisir des mots, c'est opter pour une direction. D'où l'importance des mots utilisés, car chacun nous dépeint les choses sous un aspect légèrement différent. Mais ils nous rendent les situations intelligibles, c'est-à-dire accessibles à la raison. Ils nous permettent de raisonner, de faire résonner concepts et idées. Il y a les mots-clés, ceux qui délivrent, déverrouillent. Il y a les mots de passe, ceux qui donnent accès. Mais aussi ceux qui mènent à des impasses. Ainsi Kanō Jigorō s'est-il toujours demandé si le nom qu'il avait choisi pour sa méthode était le plus adapté et, à partir des années 1920, il est persuadé que non, mais qu'il est trop tard pour le changer. Mais ce qui est intéressant dans le terme *jūdō*, c'est que, s'il ne décrit pas la totalité de la méthode de Kanō, il en exprime la genèse – à charge pour nous de refaire le parcours.

On peut inverser la phrase de Carl von Linné : « Si tu ignores le nom des choses, même leur connaissance disparaît[3] », en notant que nommer, c'est déjà (re) connaître l'existence, ce qui est un premier pas vers la maîtrise. Le jūdō est un champ de recherche infini mais les mots (nombre d'entre eux en tout cas) nous sont donnés. Il nous faut les apprendre et les comprendre pour que, en jūdō comme dans la vie, les mots nous parlent.

---

3 - « Nomina si nescis, perit et cognitio rerum. »

La Revue olympique[4]

2020 : 56 ans après celle qui a consacré la victoire d'Anton Geesink, Tōkyō organisera les XXXIIe Olympiades de l'ère moderne, et... la 14e compétition de jūdō de ces Jeux. L'occasion de revenir sur le point de départ de la relation entre olympisme et jūdō, et sur ses conséquences sur le jūdō français.

La *Revue olympique* et Kanō Jigorō

Le lien entre jūdō et Jeux semble évidemment établi par celui qui est à la fois le fondateur du jūdō et celui du Comité olympique japonais (1911)[5], premier membre asiatique du Comité international olympique (CIO), Kanō Jigorō. Pourtant, la relation entre le jūdō et le mouvement olympique est en fait antérieure. En effet, avant même que quiconque ne puisse s'imaginer que Kanō rejoindra un jour le mouvement olympique, la *Revue olympique* va publier deux articles sur le jūjutsu (alors écrit « jiu-jitsu ») en janvier 1906 [086] et mars 1908 [087], puis deux sur le jūdō en janvier [088] et février 1912. [089]

---

4 - Chronique publiée dans l'*Esprit du judo* n° 49, avril-mai 2014.

5 - Sous le nom de Dai Nihon taiiku kyōkai (Association d'éducation physique du Grand Japon).

Là encore, le lien entre ces quatre articles est Kanō, dont la nomination comme membre du CIO est annoncée ainsi :

> « [...] Le Comité examina la candidature de M. Jigorō Kanō, directeur de l'École normale supérieure de Tōkyō et fondateur de l'Institut de Jiu-Jitsu, connu d'ailleurs pour ses travaux sur la natation et la gymnastique. [...] Le Comité décida de nommer M. Kanō membre pour le Japon et l'élut [*sic*] à l'unanimité. [090, 89]

Nous avions donc le jūjutsu : voici le fondateur de son institut. Cela est d'autant plus juste que le jūjutsu s'est développé en Occident grâce aux élèves de Kanō, et donc... aux jūdōka. Mais le mot « judo » n'apparaît pas avant 1912, où se trouve affirmée la relation entre jūjutsu, Kanō et jūdō :

> « Lorsqu'en juin 1882, le professeur Kanō restaura le jiu-jitsu sous le nom de jūdō, celui-ci était quasi trépassé et la tentative parut sans avenir. Or, le succès vint immédiat et écrasant. La vogue du jūdō fut immense et le Kōdōkan rayonna bientôt hors des limites de l'empire du Mikado. Mais nous nous trouvons en présence d'un sport sinon nouveau, du moins modernisé et dans lequel l'initiative d'un homme unique a joué un rôle considérable. Le professeur Kanō qui est, on le sait, un des hommes les plus éminents du Japon moderne, a coordonné rationnellement l'ancien jiu-jitsu, a supprimé les coups sans intérêt, en a ajouté beaucoup d'autres ignorés de ses ancêtres et a codifié le tout d'une façon logique et scientifique. (088, 11, 12)

La *Revue olympique* et le « jiu-jitsu »

Si la *Revue olympique* peut consacrer deux articles au « jiu-jitsu » et se contenter, sans préciser davantage, de noter que Kanō est « fondateur de l'Institut de Jiu-Jitsu », c'est que ce mot, « jiu-jitsu », est à la mode en France en cette première décennie du XXe siècle, synonyme de terrible efficacité et nimbé de mystère. (cf. [091])

Voici la description qu'en fait la *Revue olympique* : « Le jiu-jitsu est-il vraiment un sport ? Non, ce n'est pas un sport [...] [c'est] une science de la désarticulation, ce qu'on pourrait appeler de la chirurgie destructive. » [086, 5] Il agit par « d'ingénieuses applications de la mécanique », ce qui

> « nécessite plus que de l'à-propos, une précision et une force de doigté peu communes, quelque connaissance de l'anatomie, passablement de hardiesse et de sang-froid. [...] Et traiter après cela le jiu-jitsu d'exercice de goujat, c'est méconnaître ce qui précisément le distingue et le rehausse, à savoir la combinaison des qualités intellectuelles et physiques nécessaires pour y réussir. [086, 6]

En outre, cette méthode « se recommande en effet par deux points qui ne paraissent communs avec aucune autre sorte de lutte libre : le rôle que jouent les doigts et la main entière – et aussi l'intervention de l'anatomie scientifique. » [087, 41, 42] C'est pourquoi « les gammes du jiu-jitsu, ce sont les exercices visant à l'endurcissement [de la main et des doigts] ainsi qu'à la connaissance des points d'attaque et à la façon d'utiliser cette connaissance par la précision et la rapidité du geste. » [087, 44]

La *Revue olympique* et le jūdō

En 1912, la mode du « Jiu-jitsu », semblable à « une brillante comète qui aurait émergé soudainement des ténèbres extérieures et projetterait dans sa marche rapide une lueur éblouissante mais éphémère » [086, 5], est passée. Mais Kanō est membre du CIO, le Japon participera bientôt pour la première fois aux Jeux (à Stockholm), et l'enseigne de vaisseau Le Prieur vient de traduire *Manuel de Jiu-Jitsu de l'école Kanō* [092]. La *Revue olympique* va alors entreprendre la présentation du jūdō avec un discours dans lequel on peut distinguer 4 axes.

D'abord, à de nombreuses reprises, la *Revue* se félicite de ce « [qu']il n'y a plus rien de secret dans le jūdō d'aujourd'hui », qu'avec lui, « nous émigrons du domaine du merveilleux dans celui des réalités », que « cet enseignement se donne en plein jour sans nulle préoccupation de mystère ». [088, 12]

Ensuite, elle affirme que le principe n'est plus cette fois la connaissance de l'anatomie, mais que « tous les coups du jūdō ou presque tous reposent sur cette nécessité préliminaire de déséquilibrer l'adversaire [...] » et que « ce déséquilibre [...] que l'on arrive à produire en jūdō [...] est véritablement le comble de la perfection » : « Tout le jūdō est là : appliquer la force dans le sens où l'adversaire est déséquilibré, soit que vous l'ayez préalablement déséquilibré, soit qu'il se soit déséquilibré lui-même », ce qui sera rendu possible par « la perception par le corps ». [089, 24, 25]

Mais l'article pointe aussi « les prétentions "intellectuelles" du jūdō » :

> « Le jūdō prétend s'appuyer à la fois sur la physiologie, sur la mécanique et sur la psychologie ; cela est surtout vrai de la mécanique dont les lois sont ici observées et mises en pratique avec une perfection insurpassable. Cela ne suffit-il pas à exiger une intelligence rapide, un coup d'œil, une promptitude rares ? [088, 12]

> « Or, il est évident que, pour l'acquérir, des qualités intellectuelles sont nécessaires. L'esprit lourd et lent s'y emploiera vainement. C'est en ce sens que les Japonais ont le droit de dire que, pour devenir habile au jūdō, il faut être intelligent. » [089, 25]

Et d'affirmer :

> « Les prétentions "intellectuelles" du jūdō sont justifiées. [088, 12]

Enfin, l'article s'emploie à marquer le rôle déterminant de Kanō dans la transformation heureuse des jūjutsu en jūdō, alors par deux fois qualifié de « sport » (cf. *supra* et *infra*), ce qui, dans ce contexte, signifie que Kanō aura su extraire de sa gangue utilitaire ce qui faisait la force du jūjutsu pour le mener vers une abstraction (un cadre réglementaire) propice à la formation de l'homme par l'exercice et le jeu : vers un idéal olympique, en somme.

La postérité du ton de la *Revue olympique*

Le jūdō – qui bénéficie des arguments de la présentation laudative du « jiu-jitsu », mais dont chacun aura compris qu'il le surclasse – apparaît donc comme une science en / du mouvement où le corps est mis au service de l'intelligence et de la connaissance, et où on l'emporte par l'exploitation des principes mécaniques, du savoir anatomique. Le jūdō, c'est – enfin ! – l'alliance du physique et de l'intellect, l'évanouissement de la dichotomie entre corps et esprit.

Il y a ainsi, dans ces quatre articles, en germe, l'explication de la double anomalie du jūdō français. L'anomalie sportive : une Fédération française qui voit le jour (1946) sous la direction d'un physicien de renommée internationale, Paul Bonét-Maury (1900-1972) – voilà qui est peu banal –, et qui a maintenu vivant et même réalisé le message des articles cités, et permis l'anomalie statistique actuelle. Riche étrangeté en effet du jūdō où, dans nos dōjō, se mêlent toutes les populations, en termes d'âges et catégories sociales[6].

Mais les sens du mot « sport » en 1912, 1946 et 2014 sont-ils comparables ? Toujours est-il que :

> « Ce en quoi le jūdō se distingue, à notre avis, c'est dans cette application (savante et raffinée dans la théorie et prodigieusement précise dans la pratique) des lois de la mécanique au renversement d'un adversaire. On a eu en d'autres pays l'intuition de cet art, mais seul le Japon a su en donner la formule et, depuis la rénovation opé-

---

6 - Ce qui semble aller à l'encontre des enquêtes sur les pratiques sportives des Français : cf. « pratiques sportives 2000 » (Patrick Mignon – Guy Truchot).

rée par le professeur Kanō, on peut dire que cette formule a atteint là-bas son ultime perfection. [089, 26, 27]

Mais il est une bonne nouvelle, pour nous autres non-japonais : « Dépouillé de voiles et de formules qui ne sauraient ajouter à son véritable prestige, le jūdō nous apparaît donc comme un sport jeune, parfaitement clair et "apprenable" en dehors du Japon. C'est du reste ce que désire son illustre fondateur. » [088, 12]

Kanō, l'homme des Jeux[7]

Si le Japon est aujourd'hui l'un des plus grands pays olympiques, il le doit entièrement à Jigorō Kanō, qui se fit le défenseur exemplaire de cette idée jusqu'aux heures les plus sombres, et jusqu'à y laisser sa vie.

1909. Pourquoi le Japon ?

En 1909, Pierre de Coubertin a besoin que le mouvement olympique se structure et s'agrandisse. Si les Jeux de Saint-Louis (États-Unis, 1904) ont été un fiasco et auraient pu mettre un terme à l'expérience olympique moderne, ceux de Londres (1908) ont contribué à façonner l'organisation des Jeux tels que nous les connaissons (création des médailles d'or, d'argent et de bronze, distance du marathon désormais fixée, niveau de participation...). Il est alors important pour Pierre de Coubertin de continuer à donner de l'ampleur à son mouvement pour que les JO de 1912, prévus à Stockholm, avancent vers plus d'organisation, plus de participation, et une représentation internationale toujours plus importante. Le comité olympique compte alors 27 pays et 33 membres. Un 34e serait le bienvenu, surtout s'il représente un continent n'ayant pas encore participé. Il va donc se tourner vers

---

7 - Chronique publiée dans l'*Esprit du judo* n° 16, septembre-octobre 2008.

le Japon pour deux raisons. D'une part, l'impact de la victoire du Japon sur la Russie en quatorze mois lors de la guerre russo-japonaise de 1904-1905 a fortement marqué l'Occident ; d'autre part, le Japon est le seul pays libre de l'Asie, ce qui est une condition de participation (les pays sont alors divisés en pays libres, autonomes, sous protectorat...).

Pourquoi Kanō ?

Coubertin sollicite alors l'ambassadeur de France au Japon, Auguste Gérard (1852-1922) afin de « demander à un Japonais » de devenir le premier membre asiatique du Comité international olympique (CIO). Les conditions étaient les suivantes : « Quelqu'un de noble caractère qui ne soit pas tenté par le mercantilisme. Et qui, au moins, comprenne bien le français ou l'anglais. » [096, 32] L'ambassadeur de France s'adresse à son tour au ministère des Affaires étrangères et, dans la liste que ce dernier lui rend, ne figurent que des représentants de l'aristocratie, à l'exception de Jigorō Kanō, seul roturier. En effet, la plupart des membres du CIO de l'époque appartiennent à l'aristocratie de leur pays, voire sont de sang royal et, en tout cas, extrêmement riches. Mais l'ambassadeur se renseigne de son côté et tous les suffrages vont à Kanō, homme impliqué dans l'éducation et qui tient un discours sur le rapport entre celle-ci et l'activité physique. Une rencontre est organisée en avril 1909. Jigorō Kanō, pourtant fort occupé, aurait été séduit par l'idée de combattre loyalement, avec pour principe, non pas de gagner, mais de faire son possible, et il accepte donc. En novembre 1909, Kanō crée le Comité olympique japonais ayant valeur de Comité olympique asiatique.

1912. Première participation du Japon

Jigorō Kanō ne parvient pas à obtenir l'aide du ministère de l'Éducation nationale et il se tourne vers les écoles afin de créer, en 1911, l'Association d'éducation physique du Grand Japon, dont il devient président. La vocation de celle-ci est de doter le Japon de structures et de professeurs permettant l'entraînement aux disciplines olympiques selon les règles internationales. Mais sa première mission sera d'organiser, en novembre 1911, les sélections nationales pour les 5e Jeux olympiques où 91 candidats se présenteront. Deux athlètes sont sélectionnés, un pour le marathon, Kanaguri Shizō (1891-1983), et un pour les distances courtes, Mishima Yahiko (1886-1954).

Plusieurs problèmes restent encore à résoudre : réussir à trouver l'argent pour envoyer ces athlètes et, pour Jigorō Kanō, trouver un moyen d'être présent lui aussi en tant que membre du CIO. En effet, haut fonctionnaire de l'éducation, il ne peut s'absenter sans bonne raison, et les Jeux olympiques, dont la plupart des ses contemporains n'ont jamais entendu parler, n'en constituent nullement une. Il parviendra cependant à obtenir un ordre officiel « d'observation de l'éducation de tous les pays occidentaux »... observation qu'il commencera en Suède. Pour l'argent, Kanō ne parvient pas à en obtenir de l'État (le ministère de l'Éducation se serait même offusqué de l'absence de ces étudiants partant à Stockholm en période scolaire), il en obtient de différentes entreprises, de personnalités de la finance et de la politique, des chemins de fer, et il met lui-même la main à la poche.

Les participations suivantes sous l'œil de Kanō

Si les résultats ne seront pas brillants pour le Japon, le train est lancé. Le Japon participera à toutes les olympiades suivantes avec une délégation croissante et, très vite, d'excellents résultats : 1920, Anvers, 29 pays, 2691 athlètes, 15 Japonais, 2 médailles d'argent (tennis) ; 1924, Paris, 44 pays, 3092 athlètes, 20 Japonais (le Japon est représenté dans chaque discipline), 6 médailles ; 1928, Amsterdam, 46 pays, 3015 athlètes, 43 Japonais dont une femme (qui sera médaillée d'argent pour le 800 m) et premières médailles d'or : triple saut et 200 m brasse. En 1932 à Los Angeles, 39 pays, 1408 athlètes, 131 Japonais et plusieurs médailles d'or dont 5 en natation, sur 6 épreuves ! Mais également en triple saut et en équitation. Enfin, en 1936, Berlin, 49 pays, 4069 athlètes, 179 Japonais dont 17 femmes : trois médailles d'or (triple saut, 200 m brasse et marathon) et première médaille d'or féminine (200 m brasse). À l'exception des Jeux de Paris, Kanō assistera à toutes les autres éditions.

1940. Tōkyō

Avec les médailles, le gouvernement commence à s'intéresser à l'affaire et, en 1931, le maire de Tōkyō souhaiterait que sa ville accueille les Jeux dès 1940, le choix devant se faire dès 1935. Or, les années 1930 ne sont pas sereines politiquement, et de nombreux rebondissements vont survenir. Aux Jeux de Los Angeles, Kanō annonce la candidature de Tōkyō (en compétition avec Rome, Barcelone, Helsinki, Budapest, Alexandrie, Buenos-Aires, Rio de Janeiro, Dublin et Toronto). Lors des réunions du CIO en 1932 et 1934, Kanō défend cette candidature mais, sur le plan militaire, entre les incidents de Mandchourie, le retrait de la Société des Nations, la rupture des accords de Washington et le refus des négociations sur la limitation des navires de guerre, le Japon n'a pas bonne presse. En 1935, alors que la ville doit être choisie, Kanō ne peut être à Oslo et se fait représenter : la réunion se passe très mal et le vote est remis à l'année suivante en marge des Jeux de Berlin. Ne restent alors en lice que Tōkyō, Rome et Helsinki. En 1936, c'est Kanō lui-même qui va négocier, et si l'Italie s'est alors retirée, le sentiment anti-japonais reste fort à cause de la situation politique et militaire. Il l'emporte, mais la condition est de présenter en mars 1938 au Caire l'avancée des travaux pour éviter l'annulation. Il obtient même – ce qui ne sera confirmé qu'en 1937 – l'organisation des Jeux d'hiver à Sapporo. Mais au Japon, les militaires ne cessent leur montée en puissance et, en novembre 1936, le pacte de défense germano-japonais est signé. En 1937, la guerre sino-japonaise éclate et l'armée assiège Pékin. Puis Mussolini rejoint le pacte et quitte la Société des Nations. L'Angleterre et la Finlande sont les premières à vouloir retirer l'organisation des Jeux à Tōkyō, et, même au Japon, un courant souhaite renoncer aux Jeux : les militaires ont d'autres priorités et affectent l'argent à d'autres dépenses.

En 1938, l'emplacement même du stade n'est pas encore fixé. Sentant que les choses leur échappent, les Japonais demandent à Kanō de se rendre au Caire, à l'assemblée plénière du CIO où doit être voté le maintien ou le retrait des Jeux à Tōkyō. Il part en février 1938 et parvient à convaincre ses pairs : le 20 mars, à 18 h 25, heure du Japon, Jigorō Kanō parle aux Japonais depuis le Caire à la radio pour leur annoncer la nouvelle. Il entreprend son voyage de retour, en commençant par se rendre à Olympie sur la tombe de Coubertin (décédé en septembre 1937). Il meurt le 4 mai sur le bateau qui le ramène au Japon. Son cercueil sera recouvert du drapeau olympique.

Les photos de la cérémonie d'ouverture de l'époque révèlent plusieurs points intéressants. On reconnaît notamment Jigorō Kanō parmi les quatre officiels japonais, à gauche sur la photo. Par ailleurs, pour la seule et unique fois dans l'histoire des Jeux, le Japon défile sous le nom de Nippon (ce sera Japan ensuite).

Il ne voulait pas du jūdō aux JO ![8]

Si Jigorō Kanō a beaucoup défendu l'idéal olympique et le projet de l'organisation des Jeux à Tōkyō, il n'a jamais milité, en revanche, pour que sa discipline, le jūdō, devienne sport olympique. Il y voyait un risque majeur...

Le 4 mai 1938, à bord du *Hikawa-Maru*, le bateau qui le ramène au Japon, Jigorō Kanō meurt après avoir accompli sa mission : obtenir du CIO le maintien de l'organisation des Jeux de 1940 au Japon, malgré la situation politique et militaire. Ces Jeux seront bien sûr annulés quelques mois plus tard (retirés à Tōkyō le 15 juillet 1938 et confiés à Helsinki, ils sont définitivement annulés en 1939).

Tōkyō 1964

Si le retour du Japon sur la scène internationale est certes beaucoup passé par la voie diplomatique, les Jeux de 1964 ont été essentiels : le Japon accueillait le monde entier et participait en égal aux épreuves. Nombre des membres du CIO d'alors avaient connu Kanō et, en mémoire de celui-ci, ont accepté la proposition japonaise du jūdō comme discipline olympique. C'est ainsi que le

---

8 - Chronique publiée dans l'*Esprit du judo* n° 17, décembre 2008 – janvier 2009.

jūdō fait son apparition en 1964 aux Jeux de Tōkyō... pour disparaître de ceux de 1968 (Mexico) et revenir, cette fois durablement, en 1972 à Münich.

Ainsi, l'introduction du jūdō aux Jeux est à comprendre comme un hommage rendu à Kanō, tant de la part des Japonais que du Comité international olympique, et non comme l'expression de sa volonté. En effet, si Kanō a été un grand acteur de l'aventure olympique, il n'a jamais exprimé la possibilité – et encore moins l'envie – que le jūdō devienne une discipline olympique. Nous pouvons y voir plusieurs raisons.

Le jūdō est-il un spectacle ?

La première raison que nous pouvons y voir est que Jigorō Kanō est resté profondément marqué par le spectacle désolant qu'offraient les jūjutsuka des années 1870, lorsque lui-même essayait de trouver un professeur. En effet, dans cette période de mutation rapide de la société japonaise qui venait de connaître l'abolition des classes après la Restauration impériale, quelques anciens guerriers ne parvenant pas à trouver leur place se livraient à des combats ou démonstrations pour quelques sous. Et, pour attirer le spectateur, ils n'hésitaient pas à en rajouter dans le sordide. Malheureusement, et c'est ce que Kanō ne leur pardonnera jamais, cela n'a pas tant porté préjudice à ceux-ci qu'à l'art lui-même. C'est ainsi qu'en l'espace de quelques années, le jūjutsu, science polie par plusieurs générations de maîtres, est devenu, aux yeux du grand public, synonyme de brutalité et de vulgarité. En effet, les gens étaient incapables de faire la différence entre le véritable jūjutsu – qui, de plus, s'était toujours enseigné à couvert – et ce qu'on leur présentait comme tel. Rappelons que c'est un des arguments qui a poussé Kanō à changer le nom de jūjutsu à jūdō, afin de réduire le sentiment de rejet qu'auraient éprouvé les gens à l'égard de sa méthode, avant même qu'il ait pu l'expliquer ou la démontrer, s'il avait conservé le terme de jūjutsu. C'est aussi la raison pour laquelle il a toujours refusé, jusqu'à l'aube des années 1930, la présence de spectateurs pour les compétitions de jūdō – qui devaient donc se tenir en huis clos.

Le jūdō et la compétition

La compétition existe au sein du Kōdōkan depuis au moins 1884, et les rencontres inter-écoles se développent dès le milieu des années 1890. Jigorō Kanō a donc eu souvent l'occasion de constater que, dès lors qu'il y a sanction de victoire ou défaite, les stratégies mises en place se concentrent plus sur celle-ci que sur le développement de l'individu à long terme. Il écrira beaucoup pour essayer de faire comprendre aux jeunes – et à leurs professeurs – le véritable enjeu de la confrontation arbitrée, et il devra même modifier les règles d'arbitrage pour contrer des dérives, comme celle dite du « *kōsen jūdō* ». Constatant que le ver était dans le fruit même parmi l'élite technique du Kōdōkan, il devait être bien conscient de ce qui se produirait, à l'autre bout du monde, auprès de personnes moins formées et moins averties de l'ambition du Kōdōkan jūdō. En 1930, cependant, lors des premiers championnats du Japon, il écrit : « Je suis persuadé que la nécessité d'établir des championnats à l'échelle mondiale se fera sentir dans le futur. » [003, 588]

Le jūdō est-il un sport ?

La création et le développement du jūdō sont contemporains de la construction et de la montée en puissance du système de compétitions sportives moderne. Kanō lui-même, étudiant, a pratiqué des « sports » et, plus tard, notamment au travers de son action de fondateur et président du Comité olympique japonais, il en a fortement favorisé l'introduction, le développement et la popularité dans son pays. Il était donc normal que la question de savoir si le jūdō est ou non un sport finisse par se poser. Le débat bat son plein à la fin des années 1920 entre les partisans de la compétition sportive « à l'occidentale » et les défenseurs d'une « spécificité japonaise ». Pour Kanō, aucune des deux positions ne tient. Faire du jūdō une discipline uniquement sportive parce que c'est la tendance de l'époque n'a pas plus de sens que de le considérer comme à part parce que japonais (autre tendance forte de l'époque !), alors même qu'il a passé sa vie à tenter d'en démontrer l'universalité des principes. Pour lui, le jūdō est riche et complexe et peut accueillir en son sein la compétition, à condition, notamment, que tous les combattants soient conscients qu'elle n'est qu'un aspect du jūdō, que la victoire dans cet exercice ne représente pas l'objectif du jūdō, et que tous restent amateurs et ne puissent gagner leur vie par ce moyen. [097, 23]

Et pourtant

Aussi la compétition apparaît-elle à Jigorō Kanō comme une bonne émulation poussant les gens à s'entraîner et comme un bon moyen pour diffuser le jūdō. Mais cela reste une première étape : le compétiteur doit convertir en socle l'expérience gagnée au travers de son entraînement pour l'emporter en compétition, afin de progresser dans toutes les dimensions du jūdō. Parallèlement, le développement démographique et géographique, qui accompagne la visibilité du jūdō, doit être encadré d'un effort pédagogique pour expliquer clairement ce qui se trouve au-delà des images.

> « Pour commencer, le jūdō est, ainsi que je l'explique toujours, une voie universelle. Donc, selon ce qui l'applique, elle se divise en plusieurs catégories et devient bujutsu, éducation physique, éducation intellectuelle, formation morale, manière de vivre. Or, une discipline de compétition est un type d'activité qui consiste à disputer des matches et, tandis que l'on fait simplement cela, elle devient naturellement un mécanisme qui renforce le corps et forme l'esprit. Il est indiscutable qu'un sport de compétition, pour peu que sa méthode soit appropriée, a de grands résultats sur le renforcement du corps et de l'esprit. Toutefois, son but est simple et étroit, tandis que celui du jūdō est complexe et large. En fait, ce que les

sports se proposent de réaliser n'est rien d'autre qu'une partie de ce qui constitue le but du jūdō. Mener le jūdō à la façon compétition est évidemment possible, et c'est même bien, mais si l'on ne fait que cela, on ne peut atteindre le but originel du jūdō. C'est pourquoi, tout en reconnaissant que conduire le jūdō à la manière d'un sport est une des exigences de la tendance actuelle, il ne faut jamais oublier – même un instant – en quoi réside la spécificité du jūdō. [097, 18, 19]

Conclusion

Nous ne pouvons que constater que Jigorō Kanō n'a pas émis le souhait que le judo devienne une discipline olympique[9]. En aurait-il été contrarié pour autant ? Rien ne permet de l'affirmer. Ce qui paraît clair, en revanche, c'est qu'il a perçu tout de suite les dérives possibles (inévitables ?) d'un spectacle nommé jūdō, offert à un public peu averti, par des acteurs n'ayant pas une conscience totale de ce qu'ils font. Et que pèsent les principes face à une médaille et ce qu'elle représente ?

------

9 - Le jūdō n'apparaît d'ailleurs pas dans le programme des Jeux de 1940 (098, 32-34). Les budō étaient (ainsi que la baseball) supposés être en démonstration.

Les *budō* rendus obligatoires au Japon[10]

Eh bien, voilà, ça y est, c'est fait ! Oui, depuis la rentrée 2012 – au Japon, l'année scolaire commence en avril et s'étend jusqu'à mars de l'année suivante –, les budō (comprendre : jūdō, kendō, sumō) sont bel et bien devenus obligatoires au collège et, à partir de l'année prochaine, ce sera au tour des lycées, en option. Autrement dit, un petit Japonais entrant au collège cette année aura une obligation de pratique de l'une de ces disciplines pendant deux ans, et pourra pratiquer, selon ses choix propres et ceux des établissements fréquentés, pendant les six années d'éducation secondaire[11].

Depuis que cette décision a été officiellement prise – en 2008 (collèges) et 2009 (lycées) – par le ministère de l'Éducation[12], nombreuses sont les voix à s'être élevées contre, de la part des différents acteurs de l'école comme du monde des budō. Alors que le jūdō devrait être le grand bénéficiaire de cette mesure, petit tour d'horizon des oppositions et implications.

10 - Chronique publiée dans l'*Esprit du judo* n° 38, juin-juillet 2012.

11 - Au Japon, collège et lycée comptent chacun 3 années, et le primaire 6.

12 - Monbukagakushō : ministère de l'Éducation, de la Culture, des Sports, des Sciences et Technologie (MEXT).

Les principales oppositions

Nombre de parents sont contre cette loi, soit pour des raisons idéologiques, soit pour des raisons liées aux différentes disciplines concernées, à leur image, ou à leurs dangers, réels ou supposés. Certes, ils n'ont plus le choix, mais le moins que l'on puisse dire est qu'ils ne sont pas prompts à pousser leurs enfants. Or, c'est de là que vient la deuxième opposition. En effet, plus nombreux encore sont les enfants à ne vouloir pratiquer aucune de ces disciplines. Alors, essayer de faire faire pendant 6 ans du jūdō à un enfant qui n'en a pas envie (et qui se sent conforté par l'attitude de ses parents)…

La troisième opposition principale vient des enseignants. En effet, ce sont les professeurs d'éducation physique qui doivent assurer cette formation. Or, la grande majorité d'entre eux n'ont jamais pratiqué ces budō et, non seulement ne s'en sentent pas capables, mais n'en voient pas l'intérêt. N'étant pas eux-mêmes convaincus d'une mesure qui leur est imposée, ils ont du mal à persuader enfants et parents du bien-fondé de celle-ci.

La quatrième opposition vient des spécialistes des budō, dont la cote auprès des jeunes est au plus bas, et qui craignent fort que l'image de leur discipline, souvent écornée ces derniers temps par différents scandales, et notamment des cas de blessures graves, n'en pâtisse encore, à cause d'un enseignement maladroit. Donc un enseignement généralisé des budō, oui, mais par des spécialistes. Ce qui est évidemment, ne serait-ce qu'économiquement, impossible.

Les difficultés concrètes

Où pratiquer ? Comment pratiquer ? Toutes les écoles ne bénéficient pas d'installations permettant une pratique du sumō, du jūdō ou du kendō dans de bonnes conditions. Elles doivent donc investir, ou s'organiser avec d'autres écoles / équipements municipaux, etc. Non seulement cela devient vite compliqué en termes d'organisation ou de choix financiers, mais il est rare de pouvoir proposer les trois disciplines. Donc, en fait de choix, la pratique sera en réalité imposée aux élèves en fonction des possibles. D'autant qu'entre en ligne de compte un autre paramètre : l'équipement. Est-ce à l'école de le fournir ? Est-ce aux familles d'en supporter la charge ? Un équipement de kendō coûte très cher, les adolescents – sans parler des adolescentes – ne veulent pas faire de sumō... reste le jūdō. Et ce sera sans doute la discipline qui sera la plus choisie : il suffit de quelques *tatami* à installer et désinstaller, et d'un jūdōgi dont le prix de revient est suffisamment minime pour le faire assumer aux parents (qui en assurent ainsi également l'entretien).

Un bouleversement à pondérer

Pour l'occasion, le nombre d'heures annuelles d'éducation physique est passé de 90 à 105. Rapportées à 35 semaines dans l'année scolaire, cela représente 3 heures[13] par semaine. Il convient donc de relativiser tout de suite : les petits Japonais ne vont pas devoir subir un entraînement intensif puisque les budō ne représentent que l'un des 8 cycles obligatoires[14] : 13 heures[15] par année leur seront consacrées.

Et puis si, comme nous dit Gide , « L'art naît de contrainte, vit de lutte, meurt de liberté » [071], voici une belle promesse de richesse nouvelle pour le jūdō, car, si toute protestation n'est pas éteinte – à la différence de ce qui

---

13 - En fait, « 1 heure » correspond, selon les années et écoles, à 45 ou 50 minutes : il s'agit donc plutôt de 2 h 30 effectives.

14 - Psychomotricité générale (littéralement : « mouvements de construction du corps »), gymnastique d'agrès, athlétisme, natation, jeux de balle, danse (devenue également obligatoire cette année), budō, théorie de l'éducation physique. De plus, il existe, selon les années et les écoles, des possibilités de choix de cycles qui permettent d'échapper à la danse ou aux budō.

15 - Pour la même raison que ci-dessus, en fait moins de 11 heures effectives.

pourrait se passer en France, peut-être –, les différents acteurs mis devant le fait accompli multiplient les articles dans lesquels, sans oublier de soulever les difficultés liées à la mise en pratique de cette loi, ils se concentrent sur des propositions concrètes permettant son application dans les meilleures conditions possibles. C'est ainsi que nombre d'idées émanent des différents spécialistes et que, en jūdō par exemple, a été constitué par la fédération japonaise un groupe de réflexion chargé de produire du matériel pédagogique « clé en main » adapté aux contraintes et réticences évoquées. Un bouleversement pédagogique dont les passionnés ne peuvent que se réjouir et attendre avec impatience les productions.

Un choix idéologique

Le véritable problème ne se situe certainement pas dans ce qui a été évoqué jusqu'ici, mais dans l'idéologie qui sous-tend l'ensemble et qui n'est, elle, jamais débattue. Pour mieux comprendre, reprenons les termes et le processus. En 2006, la « loi fondamentale sur l'Éducation » de 1947 a été modifiée, notamment dans son article 2 [072], « buts de l'éducation », qui stipule désormais que l'éducation doit permettre de développer « un corps sain » (alinéa 1) et, surtout, « une attitude qui, tout en respectant les traditions et la culture, en aimant notre pays et notre terre natale qui les ont produites, consiste à respecter les autres pays et à contribuer à la paix et au développement de la société internationale » (alinéa 5). C'est là-dessus que s'est fondée la décision d'introduire les budō à l'école, afin de donner l'occasion « de faire toucher mieux encore aux traditions et à la culture particulières de notre pays » [073] et d'inculquer une « manière de se comporter traditionnelle » ainsi qu'une « façon de penser traditionnelle ». [073 074]

« Connais-toi toi-même »

Comment ne pas regretter que le terme « tradition » ne soit pas défini par le législateur, tout comme ce que peuvent / devraient être un comportement et une manière de penser « traditionnels », et la façon dont les budō peuvent les véhiculer ? Devant les bouleversements sociétaux de ces dernières années, la génération aujourd'hui au pouvoir considérerait-elle qu'il existe un délitement des comportements et modes de pensées fondamentaux à l'identité japonaise ? Et aurait-elle peur d'être la dernière de « vrais » Japonais ? Un silence qui nous rend libres de créer notre propre vision des choses, mais aussi une inquiétude qui continue de planer sur les arrière-pensées conscientes ou non de ces décision et formulations, qui font la part belle à l'amnésie[16]. En effet, la dernière fois que les budō (jūdō et kendō) ont été rendus obligatoires date de 1931, car « en tant que budō propres à notre pays, ils sont reconnus adaptés à l'imprégnation d'un esprit citoyen spartiate et au renforcement de l'esprit et du corps » [075, 573], période qui préfigurait un isolement de plus en plus prononcé du Japon sur la scène internationale, un repli sur lui-même.

Comment ne pas s'interroger non plus sur la façon de gérer le grand écart entre ces déclarations identitaires et l'affirmation du caractère universel de nos disciplines ? En cela, la loi fondamentale sur l'éducation de 2006 tendrait à nous rassurer, puisqu'on peut l'interpréter comme s'agissant de se connaître et d'aimer son pays pour contribuer à la société internationale. Gageons que les pédagogues japonais sauront faire leur la seconde partie de l'avertissement du fronton du temple d'Apollon de Delphes, « Connais-toi toi-même, et tu connaîtras l'univers et les dieux » : l'ouverture à l'universel par la connaissance du particulier.

____

16 - Une tendance déjà vigoureusement dénoncée par le penseur Katō Shūichi (1919-2008).

Un homme
Jigorō Kanō

« Pourquoi et comment j'ai inventé le jūdō »[1]

En choisissant de me consacrer à l'étude du japonais, j'avais une idée en tête : travailler sur les écrits et la vie de Jigorō Kanō. Le monde universitaire connaissait mal ce personnage, pourtant essentiel, du Japon de l'ère moderne, créateur de la seule discipline japonaise de portée universelle, mais aussi intellectuel brillant et rouage important du monde de l'éducation de son époque. J'ai fini par convaincre et par pouvoir consacrer mon doctorat à Jigorō Kanō et au jūdō ! J'ai accédé à ses textes, très nombreux et très riches et j'ai plongé page après page dans l'explication la plus détaillée, la plus subtile, toujours changeante d'année en année et de prise de conscience en prise de conscience, des circonstance et des raisons, des motivations et des adaptations qui ont rendu possible et modelé le jūdō des origines, de la « bouche même » de Jigorō Kanō. Un privilège rare puisque la plupart de ces textes n'ont été traduits ni en anglais, ni bien sûr en français, et que, pour la plupart, ils sont gardés précieusement dans le sanctuaire du Kōdōkan qui donne peu d'autorisations de consultation. J'ai entamé ce travail de traduction pour pouvoir un jour le diffuser vers les jūdōkas que cela intéresse. Mais

---

1 - Chronique publiée dans l'*Esprit du judo* n° 1, janvier 2006.

d'ores et déjà, à l'invitation de la rédaction de l'*Esprit du jūdō*, je vous en propose un florilège. Dans ces pages, vous découvrirez comment Kanō envisageait le jūdō, ses spécificités techniques – par exemple les mérites comparés du *nage-waza* et du *ne-waza* –, ses ambitions, ses méthodes... Ce sera un peu une « chronique Kanō », puisqu'elle reposera pour une part essentielle sur des textes écrits par lui que je me bornerai à commenter. On peut lire beaucoup de choses sur Jigorō Kanō, très souvent fausses ou orientées. Dans le texte qui suit, vous reconnaîtrez peut-être certains extraits ; les questions sont de moi, mais les réponses sont toutes des traductions littérales de textes de Kanō parus au Japon entre 1915 et 1938.

En effet, pour ce premier rendez-vous, je me suis fait un grand plaisir : je me suis mis dans la peau du journaliste que j'aurais adoré être à cette époque pour interroger le fascinant monsieur Kanō. Nous sommes à Tōkyō, nous buvons le thé et nous parlons jūdō...

Monsieur Kanō, d'où vient le jūdō ?

« Il est né de mon aversion pour la défaite... [106, 304, 305, 307]

Je pensais que le jūdō venait du jūjutsu...

« Historiquement, c'est bien de l'étude du bujutsu, plus précisément du jūjutsu, que provient la discipline que j'ai fondée en l'an 15 de l'ère Meiji *(1882, NDLR)*. Mais je l'ai d'emblée appelée « jūdō » et l'ai présentée plutôt comme une grande voie de l'humanité, comme un grand principe menant les lettres et la guerre. [075, 75, 76]

Le jūjutsu n'est pas un « grand principe » ?

« Les écoles de jūjutsu entraînaient à des techniques d'attaque et de défense. De tels exercices permettaient de former des corps et des esprits solides, mais là n'était pas l'essentiel. Pour mes professeurs, comme pour moi à cette époque, il s'agissait simplement d'apprendre l'attaque et la défense. [017, 121]

Vous avez commencé le jūjutsu à votre entrée à l'université de Tōkyō, en 1877. Pourquoi avoir ressenti le besoin d'étudier un moyen d'attaque et de défense ?

« J'ai toujours détesté perdre. À l'époque, je n'étais pas en retard par rapport à mes camarades en ce qui concerne les matières enseignées à l'université. En revanche, les étudiants forts physiquement avaient tendance à vouloir en imposer aux plus faibles, et sur ce plan-là, j'étais loin derrière ! Aujourd'hui, ma vigueur est supérieure à la moyenne, mais autrefois, sans être maladif, j'avais un corps chétif et plus faible que celui de la plupart de mes camarades. En conséquence, je ne comptais pas. Je savais bien que je ne leur en cédais en rien sur le plan intellectuel, mais je devais pourtant accepter leur domination ! J'avais entendu parler du jūjutsu, une méthode qui pourrait permettre à un faible de l'emporter sur un plus puissant, aussi m'étais-je dit que je ferais bien de l'apprendre. [100, 2, 3]

Et... cela a fonctionné ?

« Le résultat fut que, moi, si faible, je devins plus fort que des personnes naturellement robustes. Après un ou deux ans, j'ai constaté que mon corps avait changé. Après trois ans, sa résistance était devenue excellente. De plus, alors que j'étais quelqu'un de nerveux et facilement violent, j'avais appris à contrôler mes émotions, à ne pas me laisser emporter par la violence, à réfléchir calmement, et à ne plus régler mon comportement en fonction de mes sentiments. À la fin de mes études, j'avais acquis une forte confiance en moi. Et tandis que je ne pesais qu'un peu plus de 49 kg, je n'étais plus méprisé par aucun des autres étudiants. [106, 306, 307]

Que pouvez-vous nous dire de la Tenjin Shin.yō et de la Kitō, les deux écoles dans lesquelles vous avez surtout étudié ?

« À l'origine, j'ai effectivement appris les jūjutsu des écoles Tenjin Shin.yō et Kitō. À la Tenjin Shin.yō, l'enseignement rassemblait principalement des techniques d'étranglement, de contrôle et d'immobilisation, avec peu de projections. L'école Kitō, autrefois spécialiste de la lutte au corps à corps en armure, était ce qu'on faisait de mieux à l'époque en matière de techniques de projection, mais n'insistait presque pas sur les techniques d'étranglement, de contrôle ou d'immobilisation. [002, 18, 19]

Et sur vos professeurs ?

« J'ai étudié le jūjutsu de l'école Tenjin Shin.yō avec le professeur Fukuda Hachinosuke, puis, après la mort de ce dernier, avec le professeur Iso Masatomo. Après le décès de ce dernier, j'ai étudié à l'école Kitō avec le professeur Iikubo Kōnen [002, 18]. Le professeur Fukuda Hachinosuke avait enseigné au Kōbusho du shôgunat avec le titre – pour employer les termes de l'université d'aujourd'hui – de maître assistant [100, 6]. Le professeur Iso Masatomo avait déjà presque soixante ans et n'enseignait plus le *randori*. En revanche, il était expert en *kata* et l'enseignait en personne [107, 13]. Le professeur Iikubo avait alors plus de cinquante ans mais il pouvait encore pratiquer le *randori* [107, 17].

Vous avez reçu les documents de transmission de ces écoles ?

« Parmi les élèves de Fukuda, certains étaient plus forts que moi en *randori*. Mais j'étais le seul à venir sans cesse au dōjō, et à pratiquer à la fois le *kata* et le *randori* ; de plus, je m'entraînais avec acharnement, et j'avais obtenu la confiance de la famille Fukuda. Aussi me remit-on tous les documents de transmission ainsi que la responsabilité du dōjō. [100, 9]

« Lorsque j'ai créé mon propre dōjō, Iikubo Kōnen avait déjà plus de cinquante ans mais il était encore très fort et, en *randori*, j'étais loin de le suivre. J'ai ainsi continué, tout en enseignant à mes élèves, à travailler les *kata* avec lui et à recevoir son enseignement en *randori*. Un jour, ce devait être en l'an 18 de l'ère Meiji *(1885, NDLR)*, alors que je faisais *randori* avec mon professeur, mes projections devinrent soudainement bien meilleures. Jusqu'alors, même s'il m'arrivait parfois de le projeter, c'était surtout lui qui ne cessait de me faire tomber !

Mais quelque chose avait changé ce jour-là, incroyablement, je ne subis aucun *ippon,* tandis que les techniques que je lui portais étaient devenues efficaces... Je me mis à beaucoup y réfléchir. Plus tard, je dis à mon professeur avoir compris qu'il s'agissait de placer les techniques une fois le partenaire amené en déséquilibre. Il me répondit que c'était cela et qu'il n'avait plus rien à m'enseigner. Il me fallait désormais accumuler de l'expérience avec des partenaires plus jeunes. Il me promit que nous nous reverrions pour refaire *randori,* mais nous ne le refîmes jamais ensemble... Cependant, il me faisait encore souvent étudier les *kata,* ou bien nous discutions de toute sorte de choses. Et peu après, il me remit l'autorisation d'enseigner son style, ainsi que ses documents de transmission. [101, 46-48]

Comment se passait l'enseignement dans les écoles de jūjutsu ?

« On commençait systématiquement par le *kata,* puis on pratiquait le *randori* [107, 14]. En fait, le jūjutsu d'autrefois ne consistait pratiquement qu'en des *kata...* Cependant, comme mes professeurs du style Tenjin Shin. yō, comme celui du style Kitō, avaient tous pratiqué à la fois *kata* et *randori,* je les ai moi-même étudiés dans ces deux écoles. *(Même le type de randori pratiqué était différent, nous y reviendrons ultérieurement, NDLR).* [108, 103]

Quelle était la méthode d'enseignement ?

« C'était très différent... Je me souviens qu'un jour, mon professeur m'avait projeté grâce à une technique, que je m'étais relevé rapidement et lui avais demandé de m'expliquer comment il avait fait. Il m'a répondu : « Viens ! » et m'a projeté immédiatement. Je me suis relevé, lui ai fait face sans abdiquer, et l'ai à nouveau questionné avec insistance pour savoir comment, dans cette prise,on utilisait les mains et les pieds. Il m'a alors lancé : « Bon, reviens ! » et m'a encore projeté. J'ai renouvelé ma question et, cette fois, il a répondu : « Pourquoi veux-tu savoir ? C'est n'est qu'en répétant plusieurs fois que tu sauras faire ! Allez, viens ! » ; et il m'a projeté encore et encore. [100, 7]

Pourquoi avez-vous ouvert votre propre école ?

« Jeune, j'étais coléreux, quelqu'un qui s'échauffe rapidement. Or, avec la pratique du jūjutsu, je me suis rendu compte que non seulement ma santé physique s'améliorait, mais qu'en plus mon esprit se calmait peu à peu... J'avais aussi l'intuition que les principes du jūjutsu pouvaient s'appliquer dans d'autres domaines ; enfin, j'en étais venu à penser que l'exercice intellectuel qui accompagne l'exercice de combat est précieux pour l'intelligence. Je pris conscience que je ne devais pas garder quelque chose d'aussi précieux pour moi tout seul... [013, 21, 22]

Oui, mais pourquoi ne pas avoir simplement assuré la transmission de l'enseignement que vous aviez reçu ?

« Comme j'avais appris le jūjutsu de l'école Tenjin Shin.yō puis celui de l'école Kitō, j'enseignais, au début, quelque chose qui ressemblait à une synthèse de ces deux écoles. Ceci étant, dans la mesure où ces deux écoles différaient radicalement, que leurs points forts et points faibles se complétaient, j'avais conscience qu'on ne peut comprendre le fond des choses en étudiant une seule école, ou même deux, et j'en vins à désirer poursuivre mon étude avec le plus grand nombre possible... J'étais persuadé qu'il me fallait puiser entre toutes ce que chacune avait de bien, puis leur ajouter les éléments appropriés afin que le monde actuel puisse en bénéficier. Puis en réfléchissant autrement, je compris que l'important n'était pas l'attaque ou la défense, mais bien le principe dont j'avais ressenti si grandement les bénéfices, applicable ailleurs, et dont la compréhension et la maîtrise viennent avec le renforcement, la formation physique et spirituelle. Aussi en conclus-je qu'il me fallait enseigner, certes une méthode d'attaque et de défense, mais surtout la recherche d'un principe, ou une méthode de renforcement et de formation à la fois du corps et de l'esprit... C'est ainsi que je pris la décision de fonder le Kōdōkan. Je me souviens bien de ce mois de mai 1882 : le jūdō Kōdōkan démarrait, et j'avais assuré son enseignement avec trois grosses mailles qui étaient l'entraînement physique, la formation spirituelle et l'entraînement au combat, dans la salle d'étude du temple Eishō que j'avais transformée en dōjō... [017, 122-124]

« Jūdō ». Le mot est de vous ?

« Le mot « jūdō » existait avant la Restauration *(de l'empereur en 1868, NDLR)*, mais l'on disait jūjutsu ou taijutsu pour tout ce qui était communément appelé *yawara.* L'objet de ces disciplines consistait à s'exercer à des techniques d'attaque et de défense. [017, 121]

Qu'est-ce qui ne vous satisfaisait pas dans les jūjutsu ?

« Un professeur pouvait dire : « Pour projeter, placer la hanche ainsi en tirant sur le bras de telle manière » ; un autre : « Pour étrangler, on fait ça. » On m'a ainsi enseigné beaucoup de façons de faire, mais on ne m'a jamais dit : « Cette technique repose sur tel principe » ou bien « il s'agit de l'application de tel principe ». À mesure que j'étudiais, je m'apercevais que chaque enseignement différait des autres, mais je n'avais pas l'expérience pour juger lequel était juste... C'est la raison pour laquelle j'ai décidé d'approfondir encore mon étude. J'ai appris de nombreux professeurs, étudié de nombreuses écoles : chaque fois qu'un enseignement différait d'un autre, je me torturais pour en comprendre la raison. J'en suis venu, au terme de mes recherches, à concevoir le principe suivant : pour atteindre mon but, il me faut chaque fois utiliser mon énergie de la meilleure façon. Tout s'est alors éclairci. [109, 1158]

Si je comprends bien, votre recherche s'est alors centrée sur la quête d'un principe fondamental, transversal ?

« C'est la raison pour laquelle j'ai d'ailleurs baptisé Kōdōkan le lieu d'enseignement du jūdō *(Kōdōkan signifie le « bâtiment où l'on traite de la voie » ou « bâtiment ou l'on rend le principe manifeste »,* NDLR). Le but était de clairement montrer que l'on n'y enseignait pas de simples techniques martiales. S'il s'était agi d'un dōjō pour simplement apprendre des techniques martiales, je l'aurais sans doute appelé Renbukan *(« bâtiment où l'on s'entraîne aux pratiques martiales », NDLR), Kobukan (« bâtiment où l'on expose les principes du martial », NDLR) ou Shobukan (« bâtiment de l'esprit martial », NDLR).* [013, 23]

Mais de quel principe s'agit-il ?

« Si vous me demandez s'il existe un principe transversal qui corresponde à toutes ces situations, je vous répondrais que oui, il en existe un. C'est celui que j'ai évoqué et qui dit que, quelle que soit la technique que l'on porte, il est juste d'utiliser sa force mentale et physique de la façon la plus efficace. [110, 101, 102]

Pouvez-vous préciser ?

« Si mon interlocuteur s'enflamme et que je m'oppose de manière frontale, alors la conversation deviendra de plus en plus âpre ; il sera emporté par ses émotions, et même si, intérieurement, il se range à mes arguments, il continuera de s'opposer. Mais si je change de méthode, que je l'écoute tranquillement et que, après qu'il a dit ce qu'il avait à dire, je le questionne discrètement et avec méthode sur les points avec lesquels je suis en désaccord, que je pointe un à un les éléments qui ne correspondent pas à la réalité, alors, sans doute, mon interlocuteur se rangera à mon avis. Cela est indiscutablement du jūjutsu. Ainsi, je pense qu'on peut dire que le jūjutsu est l'ensemble des techniques qui permettent, largement, de s'adapter à toutes les situations, le jūdō en étant le principe, et les bujutsu ou budō, l'adaptation de ce principe à l'attaque et à la défense. [002, 27, 28]

Si le jūdō n'est pas un jūjutsu, qu'est-il pour vous ?

« Il est le chemin qui consiste à utiliser le plus efficacement la force de l'esprit et du corps. La pratique du jūdō consiste, en se fondant sur des exercices d'attaque et de défense, à renforcer et éduquer à la fois le corps et l'esprit, afin qu'ils s'imprègnent de la substance de cette voie. Ainsi, le but ultime de la pratique du jūdō est, par ce moyen, de se réaliser soi-même et de contribuer à la société. [017, 124]

Merci, Monsieur Kanō, pour ces précisions.

La tentation d'un code moral[2]

Le jūdō est un moyen d'éducation. Mais comment fonctionne-t-il ? Par la pratique uniquement, ou avec le soutien d'un discours moral ? Même Jigorō Kanō a hésité...

Lorsque Jigorō Kanō crée le jūdō en 1882, il est persuadé que l'expérience de transformation qu'il vient de vivre avec son entraînement aux jūjutsu – et qui l'a fait passer d'une personne asociale et irascible à quelqu'un de plus posé qui prend plaisir à la présence des autres et aux relations sociales –, est reproductible à l'infini, pour peu que l'on suive un parcours similaire au sien. Il crée le jūdō sur le principe de cette certitude, convaincu que s'il parvient à créer une méthode rigoureuse, il permettra à d'autres de vivre les mêmes éléments actifs de son expérience, et donc d'en être, eux aussi, transformés.

Une action souterraine

Dans les années qui vont suivre, il va structurer sa méthode, tant théoriquement que de façon pratique, pour faciliter ce parcours, le rendre idéal. Son énergie comme ses écrits sont donc tournés vers les explications théoriques et méthodologiques, concrètes et des-

---

2 - Chronique publiée dans l'*Esprit du judo* n° 10, septembre-octobre 2007.

criptives. La transformation sociale du pratiquant n'est pas exposée comme un but mais simplement comme une conséquence, en rapport à sa propre expérience. Pour Jigorō Kanō, la méthode doit agir d'elle-même, de façon « souterraine », pour muer le jūdōka en un être rationnel, animé d'une farouche volonté de combler ses lacunes individuelles et aspirant au bien-être de tous. Les années passant, le nombre de pratiquants croissant, Jigorō Kanō peut multiplier presque à l'infini ses observations… Or, force lui est de constater que les meilleurs jūdōka, dans le dōjō, ne vivent pas forcément la transformation telle qu'il l'avait imaginée. En fait, progresser en jūdō ne les prémunit pas contre l'égoïsme ou une vie de débauche. Ce serait même parfois le contraire, comme si la méthode, au lieu de les tourner vers les autres, leur donnait la force de réaliser leurs aspirations demeurées latentes, les « révélait », leur donnant les moyens et la confiance d'exprimer, pour le pire, ce qu'ils sont – ou désirent être – en tant qu'individu. En 1911, Jigorō Kanō tente une expérience : offrir trois ans de formation intensive aux meilleurs techniciens et / ou combattants – c'est le centre de formation de professeurs du Kōdōkan. Les journées sont découpées en séances dans le dōjō, en formation intellectuelle et cours de morale[3].

En 1914, au terme de cette formation, Jigorō Kanō doit se rendre à l'évidence : qualité humaine et niveau de jūdō ne sont pas forcément corrélés ! Rien ne semble, par la seule pratique, fût-elle intensive, protéger le jūdōka de devenir oppresseur plutôt que de se muer en défenseur de son prochain. Jigorō Kanō décide alors qu'il doit cesser de suggérer. Aussi prend-il la plume en janvier 1915 pour exprimer le but du jūdō, qu'il définit ainsi : « Se réaliser et

---

3 - Cela correspond aussi à un besoin en professeurs croissant car, cette année-là, le sabre et le jūdō (sous le nom de jūjutsu) sont autorisés comme disciplines possibles en éducation physique dans le cursus scolaire par le ministère de l'Éducation à partir de la rentrée (avril) 1912. Les Écoles normales supérieures (dont celle de Tōkyō, dirigée par Kanō) et la Butokukai mettent alors en place des formations analogues.

contribuer à la société » ; et la méthode : « Utiliser de la façon la plus efficace la force du corps et celle de l'esprit ». Pendant les cinq années suivantes, jusqu'en 1920, il va tout faire pour expliquer ce qu'il entend par là, par le biais de différentes tentatives. Sa première idée est d'expliquer qu'il existe trois niveaux de jūdō : bas, médian et haut. Il réaffirme que les exercices d'attaque et de défense sont à la fois l'origine historique de la méthode et la base permettant la progression vers d'autres dimensions : cela constitue le niveau bas. Le niveau médian consiste en une éducation physique complète, et une formation intellectuelle et morale de qualité. Quant au niveau haut, il s'agit d'appliquer dans la vie quotidienne ce que le jūdō apporte, physiquement et spirituellement, au bénéfice de chacun et de celui de la société. À peine énoncée, il abandonne cette classification pour une autre plus explicite : il sépare le « jūdō des dōjō » et le jūdō dans la société. La plupart de ses articles de cette période consistent à expliquer aux jūdōka comment ils doivent se comporter pour transférer leur expérience du dōjō dans la vie quotidienne et comment ils doivent se comporter dans celle-ci. Le jūdōka devient porteur d'une lourde mission : Jigorō Kanō est très précis, et le code de conduite qu'il établit est long et détaillé, allant jusqu'au choix correct des vêtements, de la nourriture, du logement... Et cela rien que pour le pratiquant ! Inutile de préciser les exigences qui pèsent sur le professeur de jūdō ! Pendant cinq ans, il assène sans relâche son message. C'est une période normative où tout jūdōka se doit de se conformer à cette vision des choses, sous peine de ne pas être reconnu comme tel.

Tendre vers certains idéaux plutôt que céder à ses pulsions

Outre les règles édictées, le jūdōka doit aussi sans cesse se former, réfléchir à sa pratique, à sa vie, son métier, la société qui l'entoure, son pays, les relations internationales... En quelque sorte, tout jūdōka devrait, selon Kanō, se comporter selon l'image d'un idéal qui ressemble fortement à ce qu'il pense, lui. À partir de 1920, soudainement, Jigorō Kanō n'aborde cependant plus le sujet et ne sera plus aussi directif. Entre 1922 et 1925 sont exprimés les principes de meilleure utilisation de l'énergie et de prospérité mutuelle. Jigorō Kanō incitera alors plutôt les jūdōka à y réfléchir et à essayer de tendre vers ces perspectives, mais de façon de moins en moins insistante, plus apaisée, laissant le pratiquant libre avec le principe de bonne utilisation de l'énergie à la fois pour méthode et comme horizon. Rappelons que Jigoro Kanō a toujours mis au centre de sa méthode l'étude du principe, où les mots « étude » et « principe » sont équitablement importants. Il a également inclus à sa méthode des exercices comme le *kōgi* (conférence) et le *mondō* (échange de questions-réponses), certes pour débattre du principe, mais aussi pour suggérer à ses élèves de tendre vers certains idéaux plutôt que de céder à leurs pulsions. Il a également beaucoup insisté, dans ses discours sur l'éducation, sur la nécessité d'une solide formation morale chez l'enfant et le jeune adulte – en fait jusqu'à l'entrée de celui-ci dans la vie active –, sans doute pour que chaque individu en soit pétri, que cela fasse partie de lui...

Laisser chacun libre d'utiliser la pratique et les valeurs du jūdō dans sa propre vie

Mais, après l'expérience du centre de formation de professeurs du Kōdōkan – cette sorte de chance ultime offerte à la théorie considérant que l'homme est fondamentalement tourné vers de nobles desseins, pour peu qu'on lui offre une méthode –, et son échec à obtenir le comportement qu'il aurait attendu de si merveilleux techniciens (si proches du principe dans le dōjō, aux vues tellement étroites en dehors), Jigorō Kanō sait que la quantité ou le niveau de pratique ne déterminent pas la capacité du jūdōka à appliquer dans sa vie les principes maîtrisés dans le dōjō. Certains excellents pratiquants y demeurent complètement aveugles, tandis que d'autres, après seulement quelques mois ou années de pratique, sans démontrer par ailleurs de don particulier sur le tatami, sont transformés et se montrent capables d'appliquer ce qu'ils ont appris dans le dōjō dans leur vie quotidienne. On constate enfin, à partir de 1925 puis plus franchement dans les années 1930, un apaisement dans son discours. Il s'attache surtout à transmettre un cadre clair, une méthode juste, à semer des indices quant à l'idéal vers lequel tout pratiquant devrait tendre. Dès lors, il invite avant tout celui-ci à réfléchir à *seiryoku zenyō* (c'est-à-dire l'évolution finale de sa propre formule qui passe de « meilleure utilisation » à une autre, qu'on peut traduire par l'utilisation « habile et bonne » de l'énergie). Comme s'il avait compris à ce moment la nécessité de laisser chacun libre d'utiliser on non, comme un levier pour sa propre vie et selon des modalités personnelles, la pratique et les valeurs induites du jūdō. Ainsi est-il possible de distinguer trois grandes périodes dans le discours de Jigorō Kanō – dans chacune de ces trois périodes, la nécessité de l'entraînement et de l'approfondissement technique étant le socle de l'évolution souhaitée par lui. La première où il suggère un idéal, la seconde où il impose sa vision, la troisième où il invite le pratiquant à simplement réfléchir à une formule qui, de prime abord, ne fait qu'exprimer le principe de la méthode mais qui, dès que l'on réfléchit un peu plus largement, trouve nombre d'implications dans la vie quotidienne. Il devient à la fois moyen et horizon de l'action. Et, quiconque aura lu Jigorō Kanō ou été informé de son discours pourra reconstruire son idéal au travers de ces quelques mots : de quelle énergie est-il question ? Pourquoi *bonne* utilisation et non *meilleure* ? Que signifie ce « bonne » ?... À chacun d'en faire un chemin.

Kanō Jigorō et le karate : témoignage de Gima Shinkin[4]

Pour comprendre quel a été le rôle de Kanō Jigorō dans le parcours de Funakoshi Gichin, nous vous proposons le témoignage de Gima Shinkin[5]. Gima Shinkin (1896-1989), originaire d'Okinawa et alors étudiant à Tōkyō, fut le partenaire de Funakoshi Gichin lorsque celui-ci vint démontrer le « *karate-jutsu* d'Okinawa[6] ». Il raconte :

(Interrogé sur la tenue portée lors de la démonstration du 17 mai 1922 au Kōdōkan)

À cette époque, comme il n'y avait rien qui ressemblât à un *keiko-gi* spécifique à la pratique du *karate-jutsu,* maître Funakoshi est allé chez un grossiste de Kanda pour acheter du coton blanc et s'est mis à coudre lui-même quelque chose à la façon d'un *jūdōgi.* Ces *keiko-gi* étaient vraiment légers et agréables à porter mais leur défaut

---

4 - Texte paru dans *Officiel karate magazine* n° 24, novembre 2007.

5 - Traduction partielle des pages 104 à 112 de [040]. L'auteur, Fujiwara Ryōzō (1925-) est docteur en histoire de la pensée pédagogique et auteur de nombreux ouvrages sur les *budō*. Ici, nous résumons ses questions en quelques mots entre parenthèses.

6 - *Karate* est alors écrit « main de Chine » 唐手. *Karate-jutsu* d'Okinawa signifie donc « techniques de la main chinoise d'Okinawa ».

était que, comme ils buvaient trop la sueur, ils collaient à la peau si on les portait longtemps. Et, pour tout dire, comme ils avaient été fabriqués en toute hâte après l'annonce de la date de la démonstration au Kōdōkan, ils n'étaient pas du tout adaptés à un entraînement ordinaire. En ce qui me concerne, comme j'avais fait du jūdō, la veille, j'ai lavé mon *jūdōgi* avec du savon en poudre et l'ai fait sécher. Mais maître Funakoshi, le jour même, me dit : « Comme nous allons sans doute aussi démontrer le *yaku-soku-kumite,* cela serait inapproprié si nous portions des tenues différentes. Comme j'en ai fait une pour vous également, je souhaiterais que vous la portiez. » Je partageai également son avis. En effet, comme c'était quelque chose que maître Funakoshi avait passé la nuit à fabriquer exprès pour moi et qu'il était d'un coton blanc immaculé, je pensais que, même vis-à-vis des personnes du Kōdōkan, il ne serait pas impoli de revêtir celui-ci plutôt que mon vieux *jūdōgi* lé-gèrement sale et usé par la pratique.

(Et pour la ceinture... ?)

J'ai pour ma part décidé d'utiliser ma ceinture noire de jūdō et maître Funakoshi a décidé d'emprunter celle d'un élève gradé. Mais maître Funakoshi dit : « Puisque je ne connais pratiquement aucune technique de jūdō et que je ne suis même pas gradé, devant les responsables du Kōdōkan, je ne peux me permettre l'impolitesse de nouer une ceinture noire de mon propre chef. Comme il doit bien y en avoir un parmi mes élèves qui possède une ceinture blanche, je vais la lui emprunter. » Quoi qu'il en soit, comme c'était un homme au caractère sérieux qui avait passé la moitié de sa vie en tant que pédagogue, il ne faisait pas ce qui n'était pas juste. Mais que maître Funakoshi, l'aîné, noue une ceinture blanche tandis que moi, le cadet, je nouerais une ceinture noire, n'était pas envisageable non plus. Il fallait donc trouver deux ceintures blanches. Mais comme, malheureusement, parmi les élèves, personne ne possédait de ceinture blanche et que le temps pressait, nous nous sommes dit que nous expliquerions la situation une fois au Kōdōkan. À notre arrivée, et après avoir expliqué notre embarras à la personne chargée des affaires générales, nous avons reçu pour réponse du directeur Kanō Jigorō : « Portez les ceintures que vous avez sous la main et ce sera parfait. » Nous avons donc décidé de faire la démonstration en portant tous deux une ceinture noire. [...]

(Interrogé sur les témoignages d'une salle comble lors de la démonstration)

Oui, à l'exception du *shōmen* (place du *kamiza* et des tables des professeurs), à droite comme à gauche, à commencer par les étudiants en formation au Kōdōkan, de nombreux élèves se tenaient assis, parfaitement alignés. Il ne restait pratiquement plus le moindre espace dans le dōjō.

(Plus de 250 personnes, selon les témoignages)

Comme j'avais quelque appréhension, je n'ai pas eu le loisir de compter les présents mais, ce qui est sûr, c'est que le dōjō était plein[7]. Tandis que maître Funakoshi et moi avancions au centre du dōjō, étaient expliquées les grandes lignes du *karate-jutsu* d'Okinawa ainsi que présentées les personnes qui allaient faire la démonstration ; et, après cela, maître Funakoshi a démontré *Kushanku,* puis j'ai démontré *Naihanchi* et, si le directeur Kanō Jigorō, assis aux tables des professeurs au *shōmen,* demeurait imperturbable, il régnait dans le dōjō un profond silence.

(Après la présentation des kata, y a-t-il eu démonstration de kumite ?)

Oui, comme convenu au préalable, nous avons présenté *ippon, nihon, sanbon.* Quand nous avons entamé le *yaku-soku-kumite,* comme nous nous étions habitués à l'ambiance du dōjō, la rigidité physique s'était évanouie et cela s'est, je crois, mieux passé que ce que j'avais imaginé.

---

7 - Le dōjō du Kōdōkan compte alors 207 *tatami.*

(Kanō Jigorō et Nagaoka Shūichi[8] se seraient ensuite levés et, relevant leurs hakama, auraient demandé des explications sur les déplacements et mouvements du kata et du kumite)

Oui, c'est cela. Mais c'est maître Kanō Jigorō en personne qui s'est en premier levé et dirigé vers le centre. Le professeur Nagaoka Shūichi n'a ouvert la bouche qu'après quelques réponses. Tout en reprenant des séquences des *kata* ou des mouvements du *kumite*, ils posaient des questions pertinentes l'une après l'autre, auxquelles ils sollicitaient nos réponses, telles que : « Lorsque vous prenez telle garde, sans doute ne pouvez-vous alors pas frapper du poing ou du pied selon cet angle », « lorsque l'attaque du poing vient selon cet angle, n'est-ce pas juste d'esquiver ainsi ? », « avec cette façon d'esquiver, le centre de gravité est un instant instable et le temps de la contre-attaque prend du retard », « dans le cas d'un seul adversaire, plutôt que d'esquiver avec l'avant-bras, sans doute cette façon de laisser passer est-elle plus efficace », etc. La dignité ordinaire de ces deux maîtres d'alors dépasse de loin celle des pratiquants de budō contemporains et, dans ma longue vie, je n'ai jamais plus eu l'occasion de rencontrer des gens d'une telle dignité. En résumé, les valeurs masculines telles que la probité, la générosité, la réserve, le courage, la modestie, la gaieté, la sagesse, formaient un tout harmonieux qui transpirait d'eux et que l'on pouvait percevoir physiquement.

(Lors du repas qui a suivi, Kanō Jigorō vous a invités à venir enseigner le kata)

[...]

Comme maître Funakoshi Gichin était venu à la capitale pour participer à la première convention sur l'éducation physique, il avait prévu de retourner chez lui aussitôt ce travail accompli. Il n'était pas du tout venu à Tōkyō dans l'intention d'y rester, et cela, le directeur Kanō Jigorō le savait [...]. C'est justement pour cela qu'il avait demandé : « Je souhaiterais que vous repoussiez rien que de trois

---

8 - Alors 8e dan.

jours votre retour à Okinawa et que vous me montriez des *kata* de *karate-jutsu.* » Il ajouta, lors du repas ayant suivi la démonstration : « Je dois partir bientôt en voyage d'affaires en Chine, mais comme – à moins que vous ne changiez vos projets – vous serez, Monsieur Funakoshi, bientôt de retour à Okinawa, Monsieur Gima ne pourrait-il pas venir nous enseigner les *kata* de *karate-jutsu* ? » C'est qu'il avait supposé le retour de maître Funakoshi chez lui, et pas du tout parce qu'il aurait, comme la rumeur a couru alors, pris mon *Naihanchi* pour argent comptant.

[...]

(Ces cours ne furent jamais organisés)

Non, c'est vrai, mais entre-temps, des dessins de notre démonstration au Kōdōkan avaient été diffusés dans les journaux, et les demandes de démonstrations affluèrent de toute sorte de personnes qui avaient lu l'article, à commencer par le général Yashiro Rokurō (ancien ministre de la marine de guerre [1860-1930]). [...] Ainsi mes dernières vacances d'été se sont-elles évanouies en démonstrations de *karate-jutsu* ! De même, maître Funakoshi, tandis qu'il repoussait son projet de retour d'une semaine, puis de deux, approfondissait ses relations dans tous les domaines et, ce faisant, attendait le retour au Japon de maître Kanō Jigorō, pensant sans doute que demander son avis était dans la droite ligne des choses. Cependant, comme la somme reçue pour la démonstration était vraiment peu élevée, vers le début du mois d'août, les frais de séjour devinrent trop importants. Et c'est à cause de cette situation qu'il n'eut d'autre choix que de quitter l'auberge et de s'installer au Meisei-juku[9].

(Kanō Jigorō avait aimé votre démonstration)

Oui, il était vraiment enthousiaste. Comme vous le comprendrez si vous voyez le « *kata seiryoku zen.yō kokumin*

---

9 - Dortoir pour étudiants originaires d'Okinawa dans lequel il deviendra homme à tout faire (balayant les chambres, s'occupant du jardin...).

taiiku[10] » créé par maître Kanō Jigorō. Dans ce *kata*, il y a partout des techniques de *karate-jutsu* d'Okinawa.

[...]

Quoi qu'il en soit, que maître Kanō Jigorō ait étudié sérieusement avec un grand enthousiasme les *kata* de *karate-jutsu* d'Okinawa est un fait et, pour ce qui est encore du résultat de la démonstration, si l'on réfléchit selon la situation de l'époque, je pense que l'on pouvait être extrêmement satisfait. En outre, vis-à-vis de maître Funakoshi Gichin également, maître Kanō Jigorō eut des paroles d'encouragement extrêmement chaleureuses : « Monsieur Funakoshi, le *karate-jutsu* d'Okinawa est un superbe *bujutsu* dont vous ne devez jamais rougir où que vous alliez. Si vous avez l'intention de le diffuser dans le pays, ne négligez pas les soutiens. Si vous avez besoin de quoi que ce soit, demandez sans gêne. » Et si maître Funakoshi a repoussé son retour à Okinawa et décidé de séjourner à Tōkyō, c'était en réalité pour répondre à ces encouragements.

---

10 - Littéralement « *kata* d'éducation physique du peuple à la bonne utilisation de l'énergie », c'est le dernier *kata* créé par Kanō Jigorō en 1924 et qui comprend une première partie exécutée seul, fondée sur des techniques d'*atemi*. Il n'est plus aujourd'hui que très peu pratiqué et ignoré de la plupart des pratiquants de jūdō

Kanō Jigorō, Funakoshi Gichin et Morihei Ueshiba[11]

Présenter Kanō Jigorō (1860-1938), Funakoshi Gichin (1868-1957), Morihei Ueshiba (1883-1969) comme les pères de ce qu'il convient désormais d'appeler « les arts martiaux » modernes est un lieu commun, mais que serait le paysage sans le jūdō, le karaté, l'aikidō ? Tous ont eu un parcours différent, mais la route des deux derniers a fini par croiser celle de Kanō Jigorō, plus âgé, bien installé socialement et qui, loin de leur mettre des bâtons dans les roues, les a aidés tout en les laissant absolument libres.

Chacun a bien sûr une histoire particulière : tous trois sont héritiers de traditions distinctes et ont des motivations différentes. Kanō Jigorō pense à l'éducation de l'homme, il a une vision de la société, et considère le jūdō comme l'un de ses moyens : très tôt, il en structure sa diffusion, l'entoure d'un discours pour justifier le passage audacieux du « *jutsu* » au « *dō* », de la simple « technique », celle qui tue, celle que l'on garde secrète, au « chemin », celui qui fait vivre et celui selon lequel on vit en pleine lumière. Quant à lui, Funakoshi Gichin,

---

11 - Texte paru dans *Officiel karate magazine* n° 24, rubrique « Shin », novembre 2007.

homme et professeur d'Okinawa, veut transmettre son bien le plus précieux, le *karate-jutsu* d'Okinawa, le faire découvrir aux gens de l'île principale avant de retourner sur son île aux confins de l'archipel japonais ; et il n'imagine pas les conséquences de la démonstration que Kanō Jigorō l'invitera à faire en son dōjō. Morihei Ueshiba, pour sa part, apparaît comme un obsessionnel de l'art du combat. Exigeant envers lui-même, répondant à toutes les occasions, multipliant les expériences qui le mènent à la lisière de la vie et de la mort, où seules ses capacités peuvent faire basculer son destin du bon côté. C'est par la pratique individuelle, égoïste, qu'il découvre peu à peu un message plus englobant, plus généreux, et c'est à ses disciples que l'on doit la structure de cet art qu'il incarne si parfaitement mais dont la diffusion ne l'intéresse somme toute que peu.

Kanō Jigorō est l'aîné. En tant que tel, il a fait le ménage intellectuel et conceptuel nécessaire pour que la société japonaise, puis de façon beaucoup plus large, la scène internationale, regardent cet héritage vivant des techniques de combat comme un bien précieux. Il a donc préparé le terrain. Mais, si l'on regarde de plus près, au-delà du changement de suffixe (de *jutsu* à *dō*), ces trois disciplines que sont le *jūdō*, le *karate-dō* et l'*aikidō* présentent une particularité par rapport aux anciens *jutsu* : en caricaturant, ils se concentrent chacun sur un aspect particulier du combat à main nue. Le *jūdō* s'est spécialisé dans la lutte au corps à corps, le *karate* dans la science des *atemi,* et l'*aikidō* dans celle des clés. Bien sûr, les frontières sont largement perméables et il n'y a pas d'exclusive, mais on pourrait reconnaître comme particularité à chacun de ces trois arts d'avoir choisi une logique et de l'avoir poussée à l'extrême.

Cela appelle plusieurs remarques : d'abord, cela peut représenter une forme d'appauvrissement par rapport à des arts plus pragmatiques, plus « complets ». C'est peut-être aussi parce que le jūdō a pris une place tellement imposante sur l'aspect du corps à corps que les disciplines qui avaient fait un choix moins prononcé ont délaissé cet aspect pour développer leurs autres capacités. Mais c'est surtout parce que, pour des raisons différentes, ce qui a intéressé ces trois hommes, ce n'était pas tant la tentation de maîtriser tous les domaines que la recherche incessante d'un principe particulier. Un principe particulier qui mènerait à la compréhension du tout : c'est là une définition de *dō*, et la démarche qui en justifie l'emploi.

Kanō Jigorō, par exemple, était parfaitement conscient que la spécialisation dans le corps à corps provoquait de grosses lacunes sur le plan de l'efficacité dans un combat où la vie et la mort se joueraient et dont il rappelait sans cesse que cela demeurait non seulement l'origine de l'art, mais aussi le fil rouge de la pratique. Aussi demandait-il à ses professeurs les plus gradés de s'intéresser aux autres logiques de combat, notamment au sabre ou au bâton, pour les obliger à prendre en compte d'autres logiques, d'autres distances.

Il n'est pas lieu ici de reprendre historiquement l'attitude de Kanō Jigorō vis-à-vis des écoles anciennes de jūjutsu, son rôle dans la Dai-Nippon Butoku-kai, ses discours pour un changement de paradigme des disciplines martiales, son combat pour que les pratiquants soient des repères au cœur de la société.

On notera simplement, pour revenir aux deux autres disciplines évoquées, qu'il aurait, selon de nombreux témoignages, qualifié l'aikidō de « *budō* idéal » [041, 43] et qu'il a envoyé auprès de Morihei Ueshiba certains de ses plus proches professeurs (Takeda Jirō et Mochizuki Minoru). Enfin, rappelons que sans son intervention et sa proposition de démonstration au Kōdōkan, notamment devant des journalistes, Funakoshi Gichin serait retourné à Okinawa sitôt terminée son intervention à la première convention sur l'éducation physique.

Pourquoi cette volonté de rencontre ? Kanō Jigorō était un homme de quête : celle du principe, du principe fondamental, celui qui resterait vrai quelle que soit l'apparence première. Confronter son expérience avec des hommes qui, par d'autres chemins, avaient fait la même expérience que lui, était certainement l'un de ses plus grands plaisirs. Voir ce qui, au bout du compte, après des choix apparemment opposés, apparaissait comme central (une posture de combat, une attitude mentale, une vision du monde…) – et ce qui s'avérait différent ne pouvait qu'être source d'approfondissement et d'enrichissement. Au cœur de tout cela, la pratique, sincère, continue, réfléchie, l'engagement d'une vie… Autant de points communs à ces trois fondateurs.

Apprendre et enseigner

Voler ![1]

Dans le processus d'apprentissage, que ce soit en jūdō ou dans tout autre domaine, le professeur a un rôle essentiel. Il est, comme le dit le *Go rin no sho,* celui qui trace le chemin : « Le professeur est l'aiguille, l'élève le fil » [043, 57]. Si la responsabilité de l'aiguille est de percer des trous pour faciliter le passage, c'est au fil de s'y engouffrer, d'une part, et de faire le lien entre les passages proposés, d'autre part.

Plusieurs questions peuvent alors se poser, dont celle-ci : si le professeur doit faire en sorte de perpétuer son art, voire son école, doit-il enseigner ou transmettre ? Les deux sont liés et peuvent prendre différentes proportions selon les individus, les traditions et les époques, mais accepter d'être professeur, c'est prendre la responsabilité d'apprendre à ceux qui ont fait l'effort de venir apprendre. Ce verbe français, « apprendre », traduit bien la complexité du processus puisqu'il peut signifier aussi bien donner un enseignement que le recevoir, c'est à dire la capacité à prendre (saisir, comprendre, s'approprier, se nourrir de) ce que l'on nous donne.

Aujourd'hui – pour ne s'intéresser qu'au jūdō –, en France, les cours sont le plus souvent partagés entre une phase

____

1 - Chronique publiée dans l'*Esprit du judo* n° 7, février-mars 2007.

d'enseignement technique et une phase plus libre de pratique. Cette tendance est l'héritage de la rupture que Kanō Jigorō crée avec les systèmes anciens dont, nous allons le voir, il ne rejette pas tout !

Le fondateur du jūdō est en effet un intellectuel et un pédagogue. Il lui faut donc appréhender les choses intellectuellement, et donner aux gens les moyens de cette compréhension est un des combats de sa vie publique comme privée. D'ailleurs, sa méthode est extrêmement structurée et réfléchie : théorie et pratique s'y rejoignent, l'esprit et le corps doivent être également nourris. Le professeur de jūdō doit, dans la mesure de ses moyens, répondre à ces deux besoins : il doit donc enseigner, faire en sorte que le message passe, et se demander toujours comment faire pour que celui-ci passe mieux encore, auprès de tous, même des moins doués.

Dans les systèmes antérieurs, la seule responsabilité du professeur est la transmission entière et pleine de son art à une personne, un héritier. Pour cela, il se contente de pratiquer et de faire pratiquer : à l'élève d'apprendre. Soit celui-ci se montre capable d'imiter, de retenir les rares conseils, de chercher le sens des propos des aînés et du maître, de travailler par lui-même, soit il n'en est pas capable et il arrêtera bientôt son étude ou ne sera jamais qu'un pratiquant parmi d'autres. Le terme qui prévaut dans les arts japonais est *nusumu,* « voler », « dérober ». L'élève doit être capable de voler la technique, l'attitude, l'état d'esprit, l'expérience des plus avancés mais également « voler » dans des situations apparemment extérieures à sa pratique – dans d'autres arts ou dans des situations de la vie quotidienne – tout ce qui pourra nourrir sa pratique. Voler, c'est la capacité à prendre, chez les autres, ce qui nous manque, de le greffer à notre propre système. Cela demande, outre une grande capacité d'observation, une grande conscience de ses besoins, la qualité de savoir que d'autres ont su trouver des solutions là où nous sommes dans l'impasse. À la fin, celui qui recevra les clés de l'école et de la transmission aura été non seulement le meilleur voleur, mais aussi celui qui aura su non pas collectionner ses trésors, mais en être devenu l'expression, l'incarnation même, qui ne sera plus dans l'avoir mais l'être.

Ce processus s'appelle *shu – ha – ri,* formulation que l'on doit au maître de thé Sen no Rikyū (1522-1591), même si l'on en retrouve l'idée auparavant, notamment dans les écrits de la personne ayant codifié le théâtre *nō,* Zeami (1363-1443).

Shu, « protéger », c'est protéger soigneusement l'enseignement que l'on reçoit, c'est à dire le respecter scrupuleusement, le pratiquer dans cette forme jusqu'à le posséder parfaitement.

Ha, « briser », est l'étape suivante. Il s'agit de casser le moule, de s'en extirper, de faire ses essais, de découvrir par soi même, de suivre ses idées. C'est prendre des impasses, mais c'est aussi commencer à personnaliser ce que l'on a reçu, faire preuve d'imagination et d'initiative.

Ri, « se détacher », « quitter », est la troisième et ultime étape. Celle où l'on est à la fois dans le parfait respect de l'enseignement reçu mais dans une expression propre où l'on est autant adapté à l'art qu'on à su l'adapter à nous.

C'est aussi savoir changer la forme pour s'adapter aux circonstances, par exemple, et être pourtant dans le parfait respect des principes et de l'esprit. Sen no Rikyū dit : « Si l'on respecte [*shu*] d'abord préceptes et gestes, qu'on les brise [*ha*] ou s'en éloigne [*ri*] ensuite, la base ne doit pas être oubliée[2]. » Et c'est cette base que, devenu professeur, l'on transmettra.

Que Kanō ait bouleversé le schéma classique en demandant aux professeurs de jūdō de faire preuve de pédagogie, d'expliquer et de faire en sorte que les personnes qui entreprennent l'étude du jūdō poursuivent la pratique, ne signifie pas qu'il transfère toute

---

2 - Dernier des *Cent poèmes de Rikyū.*

la responsabilité de la transmission à l'enseignant. Pour s'en persuader, on peut noter au moins trois éléments.

Le premier est la mise en place, en 1884, du serment en cinq points, dont le premier rappelle que c'est l'élève qui sollicite la faveur de recevoir un enseignement. Signant cet engagement – de son sang qui plus est –, l'impétrant reconnaît faire une démarche volontaire : c'est lui qui vient apprendre, personne ne l'y oblige. D'autant que s'ensuit une période probatoire avant que le nom de l'élève n'apparaisse sur les tablettes du dōjō, le temps de s'assurer de son attitude.

Le second est un extrait d'un texte de 1910 où Kanō traite de l'attitude à l'égard des professeurs et où il se réfère à Confucius, à la fois pour aider les professeurs à ne pas dépenser inutilement leur énergie, mais aussi pour avertir les élèves qu'ils sont seuls comptables de leurs progrès :

> « Comme le disait Confucius : « Si l'élève n'est pas passionné, il ne faut pas lui enseigner ; si l'élève ne cherche pas à s'exprimer, il ne faut pas le guider ; si, lorsqu'on lui dévoile un angle, il ne se met pas à chercher par lui-même les trois autres, il ne faut pas insister. » Même un professeur comme Confucius affirmait son incapacité à enseigner à un élève qui refuse d'avancer un peu par lui-même. [044, p. 277]

Le troisième élément est que Kanō Jigorō ouvre son système. En effet, si les écoles de jūjutsu – comme dans la plupart des autres arts jusque-là – conservent jalousement leur enseignement secret, ne le dévoilant complètement qu'à de très rares élèves et ne choisissant parmi ceux-ci qu'un descendant qui représentera l'école et en incarnera l'orthodoxie du style, Kanō multiplie les lieux d'étude et les professeurs. Ce faisant, et même s'il essaie de mettre autant de garde-fous que possible, devant la demande croissante, il est bien conscient que nombre de ces professeurs n'ont pas toutes les qualités requises : certains pèchent en pédagogie, en technique, en attitude ou dans plusieurs domaines, mais Kanō encourage les élèves à aller dans d'autres dōjō, à se rassembler à l'occasion de différents événements comme les stages d'hiver et d'été, la cérémonie des vœux. Bref, il incite les élèves à prendre en main leur propre progression et à aller, une fois les bases acquises, voler hors du dōjō ce dont ils ont besoin. On pourra noter qu'aujourd'hui encore, les professeurs de jūdō, partout dans le monde, se prêtent parfaitement au jeu, non seulement en acceptant bien volontiers que leurs élèves pratiquent ailleurs et en accueillant tout pratiquant se présentant à leur porte, mais aussi en n'étant pas avare, dans un autre dōjō que le leur, en démonstrations ou en conseils, pour peu qu'on le leur demande.

Aussi, si le proverbe « on ne saurait faire boire un âne qui n'a pas soif » est vrai, être assoiffé en permanence est la responsabilité de l'élève, lequel est d'abord apprenti avant qu'il ne fasse son compagnonnage de dōjō en dōjō pour finalement parvenir à la maîtrise de son art.

Il faut donc apprendre à voler pour voler de ses propres ailes, puis être soi-même volé et s'en enrichir, tout en se souvenant de ceci :

> « Aucun homme n'est omniscient, et le critiquer en bloc en raison d'une ou deux de ses lacunes porte en fait préjudice à l'élève lui-même. En effet, comment trouver, avec un tel état d'esprit pour guide, une seule personne sur plusieurs millions, qui puisse servir de modèle ? Même les anciens ont leurs lacunes. Même les génies ont leurs lacunes. Il faut cesser d'être déçu par les lacunes et les faiblesses des uns et des autres, et s'attacher à rechercher en tout homme ses points forts, et demander à en recevoir l'enseignement.
>
> D'ailleurs, comme ceux qui enseignent sont généralement cultivés, ils possèdent, quand on les cherche, pléthore de points forts. Mais il y a en ce monde des gens qui ne se plaisent qu'à remarquer la face obscure et les faiblesses des gens, et qui ne savent découvrir leur côté lumineux et leurs forces. Ils sont vraiment à plaindre. [044, p. 278]

Le jūdō et le maître : *shihan*[3]

Maître : « I. Personne qui a un pouvoir de domination sur les êtres ou les choses. A. Personne qui a quelqu'un sous sa dépendance, sous son autorité. B. Personne qui a quelque chose en sa possession ou en sa puissance. » [021]

Kanō Jigorō rompt avec la tradition du maître – et notamment du maître fondateur – des écoles de jūjutsu d'au moins trois manières.

D'abord, parce qu'il n'est pas le « meilleur combattant de son temps ». En effet, le scénario de la création des écoles martiales est, dans ses grandes lignes, invariable : un combattant exceptionnel qui n'a jamais connu la défaite finit par s'établir et fonder une école, après une longue période passée à sillonner le pays pour éprouver et perfectionner sa technique. Or, Kanō, lui, est tout sauf ça : universitaire chétif, il n'a pas la réputation d'être un combattant exceptionnel, et il ne le revendique en rien !

Ensuite, parce que Kanō n'a pas voué exclusivement sa vie à la pratique : occupé par ses fonctions publiques ou d'autres projets éducatifs, il ne passait pas sa vie dans son dōjō et a très vite laissé la gestion et l'enseignement quotidiens à ses élèves.

---

3 - Chronique publiée dans l'*Esprit du judo* n° 36, février-mars 2012

Enfin, parce que – alors qu'au Japon la transmission s'organise autour du passage de la responsabilité du style d'un maître à un autre –, à la fin des années 1920, Kanō ressent qu'il est temps qu'il se préoccupe de ce qu'il adviendra du Kōdōkan et du jūdō après sa disparition, et il choisit en conscience de ne pas désigner de successeur, afin que le jūdō ne soit pas incarné par un homme qui serait le garant de l'orthodoxie. Ainsi, Kanō libère le jūdō d'une autorité suprême, et en confie la responsabilité à chaque pratiquant. Le jūdō n'est pas représenté par un seul homme, mais par la façon dont l'ensemble des jūdōka du monde se comportent.

Ce faisant, il tue tout maître – dans le sens de celui qui possède, qui a la mainmise sur un domaine et ses gens – du jūdō. Pas de pape : personne pour s'exprimer en son nom, ou en celui des jūdōka... ou, plus exactement, aucun jūdōka qui ne puisse le faire en toute légitimité et qui ne soit responsable de l'image qu'il en donne.

Maître : « Personne qui a autorité ou fait autorité dans un domaine d'activité. » ; « Celui qui est digne de faire école, qui manifeste une compétence exceptionnelle ou un talent supérieur. » [021]

L'image idéale du maître, quelle est-elle sinon celle d'un homme qui a tellement travaillé que son habileté s'est révélée hors du commun et qui, au travers de son domaine particulier, a trouvé et touché quelque chose de plus essentiel encore, et ainsi atteint une forme de sagesse ? C'est un peu vers cela que tend le *dan*, lorsque Kanō met en place des commissions qui, au-delà de l'habileté technique ou en combat, doivent décider si – au vu de son caractère et de sa façon d'être hors du dōjō – l'impétrant est digne de porter le grade supérieur. Le *dan* marquerait ainsi la progression vers l'homme complet. Et si ceux qui seront nommés 9e ou 10e dan[4] ont tous

---

4 - Rappelons que Kanō n'a nommé que trois 10e dan, dont un à titre posthume, et les deux autres en 1937, cinq mois avant sa mort.

voué leur vie à la pratique, on ne peut que s'étonner de leur progression finalement assez lente dans les hauts grades, comparée à la multitude de 6e dan décernés à des personnes pour qui le jūdō n'est qu'un aspect de leur vie, mais dont l'action, notamment publique, peut résonner dans la société.

Il y a plusieurs façons d'interpréter cela : favoriser l'équilibre des actions plutôt que « l'hyper-compétence » dans un domaine plus proche du symbolique que de l'opératif, et ainsi offrir cet exemple aux jeunes jūdōka ? ou encore, volonté de faire des personnes influentes les gardiens du jūdō, les responsabiliser, les impliquer dans son maintien et son développement ?

Ainsi, s'il n'y a plus « un » maître, le jūdō connaît pourtant bien « des » maîtres, qu'ils soient experts de la pratique, professeurs passionnés et passionnants, ou qu'ils aient perçu dans le jūdō un mode d'action et de comportement qu'ils savent appliquer aux divers aspects de leur vie... le cumul n'étant pas interdit, et même souhaitable !

Maître : « Celui qui, ayant accompli son apprentissage et réalisé le chef-d'œuvre, avait obtenu les lettres de maîtrise et était reçu dans un corps de métier. » [021]

Du vivant de Kanō, les très hauts grades ont toutefois été réservés à des personnes qui avaient consacré leur vie à polir le geste technique, après des décennies de travail quotidien sur les tatami, à la façon des artisans. Le maître, c'est alors le compagnon qui, par l'expérience et le voyage, a non seulement fait le tour de son domaine, voire en a repoussé les frontières, mais en a incorporé le savoir. Il ne possède pas son art – celui qui possède peut être dépossédé –, il est l'art lui-même, il l'abrite, l'habite, l'exprime et l'exhale : il l'incarne.

C'est la maîtrise qui fait le maître, c'est le domaine parcouru qui révèle l'homme. En jūdō, le terme utilisé, jadis réservé à Kanō et aux 10e dan, dont nous pourrions oser la traduction de « maître », est *shihan* 師範. Étymologiquement, *han* 範, c'est le bandage de la roue, la partie métallique (autrefois en bambou) qui entoure et protège la roue. On rejoint donc cette idée non seulement de faire (d'avoir fait) le tour du domaine, mais également d'en circonscrire les limites. C'est en posant – en révélant – ce qui en fait partie ou non que le domaine se distingue, sort de la confusion, se définit. Si l'on en croit *han*, le maître est donc le bandage, qui maintient la cohérence de l'ensemble[5] en circonscrivant le domaine. C'est aussi la partie exposée aux frottements et aux heurts, permettant aux pièces intérieures de travailler indépendamment des vicissitudes extérieures.

Dans cette image, qui explique en partie le choix de Kanō de libérer le jūdō d'une autorité suprême, le maître n'occupe pas le centre mais la périphérie. En fait, il tend toujours vers le moyeu, lequel n'est autre que l'art et ses principes fondamentaux. Le maître n'occupe pas la place centrale : garde-fou, il empêche la dispersion, comme il marque les limites de l'art et, tout en étant lui-même à ses confins, il renvoie sans cesse vers le cœur.

Maître : « Celui, celle qui enseigne, instruit, qui a des élèves, des disciples. » ; « Celui qui fait école ; celui dont on est le disciple, dont on reçoit et reconnaît l'enseignement, la doctrine ; celui qui représente un modèle, un guide, un initiateur. » [021]

Le sens premier de *shihan* était « modèle » [053], celui dont on s'inspire, que l'on copie et imite. On peut être modèle sans le savoir, sans s'en préoccuper, ne donnant aux autres que notre exemplarité, ne marquant que la distance, sans chercher à les aider à parcourir le chemin qui nous sépare. On peut ainsi être maître de son art et refuser d'enseigner. Mais, dans ces deux cas, on ne saurait être *shihan,* car *shi* 師, c'est « réunir des gens et enseigner », c'est prendre la responsabilité de donner un enseignement. Ce terme nous révèle donc que la transmission fait partie intégrante de la mission de l'expert,

---

5 - Sans le bandage, les différents composants de la roue (moyeu, rais et jante), simplement emboîtés, se défont.

de celui qui a travaillé, et participe même de ce travail : une façon de rendre ce que l'art nous a donné en lui permettant de survivre. Et qui enseigne sait combien il reçoit ! Il s'agit donc d'être élément de la transmission, maillon plus solide ayant la responsabilité de renforcer tous les autres, car la robustesse de la chaîne se mesure à la résistance de son maillon le plus faible. Et puis, à quoi serviraient le bandage et le moyeu sans rais et jante pour les relier ?

Mais, dans le jūdō, les gens sont libres. Dans un dōjō, on ne peut pas forcer les gens à obéir, écouter, rester. Ce sont eux qui reconnaissent ou non le maître et décident ou non de le suivre : dans tout art, c'est le disciple qui fait le maître.

Dominari, « dominer, être maître » [021]

Dominari entre à la fois dans l'étymologie de « domaine » et de « dominer » et, comme cela le suggère, le maître d'un domaine est celui qui domine, qui surplombe. Le maître est donc celui qui a pris de la hauteur, c'est-à-dire de la distance. C'est cette hauteur qui lui permet d'embrasser tous les aspects de l'art, et cette distance qui le fait passer du particulier à l'universel.

À Athènes, le métronome était le magistrat des poids et mesures. Devenu instrument d'étude de la musique, il en donne toujours la mesure, le rythme. Et c'est peut-être cela, le *shihan* : le maître qui révèle par sa propre action l'espace entre les éléments primordiaux de l'art, qui en fait apparaître le rythme interne, qu'il offre à ceux qui le veulent, et permet sa mise en musique. Alors, puisqu'il définit la distance comme le rythme, le maître, finalement, c'est celui qui donne la mesure.

Le *sensei*, celui qui ouvre le chemin[6]

Toutes les définitions entre guillemets proviennent du cnrtl. fr [021] et du Kōjien [053], sauf si suivies d'un astérisque (*), simples propositions de traduction.

Si *shihan* est le pratiquant-professeur exceptionnel (celui qui embrasse le domaine), la transmission verticale, d'une génération à celle qui la suit (dans la discipline s'entend), passe par les relais que sont les professeurs. Ceux-ci sont alors qualifiés de *sensei* 先生. Comme 生 est aussi bien « naître » que « vivre », et que 先 est « ce qui précède », *sensei* peut se comprendre de deux façons : « celui qui est né avant » ou « celui qui a vécu avant ». Puisqu'il nous précède, le professeur nous ouvre le chemin, un chemin dont il connaît les difficultés comme les joies, pour les avoir éprouvées avant nous, et, aux carrefours, les impasses comme les routes qui ouvrent les horizons.

Bien sûr, tout professeur ne peut avoir tout parcouru, tout connu. Mais ce n'est pas grave, car son expérience doit lui permettre de guider les choix de l'apprenant. Si, dans le cas d'une pratique, le terme général de l'enseignant est *shidōsha* 指導者, « celui qui montre le chemin

---

6 - Chronique publiée dans l'*Esprit du judo* n° 37, avril-mai 2012.

du doigt », au Kōdōkan, depuis 1933, on utilise le terme de *shinan.yaku* 指南役 « la personne qui pointe le sud du doigt[7] », c'est-à-dire celle qui nous donne des repères et qui est capable d'orienter. Or, « faire connaître par un signe, par une indication » est précisément l'étymologie du verbe « enseigner ». Enseigner, c'est donc désigner, montrer du doigt. Et, montrer du doigt, c'est certes indiquer la direction, donner le sens, mais c'est aussi « mettre le doigt sur » et donc donner du sens, le révéler. En d'autres termes, signifier, désigner ce qui est « porteur de sens » et attirer l'attention de l'apprenant sur tel ou tel point pour le laisser en découvrir les implications, pénétrer dans un champ de résonance.

Signifier, c'est exprimer, « faire connaître », ce qui est aussi la définition de manifester, « révéler de façon sensible ». Il convient donc de porter au niveau des sens, de rendre manifeste et évident, « d'enseigner par l'exemple et la pratique », de montrer. Et c'est bien par le geste que le professeur montre : un petit dessin (signe) ne vaut-il pas mieux que mille mots ? Et « enseigner minutieusement en montrant les choses », c'est démontrer. Or, démontrer, c'est aussi « fournir la preuve », faire la démonstration de la pertinence, de l'efficacité de la méthode, révéler par l'exemple le sens de la pratique. Le professeur, qui fait mission de professer, soit « exprimer publiquement, manifester, exposer » aux yeux de tous une conviction, un savoir-faire, apporte donc la preuve par le fait, l'acte, le faire, et, ainsi, on *voit* ce qu'il veut dire. Par la démonstration, il permet de « saisir, prendre connaissance par les sens », de percevoir. Il fait ainsi apparaître les contours, permet de distinguer la forme, avant que nous ne voyions précisément, que nous ne recevions, ce qui est l'autre acception de percevoir, par-delà l'image, le message, le sens. En japonais, pour (dé)montrer, on utilisera d'ailleurs *miseru,* « donner à voir, faire voir ».

---

7 - Les *shinanban* 指南番 étaient les maîtres d'armes des *daimyō*.

Puisqu'il « rend manifeste, laisse apparaître clairement » la discipline, il la révèle. Et révéler, c'est aussi « faire connaître ce qui était ignoré, inconnu, caché, secret », tandis que « révéler les secrets, la connaissance de quelque chose », c'est initier quelqu'un, verbe qui peut aussi simplement signifier « enseigner les rudiments ». Or, cet enseignement rudimentaire, cette initiation, se dit, en japonais, *nyūmon* 入門, « faire passer la porte »*, introduire, faire pénétrer dans le domaine. Et le disciple, se dit *monjin* 門人 ou *monka* 門下 « l'homme qui est à / sous la porte »*, « qui s'est présenté à la porte »*, qui est sur le seuil, et donc sur le point de pénétrer, de découvrir l'intérieur des choses, leur agencement interne... s'il y a quelqu'un pour lui ouvrir la porte, et qu'il franchit le pas.

Mais quand l'élève s'attache à un professeur, et que celui-ci a perçu dans l'impétrant une soif qu'il lui semble possible d'étancher, au moins pour un temps, s'établit une relation de maître à disciple, et ce dernier est appelé *deshi* 弟子. Autrefois, ce terme désignait le benjamin d'une fratrie, avant de prendre son sens actuel avec « l'idée de la personne qui, comme un petit frère (弟) ou un enfant (子[8]), suit un maître ». Outre le lien d'affection, de sympathie mutuelles qu'il sous-entend, ce terme montre que les deux naissent d'une même souche, que la pratique est leur communauté. Une communauté intime aussi puisque certains étaient admis à vivre chez le maître, et devenaient ainsi témoins privilégiés de chaque instant de sa vie, laquelle devenait source « d'éléments décisifs d'information ou d'appréciation », soit édifiante, dans ses détails les plus apparemment éloignés de la pratique, tandis que le professeur se trouvait dans la position d'incarner sans relâche la posture à même de guider, d'édifier, à la fois « élever / construire » et « porter à la vertu par l'exemple ».

Aujourd'hui, cette situation n'est plus que rarement possible, sinon en stage. Là où le Français insiste sur le

---

8 - C'est aussi l'idée de la « pousse », de ce qui est en état premier, en devenir.

temps exceptionnel – « stage : période, moment consacré à quelque chose d'inhabituel » –, le Japonais emploie le mot *gasshuku* 合宿, « résider ensemble », qui conserve l'idée d'importance de la communauté d'expérience, de la fraternité de pratique entre professeur et élèves. Il ne s'agit plus seulement de communiquer un savoir mais de communier, « partage de condition ».

Un professeur ne refuse pas son enseignement à qui peut le suivre sur les chemins qu'il a à proposer, mais tous les enseignements ne sont pas accessibles à tous : il y a parfois des étapes, des préparations nécessaires. Si vous pouvez l'atteindre, la branche élevée vous hissera plus haut encore, mais elle n'est pas tout de suite accessible et il faut prendre appui sur les plus basses d'abord. À l'inverse, comme le suggère le terme *deshi*, l'élève n'appartient pas au professeur, car il est naturel que l'enfant quitte le milieu dans lequel il a été élevé, que le petit frère finisse par suivre son propre chemin. Accueillir l'élève qui frappe à la porte, le recueillir un temps, et lui offrir les moyens, le rendre libre de partir : l'armer pour de nouvelles aventures, et après avoir été vecteur de la discipline, se faire intermédiaire vers le professeur suivant, celui qui sera à même de l'emmener vers des chemins qui nous sont inconnus, voire inaccessibles. S'accepter branche-étape dès lors qu'on est la cime, et se révéler tel à l'élève. Conscience de l'infinité des parcours, des possibles, des choix, témoin de ce que le professeur est lui-même perpétuellement en chemin et ne s'est pas établi en bourgeois prospère et jaloux sur son lopin de compétence, marque de son respect de l'élève comme de la discipline, puisqu'il ne saurait la réduire à son champ d'expérience propre : la modestie est la conséquence du travail.

Plus il a travaillé, moins le professeur cherche à masquer ses lacunes, moins il est dans le vouloir être, le paraître, plus il se fond dans la discipline, et, ce faisant, plus il la représente, c'est-à-dire qu'il la « rend effectivement présente à la vue, à l'esprit », qu'il « l'incarne et l'exprime ».

Il doit certes la « porter à la scène » à des fins pédago-giques pour en « restituer les traits fondamentaux », en « rendre perceptible l'aspect, la nature caractéristique », mais ne doit pas être lui-même en représentation, dans le sens « d'adopter une attitude destinée à donner à autrui une certaine opinion de soi, à paraître sous un certain jour ». On ne peut ni tout savoir ni tout connaître et, représenter, c'est aussi « tenir dignement son rang » : agir à son niveau, être juste et sincère dans le respect de l'art et de son image.

Véhicule transitoire, transmetteur toujours infidèle de quelque chose qui le dépasse et dont il n'aperçoit qu'une infime partie, le *sensei* n'est pas à l'abri de l'égarement, à chaque instant et sous bien des formes ; et tant mieux, cela fait aussi partie de l'intérêt du parcours. Mais il est la marche, l'ouvreur, celui qui guide sur un bout de chemin puis, ne pouvant aller plus loin, qui laisse à ceux qui le suivaient le soin de continuer, après leur avoir ouvert grand la porte.

Le *sensei* s'adresse aux sens : l'art apparaît, se révèle alors à l'élève sensible, capable d'émotion, prêt à être ému, ébranlé, à être mû, mis en mouvement. Le profes-seur propose une expérience – « observation de faits provoqués » – qui se transforme chez l'apprenant en « mise à l'essai de ce qui est nouveau dans son usage et dans sa pratique », et donc en action, en faire. Ainsi, après avoir perçu, « saisi par les sens », c'est par le mouvement, la pratique guidés, orientés que le professeur offre à l'élève d'appréhender, « saisir par les mains », l'art.

L'exemplarité, ou l'art de s'élever[9]

Une phrase souvent entendue : « Tu veux devenir fort, savoir faire telle chose ? Tu devrais regarder untel ! ». En général, quelques mois plus tard, cela finit avec de l'agacement : « Mais je t'ai dit de regarder untel ! » – sous-entendu : « Je t'ai donné le modèle, pourquoi ne le suis-tu pas ? ». Alors pourquoi nos jeunes ne s'inspirent-ils pas de ceux que nous reconnaissons, nous qui sommes un peu plus expérimentés, comme exemplaires ? Plus encore, pourquoi ne voient-ils pas l'exemplarité quand elle nous semble si évidente ?

Au-delà de « Si jeunesse savait, si vieillesse pouvait » (Henri Estienne), cela nous interroge surtout sur ce qu'est l'exemplarité, et comment le jūdō modifie notre rapport à celle-ci.

Son propre chemin

Je me souviens d'une interview croisée entre Roger Federer et un jeune champion du monde d'échecs, où tous deux avaient dit quelque chose comme : « On m'a donné beaucoup de conseils. Je les ai tous écoutés, je

9 - Chronique publiée dans l'*Esprit du judo* n° 39, août-septembre 2012.

n'ai tenu compte d'aucun. » Cela rejoint le précepte zen « Si tu rencontres un maître, tue-le ! », mais est, par contraste, très révélateur d'un des processus sur lequel le jūdō joue.

Que nous propose finalement le jūdō ? Un but qui paraît simple à réaliser : faire tomber quelqu'un. Mais qui s'avère en fait extrêmement difficile à atteindre. Ainsi la logique veut-elle que l'élève fasse d'abord à son idée, et constate assez vite son insuccès. Que face à celui-ci, il en arrive à observer plus attentivement ceux qui réussissent et tente d'imiter en reconstruisant à partir des indices visuels, tout en étant à l'affût de conseils, de solutions, transmises de façon ostensive ou involontaire, par l'oral ou la démonstration, puis les adapte à son idée et à sa morphologie, et gagne ainsi un début d'autonomie. Ces rudiments posés, il va rechercher à nouveau des solutions qui lui sont propres. Cette étape est indispensable à la suite, même si certains pourront peut-être s'arrêter là... tout le monde n'est pas Federer. En effet, le commun des mortels doit constater bien vite de nouvelles limites, des paliers qui l'incitent à retourner à l'observation de façon plus fine, plus poussée. Se met alors en place un cycle sans cesse répété au cours de l'apprentissage, entre recherche de ses propres solutions et recherche d'indices.

Un tamis de plus en plus fin

Que se passe-t-il d'un cycle à l'autre ? L'élève évolue : les indices qu'il saisit pour construire sa progression sont de plus en plus fins et pertinents, et son imitation des aînés devient à la fois plus précise et plus adaptée à lui. Si elle est plus précise, plus proche du modèle (la transmission se parfait donc), c'est d'une part parce qu'il repère des détails posturaux, techniques, situationnels, qui lui avaient échappés jusque-là ; d'autre part, parce qu'il comprend qu'il y a des détails, des gestes, des postures, des détours, qu'il n'avait jusqu'ici pas perçus, ou chassés de son imitation car lui paraissant non directement liés à la poursuite de son but et qui, pourtant, garantissent l'efficacité de la technique ou de la séquence.

C'est ainsi qu'au-delà du geste technique, des attitudes, des postures, des savoir-faire complexes se transmettent, non par souci de folklore, mais parce que, si cela n'apparaît pourtant ni au premier coup d'œil, ni à la première expérience, elles sont les fondements de l'efficience à haut niveau de complexité, d'opposition. Ainsi, outre une saine attitude de modestie face à sa propre force, le développement de capacités d'observation, de réinvention et d'adaptation à soi, le jūdō enseigne le respect de l'aîné, non pas d'un point de vue moral, mais comme modèle – c'est-à-dire collection d'indices, de réinventions, de solutions intelligentes et pertinentes qui permettent son propre progrès.

Savoir voir, ou l'exemplarité perçue

Alors, nos jeunes, ce n'est pas parce qu'ils ne veulent pas tenir compte de nos conseils qu'ils n'avancent pas, c'est qu'ils n'ont pas encore suffisamment échoué, touché leurs limites : pas encore renoncé à tracer leur propre chemin tout seuls. Et ils ont raison. Mais chemin faisant, nul doute qu'ils apprendront à reconnaître aussitôt les procédures adaptées à leurs besoins, qui leur permettront d'avancer plus loin encore, et que ce n'est pas quitter sa propre voie que d'emprunter un outil, ou que de reconnaître une attitude juste. Plus encore, ils passeront d'un modèle unique (tel champion, tel professeur) – une abstraction – à des milliers de modèles, ponctuels, temporaires, pourvoyeurs d'indices concrets et directement applicables. La capacité à voir ce qui est exemplaire est, elle, source de progrès, d'élévation dans la pratique.

L'exemplarité construite

Mais le principe d'exemplarité n'est pas seulement utile à la progression des jeunes jūdōka, il est incitateur aussi pour les exemples eux-mêmes... Qu'est-ce que l'exemplarité construite ? C'est adopter un comportement conforme à l'image que nous avons ou que nous souhaitons donner de ce qu'est et qui doit être une ceinture noire, un professeur ou, simplement, un jūdōka. Si elle peut paraître artificielle, l'image n'en est pas moins importante, car elle permet de se situer au sein de la communauté du jūdō comme de la communauté extérieure.

Être dans l'exemplarité n'est pas se poser soi en exemple, mais exactement le contraire. Être dans l'exemplarité, c'est faire passer son rôle avant soi ; se vouloir exemple, c'est se mettre en avant personnellement, s'afficher en modèle. Plutôt que d'être cadre, ce serait se poser en centre, quand celui-ci doit être occupé par le principe, par le jūdō.

Représenter le jūdō : la tâche peut paraître écrasante. Ainsi, indépendamment de leur niveau technique ou en *randori,* certains refusent de passer le 1er dan, d'autres le 6e dan, ou d'enseigner, d'assumer cette responsabilité de vecteur comme de gardien de l'art. Mais, en jūdō, nous avons la chance d'avoir une double reconnaissance pour nous aider à nous sentir à la mesure de notre ambition. D'abord, se hisser par nous-mêmes : un test d'efficacité, où personne ne nous fait de cadeau, et où c'est donc à nous seuls que revient le mérite d'avoir maintenu nos efforts, autant de fois que nécessaire. Ensuite la reconnaissance de nos pairs, par la démonstration formelle au travers du *kata.* Autrement dit, nous avons fait le chemin par nous-mêmes (aidés de nos professeurs, de nos partenaires...), mais ce sont nos aînés qui nous reconnaissent et nous installent dans notre nouveau grade. Et c'est forts de cette double confiance que nous progressons.

Après, c'est justement une histoire de *kata* : on endosse un costume qui nous semble trop grand pour nous, et on joue un rôle. Mais à force de le jouer, de le ressentir d'abord comme un carcan, on finit par y être de plus en plus à l'aise, par l'habiter, se sentir de moins en moins usurpateur, par s'élever à sa hauteur. Aussi, être reconnus comme tels, par les efforts que cela nous pousse à faire, portés par la confiance qui nous a été témoignée, pour « être à la hauteur », nous élève-t-il.

Élève perpétuel

Il est un proverbe japonais qui résume bien, à mon sens, l'attitude constante qui doit être celle du jūdōka : « Si trois hommes agissent, l'un d'eux est forcément mon maître[10] », et qui nous rappelle également que ce qui compte finalement, c'est l'action. Or, parce que le jūdō est précisément la science de l'agir, il nous apprend à juger les actions, les actes – les nôtres, mais aussi ceux des autres –, en fonction de différents critères, et notamment de leur efficacité pour atteindre un but fixé. Mais aussi, et c'est le plus important, il nous enseigne que tous les moyens ne se valent pas. Et, justement, prendre toujours dans un sens positif le mot « exemplarité » est non seulement trompeur, mais surtout nous prive d'une grande partie de l'expérience. Car si les maîtres en positif existent, plus nombreux encore sont les maîtres en négatif : ceux qui nous montrent ce qu'il ne faut pas faire, ce que l'on ne veut pas être. Et il est tout à fait possible de se construire aussi à partir de là.

Aussi, le jūdō, faisant de nous des récepteurs prêts à reconstruire l'information en permanence, propose-t-il à qui veut s'élever de se faire, plutôt que maître, toujours élève. S'approprier l'exemplarité perçue comme construite, pour toujours progresser, apprendre, s'éduquer, se cultiver – s'élever. Une bribe de conversation dans le métro, une ouverture pour *uchi-mata* entrevue sur un coin de tapis, une attitude face à une certaine situation : combien d'inconnus ont ainsi été, à leur insu, mes maîtres d'un instant, mais à jamais ?

Alors, si la beauté est dans les yeux de celui qui regarde pour Oscar Wilde, l'exemple est dans les yeux du jūdōka.

---

10 - Proverbe tiré des *Analectes* de Confucius, où il faut considérer que nous sommes l'un des trois hommes agissant.

Du corps à corps à la reconnaissance : de l'importance du *uke*[11]

Socrate : 0 – Hamada : 1

« Jeune, je n'ai fait que projeter. Maintenant, devenu professeur, je ne fais qu'être projeté. Je suppose que c'est ainsi que cela doit être. » (Hamada Hatsuyuki, 8e dan)

Savoir

Dans l'école française, nous avons la tradition de l'étude technique. Sans doute à la fois héritage de notre façon toute intellectuelle d'aborder les choses et de l'histoire de l'enseignement du jūdō en France, notamment par M. Kawaishi et sa réflexion sur une progression technique. Nous isolons une technique, une entrée au sol ou un schéma d'attaque que nous faisons répéter à l'ensemble du groupe. Cette étude occupe chaque fois tous les présents et une partie conséquente de la séance, et c'est à chacun, en somme, de s'emparer des éléments offerts et de les greffer sur ses acquis, de faire le lien, d'enrichir son jūdō. Si l'effet est parfois immédiat, cela peut rester pure théorie fort longtemps, mais c'est dans un coin de notre tête, latent dans notre corps, et cela

---

11 - Chronique publiée dans l'*Esprit du judo* n° 25, avril-mai 2010.

finira peut-être par prendre sa place dans notre jūdō. Il s'agit de mettre dans la tête, et un peu dans le corps. On sait mais ne connaît que peu.

Connaître

Kanō Jigorō procédait différemment. Si une de ses intuitions a été de mettre le *randori* au centre de la pratique, au début, lorsqu'il était seul à enseigner et qu'il constatait le début d'un progrès chez un pratiquant, sa méthode consistait à se servir d'une séquence de *kata* pour proposer une solution, une piste, à l'élève. Le *kata* faisant office de réservoir à principes, non de catalogue technique.

Le nombre d'inscrits augmentant, mais aussi parce qu'il doit confier de plus en plus de cours à des élèves à qui il ne reconnaît pas forcément la capacité à user du *kata* à bon escient, il choisit d'établir des séances de *kata,* en sus de celles de *randori.* Ainsi – sans que cela n'empêche en rien le professeur d'intervenir comme auparavant –, chacun devient responsable de sa quête du principe. Il faut non seulement aller puiser, mais reconnaître ce qui est, à ce moment-là, pertinent pour sa propre progression. Bien sûr, le professeur est là, mais on peut établir que ce qui est ici réellement facteur de progrès est la répétition, la répétition de formes, d'attitudes justes qui, imperceptiblement, modèlent, moulent, (dé)forment le pratiquant. La répétition crée un humus qui modifie la pratique séparément du déclic intellectuel qui, pour sa part, intervient souvent *a posteriori.* Rappelons que les « Conditions normales de travail et de pratique » sont l'entraînement quotidien. Il s'agit de mettre dans le corps, et un peu dans la tête. On connaît, c'est-à-dire que l'on a l'expérience, que l'on a expérimenté et qu'on le devient. Un premier pas vers l'expertise.

Le mystère japonais

Quand on est habitué au système français et que l'on est sensible au niveau technique atteint par les jūdōka japonais, on est généralement surpris de constater que les séquences techniques n'existent (pratiquement) pas au Japon. Alors, comment font-ils ?

D'abord, il y a l'image. Une image mentale de ce qu'est le jūdō, le déplacement, l'attaque, la technique, de ce que doit être l'attitude. L'imitation a pour modèle une forme idéale, ou proche de celle-ci. Et c'est beaucoup, car l'esprit et le corps cherchent à s'y mouler, à s'y fondre.

Et puis, dans les *machi dōjō,* ou dōjō de quartier, où beaucoup de jeunes Japonais débutent, l'apprentissage technique est individualisé. Le professeur repère, dans le *randori,* les tendances des enfants, et donne des conseils en fonction : qui se verra conseiller sur *tai-otoshi,* qui sur *ō-soto-gari....* Ainsi les éléments viennent-ils orienter ce qui est déjà bourgeonnant, au moment le plus pertinent. Un élève peut rester plusieurs jours, plusieurs semaines sans conseil direct, à se « dépatouiller » avec l'existant jusqu'à ce qu'émerge une direction qu'encouragera le professeur. Si ce n'est plus au *kata* que celui-ci recourt, la démarche est approchante.

Pourtant, au lycée, à l'université, c'est essentiellement *uchi-komi, nage-komi* et *randori.* Alors comment expliquer, au-delà de l'accumulation des heures de pratique, cette perfection du geste ?

Reconnaître

Dans le *Ménon* ou le *Phédon,* Socrate nous explique que toute connaissance est réminiscence, re-mémorisation, c'est-à-dire re-connaissance. Si son propos est principalement de démontrer l'immortalité de l'âme – qu'il s'emploie à distinguer d'un corps qui l'appesantit, l'entraîne vers des appétits physiques, loin des quêtes essentielles –, le jūdōka, lui, se sert de son corps pour nourrir son âme en une parfaite symbiose, pour toucher le subtil, pour le connaître. En ayant fait l'expérience, l'âme ou l'esprit, qui sait cette présence, ce possible, cet absolu, se met en quête et n'a de cesse de le re-connaître.

Avez-vous eu la chance de travailler avec un expert pour *uke* ? Tout d'un coup, vous devenez un jūdōka de génie ! Certes, cela ne dure pas plus que l'exercice, mais ce que vous avez ressenti vous nourrit à l'infini, plus encore, vous donne faim de ces sensations, de les retrouver. Et si le but, le juste, a été touché, n'est-ce pas qu'il est à portée de main ?

Mais cette sensation, si courte, si fugitive, est guide et repère. Car (d') après elle, le corps sait qu'il est mal positionné, que ce n'est pas la bonne situation, le bon placement ou emboîtement. Il est alors possible d'auto-évaluer son mouvement, son geste, à l'aune de cette sensation connue, ainsi que de tâtonner en se guidant avec ce qui n'est encore que parcelles – mais reconnues en tant que telles – de cette globalité, prémices de reconnaissance. Nous connaissons, il nous faut re-connaître.

Du corps à l'âme

Si nous sommes géniaux lorsque nous projetons un expert, c'est parce que, par son placement, il nous positionne (*tori* ainsi que le couple) dans la situation idéale, celle que nous aurions dû amener, créer, mais à laquelle nous ne parvenions pas, faute de maîtrise, mais aussi faute de l'avoir déjà goûtée, ressentie, connue. De cette façon, il nous la fait connaître. Le travail principal du professeur devient donc de prêter son corps, de créer la situation idéale non plus pour en profiter lui-même, mais pour l'offrir à l'apprenant.

Or, cela, chacun peut, à son niveau, l'offrir à son partenaire : c'est la richesse du système *senpai* (aîné) – *kōhai* (cadet). Ainsi, un *uke* généreux fait en sorte que chaque *uchi-komi* devienne un travail technique à part entière, parce que chaque placement est le plus parfait possible et nourrit le corps d'une compréhension pleine et de plus en plus fine du mouvement. Et des *uchi-komi,* au Japon, ils en font beaucoup ! Ensuite, dans le *randori,* notre *tori* cherchera naturellement à recréer la situation et, sitôt celle-ci perçue par le corps, s'engouffrera-t-il dans la technique.

Non seulement il ne faut pas négliger la sensation rémanente, celle qui reste dans le corps après la séance et jusqu'à la suivante – et dont on peut percevoir aussi les effets sur notre humeur, nos sentiments –, mais il faut savoir en jouer. Aussi est-il important de toujours « finir sur un bon » – un bon mouvement, une bonne sensation, dont les racines feront leur chemin en nous pendant le repos. Bien sûr, on ne sait pas quand le professeur arrêtera l'exercice ; il n'y a pas d'autre choix, alors, que de s'appliquer pour que chaque geste puisse être le dernier, c'est-à-dire le meilleur possible.

On dit souvent que sans *uke,* le jūdō n'est pas possible, mais cela va au-delà : le *uke* fait le *tori.* Le professeur nous offre la connaissance. Nous lui devons la reconnaissance.

La blessure[12]

Dans un vieux dōjō délabré, aux murs couverts de calligraphies diverses (il y en avait même au plafond !), le professeur qui nous recevait pour un stage d'une dizaine de jours avait attiré notre attention, dans son discours d'ouverture, sur un cadre où était écrit « *Buji kore meiba* », « Un bon cheval est un cheval qui ne se blesse pas ».

La blessure : point d'arrêt

Mes camarades m'avaient affirmé qu'il s'agissait d'une de ces maximes par lesquelles se faisait l'éducation des samouraïs. La réalité est tout autre puisque c'est à l'écrivain Kikuchi Kan (1888-1948) qu'on la doit et... ce n'est pas une image, elle parle bien de chevaux, lui-même ayant été propriétaire de chevaux de course. Il n'empêche que la leçon reste valable et rejoint, je crois, la pensée de Kanō Jigorō. En effet, celui-ci donne pour aune de réussite aux participants au stage d'été 1936 les conditions suivantes : d'abord, ne pas manquer de cours, ne serait-ce qu'une seule fois pendant les 30 jours ; ensuite, ne pas se blesser ou tomber malade. [054]

Ainsi, la blessure – comme nous en avons tous fait l'expérience –, si elle nous invalide, invalide d'autant l'expé-

---

12 - Chronique publiée dans l'*Esprit du judo* n° 29, décembre 2010 – janvier 2011.

rience en cours. Elle brise net les projets, interrompt tout espoir de progrès. Or, dans une méthode fondée sur l'accumulation d'expérience, ce n'est pas seulement contrariant, c'est irresponsable. D'autant qu'une blessure peut avoir des répercussions sur notre vie professionnelle, sociale et familiale, ne nous permettant plus, même temporairement, d'assumer nos responsabilités, ce qui est une aberration puisque la pratique du jūdō doit au contraire nous permettre d'être, au-delà du dōjō, plus impliqués dans la société.

La blessure : les causes

C'est justement parce que c'est irresponsable que Kanō est à la fois très attentif à ce problème et extrêmement sévère vis-à-vis des personnes qui se blessent ou tombent malade. La première chose, il le répète à l'envi (dès 1889 !), c'est que la réflexion autour des méthodes d'enseignement du jūdō et leur amélioration a permis que le jūdō en lui-même soit absolument sans danger aucun. Autrement dit : aucune blessure ne peut jamais être imputée au jūdō, mais toujours à ses conditions d'application.

Et sa première cible est les professeurs. S'il y a blessure, c'est que ceux-ci n'ont pas veillé à l'entretien du dōjō ou qu'ils ont été pédagogiquement négligents, laissant leurs élèves pratiquer de façon inadaptée, ou en trop grand nombre, ou proposant des exercices dépassant leurs compétences physiques ou mentales.

Mais le coupable principal reste le blessé, et Kanō se montre intransigeant : la blessure (comme la maladie) est toujours due à un défaut de vigilance, de présence mentale à l'exercice, ou encore à la paresse, à une mauvaise utilisation du corps, une pratique irréfléchie. Il ira même jusqu'à dire qu'il vaut mieux ne pas faire *randori* si on n'est pas capable d'apporter, par manque de sommeil ou trop grande fatigue, toute l'attention nécessaire à cet exercice. [055]

La blessure : opportunité

Toute médaille a son revers, et la blessure ne fait pas exception : il suffit de savoir inverser la perspective. Un jour que j'étais blessé au coude, Fujii Shōzō me dit : « La blessure est une chance. » Et, devant mon étonnement, de poursuivre : « Sans la blessure, on ne ferait jamais l'effort de changer notre jūdō. » J'ai alors compris ce que signifie être viscéralement engagé dans la pratique. Pour moi, être blessé, c'était être privé de jūdō. Pour lui, être blessé, c'est se demander comment, dépossédé d'une partie de ses moyens, on utilise nos ressources restantes pour continuer : il n'y a pas de pause, de repos, chez le véritable pratiquant, seulement plus d'éléments à prendre en compte, d'obstacles à surmonter. Aussi la blessure, qui nous oblige à nous adapter, à concevoir de nouvelles solutions, devient-elle une formidable source d'enrichissement, dont on récolte les fruits une fois l'ensemble de nos facultés recouvré. Il convient bien sûr de nuancer et de savoir être raisonnable : aggraver sa blessure ou ses conséquences, menacer durablement sa santé ou son intégrité physique, ne sauraient être justifiables. Continuer à pratiquer, cela peut aussi signifier être présent et, condamné à demeurer spectateur, se nourrir de la pratique des autres, des solutions qu'ils ont développées, de leurs attitudes, ou encore visionner des documents vidéo, lire des livres, réfléchir...

La blessure : la démonstration

Il n'en reste pas moins que la blessure est une épreuve et qu'elle est, en tant que telle, intéressante.

Pour le blessé, l'avantage d'avoir franchi les limites, c'est que ça lui donne une idée de leur emplacement ! Se blesser, et en analyser les causes, c'est donc mieux se connaître, ainsi que, comme le dit M. Fujii, l'occasion de se découvrir. Mais une blessure n'est pas uniquement l'affaire de la victime et interroge l'ensemble du dōjō : comment est-ce arrivé ? Comment cela aurait-il pu être évité ? Elle est invitation à réfléchir et peut-être à modifier sa façon de pratiquer. C'est un appel à redoubler de vigilance, envers soi-même et les autres, de se demander, devant une blessure lourdement handicapante, quelles conséquences cela aurait sur notre vie, et comment on pourrait gérer cela.

Indépendamment de la cause, que nous apprend-elle ? D'abord, bien sûr, que « qui veut voyager loin ménage sa monture » : pour mener à bien un projet ambitieux (à commencer, modestement, par un stage de jūdō, ou une année sans interruption), il faut savoir préserver sa santé, « principe fondamental de la réussite en ce monde » [056, 280]. Mais pas seulement. C'est aussi la démonstration qu'un instant d'inattention peut avoir de lourdes conséquences, pour soi ou les autres. Tout comme peut en avoir une situation mal engagée fort en amont et où on l'on voit peu à peu se créer la situation de la blessure sans qu'on ne puisse plus l'éviter : processus inexorable engendré par une erreur, souvent minime, première et distante.

La gestion de la blessure a aussi valeur de démonstration, d'exemple : le blessé saura-t-il persévérer ? Saura-t-il revenir et dans quel état d'esprit ? Comment mettra-t-il à profit cette coupure ? Cela sonnera-t-il le glas de son engagement ? Bref, comment gère-t-il l'épreuve ? Comment aurais-je fait à sa place ?

La blessure : une irresponsabilité féconde ?

Ne pas se blesser, c'est faire bien du jūdō. C'en est en tout cas un bon indice. Et comme cela nous permet de pratiquer plus régulièrement, sans interruption, plus longtemps, et donc d'accumuler plus d'expérience, cela fait d'encore meilleurs jūdōka. Alors Kikuchi – qui lui-même tire sa formule d'un précepte *zen* dont il a modifié deux caractères – ne nous en voudra pas de conclure : « Un bon jūdōka est un jūdōka qui ne se blesse pas. »

Enfin, pas trop en tout cas ! Car se blesser et s'en relever font aussi partie de la pratique. Cela me semble même une expérience nécessaire (bien qu'à limiter !). Au fait, ai-je oublié de préciser que je me suis blessé un 2ᵉ jour de stage cet été ? Je confirme : ce n'est pas une bonne idée, même si cela m'a fourni le sujet de cette chronique et permis de m'interroger sur ce que Kanō Jigorō en disait !

Pour ne pas conclure (et finir sur un bon...)

Il est des phrases qui ne nous sont pas destinées directement, mais qui nous tombent dans l'oreille, s'immiscent, s'infiltrent, nous restent dans la tête. Des phrases que bien vite il n'est plus question d'ignorer : elles résonnent, s'imposent en un écho infini. Des phrases dont les implications nous échappent d'abord puis, quand on les écoute, se révèlent, au quotidien, une évidence. Il est des phrases qui nous changent la vie.

C'était lors du stage de La Talaudière, il y a bien longtemps. Après les entraînements, Hiroshi Katanishi faisait travailler Isabelle Schmutz un temps qui me semblait infini et, chaque fois, quand il était sur le point de mettre un terme à la séance, il disait : « Allez, il faut finir sur un bon ! » J'ai eu la chance de faire de nombreux autres stages avec Hiroshi depuis, mais je n'ai pas souvenir de l'avoir à nouveau entendu prononcer cette phrase. Quand je lui en ai reparlé, des années plus tard, il m'a dit que le judo est quelque chose de difficile car on demande souvent aux gens d'être face à leurs limites, de sortir de leur zone de confort : on fait travailler des mouvements ou situations dont ils n'ont pas l'habitude, qu'ils ne maîtrisent pas, on les met avec des partenaires qui les gênent, on les met en échec... bref, ce n'est pas seulement dur physiquement, cela l'est aussi mentalement, moralement. Alors, pour les rasséréner, leur redonner confiance en eux, qu'ils repartent sur un sentiment positif, il avait pris l'habitude de les faire finir sur des situations plus confortables, des schémas maîtrisés. Qu'ils se sentent bons, en somme.

Bon ?

« Finir sur un bon »... un « bon » quoi ? Un bon geste, un bon mouvement, un bon moment... toute la force de cette phrase tient dans l'absence d'objet, ainsi que dans le fait qu'à la fois l'interprétation en est libre, subjective, et que pourtant, sans pouvoir peut-être le formuler, il y a communauté de ressenti, une vibration partagée.

Ce qui est bon, c'est ce qui « répond positivement à ce qui est attendu » et, partant, nous satisfait, c'est à dire « comble / apaise / contente un désir, un besoin ». Un besoin de quoi ? Peut-être de sens, de se dire que sur la longue route de l'apprentissage, on est dans la bonne direction, et que l'on peut cheminer d'un bon pas, le cœur léger. Le besoin de ressentir la séance achevée comme une étape nécessaire, aussi pénible fût-elle, de connaître la satisfaction du travail accompli, du progrès.

Si cela ne nous comble pas forcément en totalité en ce que cela reste parfois loin de nos aspirations, de notre idéal, de ce que cela doit être ou de l'image que l'on se fait de ce que cela devrait être, c'est une sensation – cette légère frustration comprise – qui va nous nourrir, nous porter, et même nous transporter jusqu'à la séance prochaine, voire la rendre possible. Ce qui est bon c'est ce qui nous fait du bien et, finir sur un bon, c'est être content, « éprouver un sentiment de plaisir intérieur, de calme plénitude », c'est garder dans le corps, l'esprit, la saveur de l'exercice, le goût d'y revenir. Un apaisement qui ne rejaillit pas seulement sur la qualité de la séance suivante, mais sur notre rapport à nous et au monde dans cet intervalle. Ainsi est « bon » non pas ce dont on va se contenter, mais ce qui va nous contenter, nous nourrir.

Notre « bon » l'est-il, objectivement ? Si l'on reste sur un aspect terre à terre, purement technique, par exemple, peut-être pas, mais ce n'est pas la question. Ce qui est bon, c'est ce qui est juste : non pas dans le sens de la « bonne réponse » scolaire, mais de la réponse adaptée à la situation, notre situation, c'est-à-dire en prenant en compte notre degré d'avancement ainsi que contexte, objectifs et ambitions. C'est faire ce qui doit être. Est « bon » ce qui joue son rôle et, quand on dit de quelqu'un qu'il est bon, c'est qu'il fait bien, même quand la difficulté est certaine, que les choses ne lui sont pas facilitées.

Être bon, ce n'est pas être excellent, c'est donner sa pleine mesure, faire passer ce qui est de l'ordre du potentiel, ce « qui existe en puissance, virtuellement », par extension, « [l']ensemble des ressources que possède en puissance un individu; capacité d'action ou de production » à l'état de réalité, c'est, l'espace d'un instant, réaliser – et en prendre conscience – ce qui peut l'être sans rester en deçà. Alors, ce « bon », tout éphémère soit-il, a une valeur, il est « valable » : c'est un laissez-passer qui nous ouvre les portes, celles qui nous mènent à être un peu plus proche chaque fois de ce que nous pouvons – et avons vocation à – être.

Chercher à finir sur un bon, c'est une invitation à faire les choses « pour de bon », c'est-à-dire à la fois « franchement », avec sincérité, et pour qu'il en sorte « quelque chose de bon ». La première proposition étant moyen et cause de la seconde qui, si elle apparaît comme but n'en est pas moins la conséquence. Et quand c'est bon... c'est quand même savoureux, non ? Tant, même, que l'outre-mesure nous guette : gare à l'enivrement !

Finir ?

« C'est bon ! », c'est à la fois « c'est bien » et « ça suffit ». Plus et... ce serait trop. En termes familiers, c'est « j'ai eu ma dose : je n'en puis plus contenir, n'en jetez plus ! » parce que « plus, et je serai excédé », et ce n'est pas étonnant que cette expression soit exclusivement négative. En effet, que l'on fasse à l'excès, même ce que nous aimons, et c'est le trop plein, le dégoût, la lassitude : « À chaque jour suffit sa peine », dit l'adage.

Mais, « finir », qu'est-ce que ça veut dire ? Comment est-ce possible ? Comment peut-on imaginer finir quelque chose ? Quand notre quête est celle d'une maîtrise que l'on sait d'avance imparfaite, d'une complétude impossible ? Impossible ? Certes... cela doit-il nous empêcher d'entreprendre ? Mais entreprendre est facile, persévérer, beaucoup moins. Ne pas céder au découragement, au « À quoi bon ? », voilà la gageure. Écœuré, comment mettre du cœur à l'ouvrage ? Las, comment se remettre en chemin ? La route est longue et, la fatigue gagnant, la tentation de s'asseoir sur le bord se fait grande avec, pour risque, de ne plus repartir. Ne pas trop faire, faire le bon degré : sinon, c'est l'ivresse, par exaltation ou manque de mesure, et... sa gueule de bois, l'empoisonnement, qui ne saurait favoriser le retour à l'expérience.

Alors, oui, il faut savoir s'arrêter, faire étape avant d'être harassé, épuisé : « Qui veut voyager loin... ». Avoir son soûl sans l'être, avoir son content et l'être est tout un art. Et comme « finir sur un bon » nous maintient dans une dynamique, en mouvement, vivant, cela permet de ne pas se poser la question de savoir si l'on se remet ou non en chemin. Assis, non par lassitude mais plein de la route parcourue, le repos qui s'ensuit est de toute autre nature. Un sommeil – de l'activité – non pas réparateur mais constructeur : la pâte lève, les acquis de l'expérience sédimentent et s'agrègent en un socle solide sur lequel bâtir.

Finir, c'est « utiliser jusqu'au bout » les ressources aujourd'hui allouées (temps, énergie...), puis c'est « faire cesser » pour avoir « men[é] à terme » le travail. Est-il achevé pour autant ? Que nenni, évidemment. Finir, c'est « conduire l'objet à son achèvement », « parfaire ». Finir est « achever », c'est-à-dire « compléter » mais est à comprendre dans l'idée d'un processus et non de son étape terminale. « Achever » c'est aller au bout, quel que soit le temps que cela prendra, c'est ne pas renoncer mais avancer avec constance, parfois peu, parfois grandement, par petites touches. Si clore est « mettre terme à », « condamner, parfois définitivement », « enfermer », finir, c'est « apporter / constituer une conclusion », provisoire peut-être, et non clore un chapitre sur lequel tout aurait été dit, avec interdiction d'y revenir. Finir ne condamne pas un accès mais au contraire, y donne. C'est la promesse du recommencement, un recommencement embelli de l'expérience assimilée.

Conclure

Temps est venu de conclure, de « tirer une proposition, une conséquence d'un ensemble d'éléments ». « Finir », alors qu'il reste tant à faire ! C'est justement parce que l'on sait le travail inachevé qu'il est important de « finir », c'est se préserver pour persévérer.

« Un bon » ne désigne pas quelque chose, cela exprime un état; mieux encore, cela le crée, nous le fait pénétrer, l'habiter, le vivre, l'être. C'est un *satori*, une compréhension par l'expérience, sans plus de distance entre idéal, faire et être. Être pleinement à ce que l'on fait, ce que l'on fait. Un état qui ne saurait durer mais dont la répétition favorise la reproduction, non pas seulement dans le domaine premier d'expérimentation, mais de façon élargie.

« Finir sur un bon » repose sur la mémoire du corps et la conscience du long terme, c'est un intention qui, force l'attention, chaque fois sur un temps très court et qui permet d'incorporer, de se nourrir du positif, du bon, né d'une application sincère parce sans retenue : en effet, que garder par devers soi quand, après, c'est « fini » ?

Être plein d'avoir donné sa mesure, être rassasié, repu et savoir s'arrêter là. Ne pas rester sur sa faim et, pourtant, bien en appétit. « Finir sur un bon », pour pouvoir se remettre volontiers en chemin le juste repos consommé.

Mais qui sait quand viendra le « *matte* », voire le « *sore made* » ? Ne serait-il pas dommage ne pas avoir alors « fini sur un bon » ? S'il est intellectuellement facile d'en tirer la conclusion nécessaire quant à notre attitude de chaque instant, l'appliquer est une toute autre paire de manche ! Et c'est pourquoi, s'y entraîner en conscience régulièrement est si précieux.

En tout, « finir sur un bon ». Finir et non clore, finir – sur un bon – pour éclore.

Il est des phrases qui changent notre vie.

Pour ne pas conclure : finir sur un bon

Lexique

Aikidō / aikibudō 合気道・合気武道 : « voie de la concordance / de l'union des énergies », art martial fondé par Ueshiba Morihei.

Ashi : écrit 足, pied ; écrit 脚, jambe.

Ashi-sabaki 足捌き : déplacement du corps effectué par un travail des pieds.

Atemi 当身 : « frappe au corps », coup.

Ate-waza 当て技 ou *atemi-waza* 当身技 : technique(s) de frappe.

Ayumi-ashi 歩み足 : se déplacer en marchant (un pied après l'autre, comme lorsque l'on marche normalement).

Batsugun seido 抜群制度 : « système d'excellence », lié au *kōhaku shiai*, il permet que toute personne ayant battu au moins cinq personnes du même grade par *ippon* reçoive immédiatement une promotion de grade.

Binshō 敏捷 / *kibin* 機敏 / *binkatsu* 敏活 / *binsoku* 敏速 : termes par lesquels Kanō Jigorō définit le corps du *jūdōka* et qui désignent l'agilité, la vivacité, la promptitude.

Buai 歩合 : « taux, proportion », terme que Kanō Jigorō employait pour désigner le niveau du *jūdōka* par rapport à son ou ses partenaire(s).

Budō 武道 : « ce qui relève du domaine (*dō*) du martial (*bu*) », plus généralement les arts martiaux japonais vus comme méthode d'éducation, d'élévation de l'homme. Dans une acception plus étroite, dans le système scolaire avant la Seconde Guerre mondiale, principalement *jūdō* et *kendō*, et actuellement, *jūdō, kendō* et *sumō*.

Budōka 武道家 : personne qui s'adonne à la pratique des *budō*.

Bujutsu 武術 : « techniques martiales », toutes les méthodes ayant pour but la survie dans un conflit physique, avec ou sans arme ; les arts martiaux vus sous leur angle d'efficacité martiale.

Dan 段 : « degré », système de grades mis en place par Kanō Jigorō dans le *jūdō*. Échelle ouverte, elle commence au 1er dan (qui correspond à la ceinture noire) et n'a pas de plafond. Toutefois, Kanō Jigorō n'ayant jamais délivré, de son vivant, plus que le 10e dan à des pratiquants, cela constitue de fait une limite qu'aucune institution ne s'est encore autorisée à franchir en *jūdō*. Système ensuite repris dans les autres disciplines.

De-ashi-barai 出足払い : « balayage du pied qui avance », technique de *jūdō*.

Deshi 弟子 : « disciple ».

Dō 道 : « voie, principe, domaine ».

Dohyō 土俵 : « surface », estrade d'argile sur laquelle combattent les lutteurs de *sumō*.

Dōjō 道場 : « lieu d'exercice de la pratique / lieu d'étude du principe ».

Dōkyūsei 同級生 : personnes du même âge scolaire.

Enman kinsei 円満均斉 : « harmonieux et proportionné », façon dont Kanō Jigorō définit ce que doit être le développement du corps.

Fudōchi 不動智 : « sapience immuable », concept *zen* repris par les écoles martiales.

Gaijū naigō 外柔内剛 : être ferme à l'intérieur (immuabilité de la résolution) et adaptatif à l'extérieur.

Gasshuku 合宿 : « résider ensemble », stage.

Gei 芸 / *Geidō* 芸道 : arts.

Geiko : (cf. *keiko*).

Gokyō 五教 : « cinq enseignements ». Système de progression élaboré par Kanō Jigorō en 1895 et que l'on peut considérer comme une méthode pédagogique à destination des enseignants, à un moment où la demande en professeurs est telle qu'il ne peut la satisfaire par l'envoi de personnes suffisamment formées. Il sera révisé en 1920.

Hakama 袴 : pantalon ample que portaient les *samurai* et, aujourd'hui, les *aikidōka* et *kendōka*.

Hazumi 弾み : « rebond », « élan », énergie dont on profite, que l'on accompagne habilement. (cf. *ikioi*)

Habiletés techniques fondamentales (HTF) : identification des éléments fondamentaux (en termes de déplacements, postures...) permettant ensuite l'expression technique en *jūdō*. Analyse de l'activité élaborée par l'école française de judo (département de la FFJDA) sous l'impulsion de Patrick Roux et Didier Janicot, avec l'aide d'experts extérieurs tel Hiroshi Katanishi.

Ikebana 生花 : art japonais de l'arrangement floral. (*cf. kadō*).

Ikioi 勢い : « élan », « impulsion ». Force, énergie que l'on déploie. (cf. *hazumi*)

Ikken nakazumi 一間中墨 : terme du tir à l'arc japonais (*kyūdō*). Idée de se concentrer sur un espace restreint dont on occupe le centre afin de ne pas être perturbé par les aléas extérieurs.

Ippon 一本 : « un point ». Jugement maximal énoncé par l'arbitre lorsqu'une technique réunit tous les critères de validation.

Ippon seoi nage 一本背負投 : « projection en chargeant sur le dos par un point », technique de *jūdō*.

Jigo-tai 自護体 : « posture défensive », une des deux postures fondamentales du *jūdō* (pouvant être déclinée en gauche et droite) et consistant à abaisser le centre de gravité en fléchissant sur les jambes.

Jiyū jizai 自由自在 : « libre et naturel / spontané », terme employé par Kanō pour qualifier un corps / mouvement agile et libre (« libre, qui répond à la pensée »).

Jūdō 柔道 : « domaine de l'adaptation », discipline d'édification de l'homme fondée par Kanō Jigorō à partir des *jūjutsu* en mai 1882.

Jūdōgi 柔道着（衣）/ *dōgi* 道着（衣）: « tenue de *jūdō* / tenue pour la pratique, pour l'étude du principe », vêtement du *jūdōka* (appelé souvent à tort « kimono »).

Jū no ri 柔の理 : « principe de l'adaptation », sur lequel se fondent les *jūjutsu* et le *jūdō*.

Jūjutsu 柔術 : « techniques de l'adaptation », ensemble des méthodes de lutte à mains nues ou armes courtes.

Jū no kata 柔の形 : « *kata* de l'adaptation », un des *kata* de *jūdō* visant à rendre manifeste et faire ressentir le principe *jū* (d'adaptation).

Jūrigaku 柔理学 : « étude du principe jū », une des appellations avec laquelle Kanō Jigorō a hésité pour baptiser sa méthode, le *jūdō*.

Jūriron 柔理論 : « discours sur le principe *jū* » / « théorie de *jū* », une des appellations avec laquelle Kanō Jigorō a hésité pour baptiser sa méthode, le *jūdō*.

Kadō 花（華）道 : « domaine des fleurs », arrangement floral (cf. *ikebana*).

Kagami-biraki 鏡開き : « ouverture du miroir », célébration du retour prochain de la lumière, fêtée le deuxième dimanche de janvier au Kōdōkan depuis 1884, et qui occasionne un repas, des discours et des démonstrations de *randori* et *kata*.

Kakari-geiko 懸り稽古 : travail entre un *tori* et un *uke* où l'on cherche à développer des solutions à partir d'une situation donnée. Ou : *randori* avec une personne plus habile dans lequel on ne se préoccupe que d'attaque sans se soucier ni de défendre ni d'être projeté.

Kake 懸け : placement de la technique. Dernière des trois étapes après *kuzushi* et *tsukuri*.

Kamiza 上座 : place(s) d'honneur.

Kangeiko 寒稽古 : « entraînement dans le froid », établi depuis 1884 au Kōdōkan, consistant à s'entraîner le matin, en janvier, vers 5 h 30, autrefois pendant trente jours, aujourd'hui une dizaine.

Kanjū onwa 寛柔温和 : « douce et souple tempérance », une des définitions de ce que devait exprimer le *jūdō* de l'école Jikishin.

Kansetsu-waza 関節技（業） : « techniques sur les articulations », clés.

Karate 空手 / *karate-dō* 空手道 : « main vide », art martial originaire d'Okinawa.

Kata 形 : « forme », ensemble codifié d'attaques-défenses. Un des quatre piliers de la méthode du *jūdō*, avec le *randori*, le *mondō* et le *kōgi*.

Kata-guruma 肩車 : « roue autour des épaules », technique de *jūdō*.

Katame 固 : « figer » le mouvement.

Katame-waza 固め技（業） : « techniques de fixation », d'immobilisation, par opposition au *nage-waza*.

Kata-nokori 形残り : forme primitive de ce qui deviendra le *randori*, qui s'est établie peu avant que Kanō Jigorō n'étudie les *jūjutsu*, et qui consistait en ceci : l'un porte une technique et, si celle-ci ne fonctionne pas, c'est au tour de l'autre. Il s'agissait donc de s'éloigner des formes préétablies du *kata* pour essayer par soi-même : on parle aussi de *nokori-ai* ou de *midare geiko*.

Keiko 稽古 : « réfléchir aux choses primordiales pour en comprendre la raison et le bon sens par la comparaison et l'expérience ». Concrètement : pratiquer.

Keiko-gi 稽古着（衣）: « tenue pour la pratique », terme principalement utilisé en *karate*, « kimono ».

Kendō 剣道 : « domaine du sabre », discipline née de la synthèse des écoles de sabre au sein de la Dai Nihon Butokukai au début du xxe siècle.

Kiai 気合 : « union des énergies », cri poussé lors dune frappe ou l'exécution d'une technique.

Kime 極め : « décision / résolution / détermination ».

Kime no kata 極の形 : « *kata* de la détermination », un des *kata* du *jūdō*, orienté auto-défense.

Kitō-ryū 起倒流 : une des deux écoles de *jūjutsu* que Kanō Jigorō a étudiées.

Kōdōkan 講道館 : « maison où l'on rend le principe manifeste », nom du *dōjō* de Kanō Jigorō pour y enseigner sa méthode, le *jūdō*.

Kōgi 講義 : « cours magistral / conférence », un des quatre piliers de la méthode du *jūdō*, avec le *kata*, le *randori* et le *mondō*.

Kōhai 後輩 : « le compagnon qui suit », cadet.

Kōhaku shiai 紅白試合 : « compétition des rouges contre les blancs », compétitions qui se tiennent deux fois par an, l'une en mai et l'autre en octobre.

Kōsen jūdō taikai 高専柔道大会 : « compétition de *jūdō* des établissements supérieurs et spécialisés » qui s'est tenue de 1914 à 1942.

Koshiki no kata 古式の形 : « *kata* des formes anciennes », un des *kata* de *jūdō* toutefois hérité de l'école Kitō.

Kumi-kata 組み方 : prise de garde, saisie du *jūdōgi*.

Kurikaeshi 繰り返し : « répétition ».

Kurikaeshi-renshū 繰り返し練習 : « exercice(s) de répétition ».

Kuzushi 崩し : « destruction » de la posture / situation. Précède le *tsukuri* et le *kake*.

Kyū 級 : « catégorie / position », système de grades précédant les *dan*, par ordre décroissant, du 5e au 1er au Kōdōkan.

Kyūdō 弓道 / *kyūjutsu* 弓術 : « domaine / technique de l'arc », art de l'arc japonais.

Machi dōjō 町道場 : « *dōjō* de quartier ».

Mae mawari sabaki 前回り捌き : « placement de corps rotatif avant ».

Mae-sabaki 前捌き : « placement de corps en avançant ».

Ma-sutemi 真捨身 : « lancer son corps franchement (sur le dos) », une des catégories de techniques de projection, *nage-waza*.

Menkyo 免許 : « autorisation » (d'enseigner). Reconnaissance à un élève de sa maîtrise, suffisante à l'enseignement du style de l'école.

Menkyo kaiden 免許皆伝 : « autorisation (d'enseigner) et transmission de tous les documents de l'école ». Reconnaissance de la filiation d'un maître à un élève.

Midare geiko 乱れ稽古 : (cf. *kata nokori*).

Mondō 問答 : « questions-réponses », un des quatre piliers de la méthode du *jūdō,* avec le *kata,* le *randori* et le *kōgi.*

Monjin 門人 / *monka* 門下 : « l'homme qui est à la porte », disciple, élève.

Morote 双手 : « (avec les / des) deux mains ».

Mui 無為・無意 : « non-agir (無為) », concept du taoïsme, qui a pour sens de ne pas aller contre l'ordre des choses ; « sans intention (無意) », reprise du concept par les écoles martiales : agir conformément à la situation.

Nafuda 名札 : « planche au nom », cérémonie où le nom d'un débutant assidu (qui a fait ses preuves) est inscrit sur une plaquette de bois, laquelle est ensuite accrochée dans le *dōjō,* aux côtés de celles des aînés.

Nage-komi 投げ込み : travail de répétition de projections.

Nage-waza 投技（業）: « technique(s) de projection ».

Ne-waza 寝技（業）: « travail allongé / au sol », par opposition au *tachi-waza.*

Nihon 二本 : « deux points ». Au début, les combats de *jūdō* en compétition étaient en 2 points gagnants, et donc deux fois *ippon.*

Nokori-ai 残り合い : (cf. *kata nokori*).

Nusumu 盗む : « voler », s'emparer des techniques, postures, savoirs des plus expérimentés sans attendre que l'on nous enseigne / conseille directement. Attitude active de progrès.

Nyūmon 入門 : « franchir la porte », débuter une activité.

Osae-komi-waza 抑込技（業） : « entrer en contrôle », travail de contrôle au sol du partenaire.

Ō-soto-gari : « grand fauchage à l'extérieur », technique de *jūdō*.

Randori 乱取 : « saisies sans convention », exercice d'application libre où chacun des deux partenaires tente d'appliquer ses solutions. Exercice aujourd'hui le plus pratiqué en *jūdō*. Un des quatre piliers de la méthode du *jūdō*, avec le *kata*, le *mondō* et le *kōgi*.

Renshū 練習 : « exercice / s'exercer ».

Ritsurei 立礼 : « salut debout ».

Sadō 茶道 : « domaine du thé », cérémonie du thé.

Seika tanden 臍下丹田 : « champ de cinabre sous le nombril », centre du corps, centre des énergies, centre de gravité.

Seimei-ron 正名論 : « théorie pour un nom juste », principe confucéen qui stipule qu'à chaque chose doit correspondre le nom adapté.

Seiryoku zenyō 精力善用 : « bonne utilisation de l'énergie », évolution finale de la formule de Kanō, qui passe de « meilleure utilisation » à « bonne utilisation » de l'énergie.

Seiryoku zen.yō kokumin taiiku 精力善用国民体育 : « éducation physique du peuple par la / à la bonne utilisation de l'énergie », le dernier *kata* mis en place par Kanō et qui avait vocation à être diffusé très largement dans la société, bien au-delà du cadre des pratiquants de *jūdō*.

Seiza 正座 : « façon juste de s'asseoir », à genoux avec appui du postérieur sur les chevilles.

Senpai 先輩 : « le compagnon qui précède », aîné.

Sensei 先生 : « celui qui est né / qui a vécu avant », professeur.

Seoi 背負い : « porter / charger sur le dos ».

Seppuku 切腹 / *harakiri* 腹切 : « trancher le ventre », suicide rituel.

Shiai 試合 : « essayer ensemble », compétition.

Shihan 師範 : « celui qui embrasse le domaine », maître, professeur. Terme jadis réservé à Kanō et aux 10e *dan*.

Shime-waza 絞技 : « technique(s) d'étranglement ».

Shinai 竹刀 : « sabre de bambou » utilisé en *kendō*.

Shinan.yaku 指南役 : « personne qui pointe le sud du doigt », terme pour désigner les enseignants du Kōdōkan, à partir de 1933.

Shinkyū shōdan shiki 進級昇段式 : « cérémonie d'avancée en *kyū*, d'élévation en *dan* », cérémonie trimestrielle.

Shizen-tai 自然体 : « posture naturelle », une des deux postures de base du *jūdō*, qui consiste à se tenir droit et prêt au mouvement. Se décline à droite, *migi* 右, et à gauche, *hidari* 左.

Shochū keiko 暑中稽古 : « entraînement dans la chaleur », mis en place au Kōdōkan en 1897 (juillet-août), et qui consiste à s'entraîner aux heures les plus chaudes, entre 13 et 15 heures.

Shōmen 正面 : place du *kamiza* et des tables des professeurs.

Shugyō 修行・修業 : « pratique / ascèse », terme bouddhiste.

Shugyōsha 修行者・修業者 : « celui qui s'adonne à l'ascèse / pratiquant », terme par lequel Kanō Jigorō désigne le *jūdōka*.

Shu – ha – ri 守・破・離 : représentent les 3 étapes de l'apprentissage classique japonais ; respectivement : « respecter » les enseignements ; « rompre », s'opposer, explorer par soi-même et à son idée ; enfin, après avoir par soi-même retrouvé et compris la pertinence des apprentissages premiers, les exprimer de façon adaptée à soi, « s'éloigner ».

Sōtai-renshū 相対練習 : « exercice en interaction / à deux ».

Sumō 相撲 : « se frapper mutuellement », *sumō*, lutte japonaise.

Suri-ashi 摺り足 : se déplacer en laissant frotter, glisser la plante du pied.

Sutemi 捨身 : « jeter le corps », « sacrifice ».

Sutemi-waza 捨身技（業） : « technique(s) par sacrifice du corps », sous-catégorie des techniques de projections, elle-même divisée en deux : *ma-sutemi-waza* et *yoko-sutemi-waza*.

Tachi-waza 立技（業） : « travail debout », par opposition au *ne-waza*.

Tadashii jūdō 正しい柔道 : « *jūdō* juste », *jūdō* où l'on exploite les principes plutôt que la force.

Tai 体 : « corps ».

Taikyoku 太極 : « principe / faîte ultime », le principe premier / ultime qui se décline en principes particuliers et vers lequel il convient de tendre.

Tai-otoshi 体落 : « *faire / laisser tomber le corps* », technique de *jūdō*.

Tairyō 大量 : « grande quantité », « embrasser large ». Terme employé par Kanō pour désigner un des apports de la pratique du *jūdō* : la capacité à envisager les choses sans *a priori,* les nouvelles comme les anciennes, les endogènes comme les exogènes.

Tai-sabaki 体捌き : « bonne utilisation / bon déplacement du corps », souvent traduit par esquive, il s'agit plutôt du maniement, de l'utilisation habile du corps.

Tandoku renshū 単独練習 : « s'exercer seul ».

Tanren 鍛錬 : « forger », terme employé dans les *jūjutsu* dans l'idée de « fortifier » le corps et l'esprit, et que Kanō remplacera par l'idée « d'éducation » du corps, *taiiku* 体育 et de l'esprit, *chiiku* 智育.

Tatami 畳 : tapis où l'on pratique les entraînements dans le *dōjō*.

Tenjin shin.yō ryū 天神真楊流 : une des deux écoles de *jūjutsu* que Kanō Jigorō a étudiées.

Te-sabaki 手捌き : « travail / déplacement / action des mains ».

Tokui-waza 得意技（業） : le « spécial », principale technique forte d'un combattant.

Tori 取 : celui qui porte la technique.

Tsugi-ashi 継ぎ足 : pas chassés.

Tsuki 突き : « frappe du poing » (*karate*), idée de force pénétrante, en pointe.

Tsukinami shiai 月次試合 : « compétition qui revient tous les mois », compétition individuelle mensuelle.

Tsukuri 作り : « construction », à la fois de sa position forte et de la position faible du partenaire. Suit le *kuzushi,* précède le *kake*.

Uchi 内 : intérieur.

Uchi 打ち : « frappe ». Idée de frapper perpendiculairement et donc avec un maximum de force.

Uchi-komi 打ち込み : répétitions d'entrées de techniques.

Uchi-mata 内股 : (fauchage par) « l'intérieur de l'entre-jambe », technique de *jūdō*.

Uke 受 : celui qui reçoit / subit une technique.

Ukemi 受身 : « la chair qui reçoit », techniques de chute.

Ushiro mawari sabaki 後ろ回り捌き : « placement de corps rotatif arrière ».

Ushiro-sabaki 後ろ捌き : « placement de corps en reculant ».

Waza 技・業 : « technique(s) ».

Yaku-soku-geiko 約束稽古 / *yaku-soku-renshū* 約束練習 : « exercice avec entente préalable », peut aller d'un exercice à thème défini par *tori* à une forme très ouverte de *randori* où les rôles *uke* / *tori* sont fixés pour un temps ou nombre d'actions puis s'inversent.

Yaku-soku-kumite 約束組手 : en *karate,* exercice où chacun est libre de porter les techniques de son choix à son partenaire (équivalent du *randori* en *jūdō*).

Yawara 和 : autre appellation pour *jūjutsu.*

Yoko 横 : « côté ».

Yoko-sutemi 横捨身 : « lancer son corps latéralement », une des catégories de techniques de projection, *nage-waza.*

Yugyō hijiri 遊行聖 : moine itinérant japonais.

Zanshin 残心 : « attention résiduelle », maintien de l'attention après réalisation d'une technique.

Zarei 座礼 : « salut assis » (à genoux).

Zōri 草履 : sandales de paille.

Bibliographie par ordre d'apparition

[001] Kanō Jigorō 嘉納治五郎, « Jūdō ippan narabi ni sono kyōiku jō no kachi 『柔道一班並ニ其教育上ノ價値』 (Du jūdō et de sa valeur éducative comme pédagogique) », in *Dai nihon Kyōikukai zasshi* 大日本教育会雑誌 (Revue de l'Association de l'éducation du Grand Japon), Dai nihon Kyōikukai, Tōkyō 東京, vol. 87, juin 1889, p. 446-481. Traduit en français par Yves Cadot, *Du jūdō et de sa valeur éducative comme pédagogique,* Metatext, 259 p., janvier 2014.

[002] Kanō Jigorō, « Jūdō no hattatsu 柔道の発達 (Développement du jūdō) », publié dans *Shin nihon-shi dai-yon kan budō-hen* 『新日本史第四巻武道編』 (Nouvelle histoire du Japon, volume 4, livre des budō), Yorozuchōhōsha 万朝報社, novembre 1926.

Dans *Kanō Jigorō taikei* 嘉納治五郎大系 (Kanō Jigorō : compendium), *Dai-nikan* 第二巻 (volume 2), *jūdō-shi • jūdō shugyō • jūdō shiai to shinpan kitei* 柔道史・柔道修行・柔道試合と審判規程 (Histoire du *jūdō* – pratique du *jūdō* – compétition de *jūdō* et système d'arbitrage), Hon no tomo sha 本の友社, Tōkyō 東京, 1ʳᵉ édition 30-5-1988, édition de référence 25-12-1994, 474 p., p. 16-33.

[003] Maruyama Sanzō (sous la direction de) 丸山三造（編）, *Dai nihon jūdō-shi* 大日本柔道史 (Histoire du jūdō du Grand Japon), Daiichi shobō 第一書房, collection *Kōdōkan zōhan* 講道館藏版, Tōkyō 東京, 1ʳᵉ édition 1939, édition de référence 1989 (fac-similé), 1170-72 p.

[004] Kudō Raisuke 工藤雷介, *Hiroku nihon jūdō* 秘録日本柔道 (Annales secrètes du jūdō japonais), Tōkyō supōtsu shinbun sha 東京スポーツ新聞社, Tōkyō 東京, 15-5-1972, 378 p.

[005] Kanō Jigorō, « Jūdō shinpan kitei kaisetsu (ni) 柔道審判規程解説（二） (Explication des règles d'arbitrage du jūdō (II)) », publié dans *Jūdō* 柔道, juillet 1916.

Dans *Kanō Jigorō taikei* 嘉納治五郎大系 (Kanō Jigorō : compendium), *Dai-nikan* 第二巻 (volume 2), *jūdō-shi • jūdō shugyō • jūdō shiai to shinpan kitei* 柔道史・柔道修行・柔道試合と審判規程 (Histoire du jūdō – pratique du jūdō – compétition de jūdō et système d'arbitrage), Hon no tomo sha 本の友社, Tōkyō 東京, 1re édition 30-5-1988, édition de référence 25-12-1994, 474 p., p. 404-412.

[006] Arima Sumitomo (ou Sumio) 有馬純臣, *Jūdō taii* 柔道大意 (Précis de jūdō), Okazakiya, Tōkyō, janvier 1905, 154 et 98 p. (URL : http://kindai.ndl.go.jp/info:ndljp/pid/860055/90)

[007] Arima Sumitomo (ou Sumio) 有馬純臣, *Tsūzoku jūdō zukai* 通俗柔道図解 (Jūdō pour tous illustré), Okazakiya, Tōkyō, octobre 1905, 210 p. (URL : http://kindai.ndl.go.jp/info:ndljp/pid/860394)

[008] Kanō Jigorō, « Jūdō shiai shinpan kitei no kaisei ni tsuite 柔道試合審判規程の改正について (À propos de la réforme des règles d'arbitrage des compétitions de jūdō) », publié dans *Jūdō nenkan* 『柔道年鑑』, janvier 1925.

Dans *Kanō Jigorō taikei* 嘉納治五郎大系 (Kanō Jigorō : compendium), *Dai-nikan* 第二巻 (volume 2), *jūdō-shi • jūdō shugyō • jūdō shiai to shinpan kitei* 柔道史・柔道修行・柔道試合と審判規程 (Histoire du jūdō – pratique du jūdō – compétition de jūdō et système d'arbitrage), Hon no tomo sha 本の友社, Tōkyō 東京, 1re édition 30-5-1988, édition de référence 25-12-1994, 474 p., p. 434-444.

[009] Kanō Jigorō, « Kōdōkan jūdō shugyōja no shinkyū shōdan no hōshin o nobete Tōkyō Sendai ryō-kōtō gakkō jūdō shiai ni kansuru sehyō ni oyobu 講道館柔道修行者の進級昇段の方針を述べて東京仙台両高等学校柔道試合に関する世評に及ぶ (Donner les orientations des passages de grades des pratiquants de Kōdōkan jūdō et en arriver aux rumeurs concernant la compétition de jūdō entre les lycées de Tōkyō et de Sendai) », publié dans Jūdō 柔道, juin 1918.

Dans *Kanō Jigorō taikei* 嘉納治五郎大系 (Kanō Jigorō : compendium), *Dai-nikan* 第二巻 (volume 2), *jūdō-shi • jūdō shugyō • jūdō shiai to shinpan kitei* 柔道史・柔道修行・柔道試合と審判規程 (Histoire du jūdō – pratique du jūdō – compétition de jūdō et système d'arbitrage), Hon no tomo sha 本の友社, Tōkyō 東京, 1re édition 30-5-1988, édition de référence 25-12-1994, 474 p., p. 413-424.

[010] Kanō Jigorō, « Kōdōkan jūdō gaisetsu (dai-sankai) 講道館柔道概説（第三回） (Explication générale du Kōdōkan jūdō (III)) », publié dans *Jūdō* 柔道, avril 1915.

Dans *Kanō Jigorō taikei* 嘉納治五郎大系 (Kanō Jigorō : compendium), *Dai-sankan* 第三巻 (volume 3), *jūdō jitsugi* 柔道実技 (La technique du jūdō), 1re édition 30-5-1988, édition de référence 25-12-1994, 405 p., p. 130-133.

[011] Kanō Jigorō, « Jūdō no shugyō wa narubeku kōen naru mokuteki o motte suru ga yoi 柔道の修行はなるべく高遠なる目的をもってするがよい (Il est bon que la pratique du jūdō ait un but élevé) », publié dans *Yūkō no katsudō* 有効乃活動, avril 1920.

Dans *Kanō Jigorō taikei* 嘉納治五郎大系 (Kanō Jigorō : compendium), *Dai-nikan* 第二巻 (volume 2), *jūdō-shi • jūdō shugyō • jūdō shiai to shinpan kitei* 柔道史・柔道修行・柔道試合と審判規程 (Histoire du jūdō – pratique du jūdō – compétition de jūdō et système d'arbitrage), Hon no tomo sha 本の友社, Tōkyō 東京, 1re édition 30-5-1988, édition de référence 25-12-1994, 474 p., p. 71-75.

[012] Kanō Jigorō, « Kōdōkan jūdō to Kōdōkan no shimei oyobi jigyō ni tsuite 講道館柔道と講道館の使命及び事業について (À propos de la mission et du travail du Kōdōkan jūdō ainsi que du Kōdōkan) », publié dans *Sakkō* 作興, mars 1926.

Dans *Kanō Jigorō taikei* 嘉納治五郎大系 (Kanō Jigorō : compendium), *Dai-ikkan* 第一巻 (volume 1), Kōdōkan jūdō 講道館柔道 (Kōdōkan jūdō), 1re édition 30-5-1988, édition de référence 25-12-1994, 410 p., p. 148-158.

[013] Kanō Jigorō, « Jūdōka to shite no Kanō Jigorō (dai-sankai) 柔道家としての嘉納治五郎（第三回） (Kanō Jigorō, le jūdōka (III)) », publié dans *Sakkō* 作興, mars 1927.

Dans *Kanō Jigorō taikei* 嘉納治五郎大系 (Kanō Jigorō : compendium), *Dai-jūkan* 第十巻 (volume 10), *jide • kaiko* 自伝・回顧 (Autobiographie – souvenirs), 1re édition 30-5-1988, édition de référence 25-12-1994, 380 p., p. 20-27.

[014] *Kokushi daijiten* 国史大辞典 (Grand dictionnaire historique du Japon), Yoshikawa Kōbunkan Inc. 吉川弘文館, 1997.

[015] *Nihon daihyakka zensho (Encyclopedia Nipponica)* 日本大百科全書（ニッポニカ） (Grande encyclopédie sur le Japon intégrale (Encyclopedia Nipponica)), Shōgakukan Inc. 小学館, Japan naredji-han ジャパンナレッジ版 (éditions Japan Knowledge), 2001.

[016] *Nihon kokugo daijiten dainihan* 日本国語大辞典第二版 (Grand dictionnaire de langue japonaise, 2ᵉ édition), Shōgakukan Inc. 小学館, Japan naredji-han ジャパンナレッジ版 (éditions Japan Knowledge), 2002.

[017] Kanō Jigorō, « Kōdōkan jūdō *gaisetsu (dai-ikkai)* 講道館柔道概説（第一回） (Explication générale du Kōdōkan jūdō (I)) », publié dans *Jūdō* 柔道, février 1915.

Dans *Kanō Jigorō taikei* 嘉納治五郎大系 (Kanō Jigorō : compendium), *Dai-sankan* 第三巻 (volume 3), *jūdō jitsugi* 柔道実技 (La technique du jūdō), 1ʳᵉ édition 30-5-1988, édition de référence 25-12-1994, 405 p., p. 121-125.

[018] Kanō Jigorō, « Rinrigaku – hihyō 倫理学―批評 (Éthique – approche critique) », in Tanahashi Ichirō, Kanō Jigorō 棚橋一郎, 嘉納治五郎, *Rinrigaku – rekikishi, hihyō* 倫理学―歴史、批評 (Éthique – histoire, critique), Tetsugakkan 哲学館, collection Tetsugakkan kōgi-roku 哲学館講義録, Tōkyō, 1888, 120-22 p. (URL : http://kindai.ndl.go.jp/info:ndljp/pid/758545).

[019] *Nihongo « gogen » jiten* 日本語「語源」辞典 (Dictionnaire « étymologique » de la langue japonaise), Gakken 学研, LogoVista 辞典ブラウザ (navigateur LogoVista-jiten).

[020] *Kanjigen kaitei daigohan* 漢字源改訂第五版 (Dictionnaire étymologique de caractères chinois, 5ᵉ édition révisée), Gakken 学研, LogoVista 辞典ブラウザ (navigateur LogoVista-jiten), 2011.

[021] *TLFi : Trésor de la langue française informatisé,* Centre national de ressources textuelles et lexicales (CNRTL). (URL : http://www.cnrtl.fr/definition/).

[022] Cheng, Anne (traduction et présentation), *Entretiens de Confucius,* Paris, Points, collection « Sagesses », 1981, 153 p. + XX.

[023] Sagara Tōru 相良亨, *Nihon no « dō »* 日本の「道」 (le « *dō* » japonais »), in *Bungaku* 文学, Iwanami shoten 岩波書店, Tōkyō, vol. 55, n° 8, 1987, p. 95-108.

[024] Kanō Jigorō, « Jūdōka to shite no Kanō Jigorō (dai-jūrokkai) 柔道家としての嘉納治五郎（第十六回） (Kanō Jigorō, le jūdōka (XVI)) », publié dans *Sakkō* 作興, avril 1928.

Dans *Kanō Jigorō taikei* 嘉納治五郎大系 (Kanō Jigorō : compendium), *Dai-jūkan* 第十巻 (volume 10), *jide • kaiko* 自伝・回顧 (Autobiographie – souvenirs), 1ʳᵉ édition 30-5-1988, édition de référence 25-12-1994, 380 p., p. 138-153.

[025] Dōgen 道元, *Shōbōgenzō* 正法眼蔵 : [lien] (consulté en février 2015).

[026] Robert Jean-Noël, *Petite histoire du bouddhisme*, Paris, Librio, Librio Document n° 857, 2008, 95 p.

[027] URL : http://fr.wiktionary.org/wiki/soufi (consulté en février 2015).

[028] URL : http://www.bribes.org/trismegiste/es3ch09.htm (consulté en février 2015).

[029] Kanō Jigorō, « Jūdō shugyōja ni tsugu 柔道修行者に告ぐ (Annoncer aux pratiquants de jūdō) », publié dans *Jūdō* 柔道, octobre 1922.

Dans *Kanō Jigorō chosaku-shū dai-nikan* 嘉納治五郎著作集　第二巻 (Recueil des écrits de Kanō Jigorō volume 2), *Jūdō-hen* 柔道篇 (Jūdō), Satsuki shobō 五月書房, Tōkyō 東京, 28-8-1992, 414 p., p. 248-260.

[030] Berthoz Alain, *La simplexité,* Paris, éditions Odile Jacob, collection « Sciences », 2009, 256 p.

[031] Règlement de la FIJ 2014 (traduit et extrait de l'anglais). URL : http://www.intjudo.eu/ (consulté en juin 2014).

[032] Nakamura Tamio 中村民雄, *Ima, naze budō ka* 今、まぜ武道か (Aujourd'hui, pourquoi le budō ?), Nihon budōkan 日本武道館, 2007, 369 p.

[033] Kanō Jigorō, « Kōdōkan jūdō rinji kōgi (dai-ikkai) 講道館柔道臨時講義（第一回） (Cours extraordinaire sur le Kōdōkan jūdō (I)) », publié dans *Kokushi* 國士, juin 1900.

Dans *Kanō Jigorō taikei* 嘉納治五郎大系 (Kanō Jigorō : compendium), *Dai-sankan* 第三巻 (volume 3), *jūdō jitsugi* 柔道実技 (La technique du jūdō), 1re édition 30-5-1988, édition de référence 25-12-1994, 405 p., p. 84-88.

[034] Kanō Jigorō, « Kōdōkan jūdō rinji kōgi (dai-nikai) 講道館柔道臨時講義（第二回） (Cours extraordinaire sur le Kōdōkan jūdō (II)) », publié dans *Kokushi* 國士, août 1900.

Dans *Kanō Jigorō taikei* 嘉納治五郎大系 (Kanō Jigorō : compendium), *Dai-sankan* 第三巻 (volume 3), *jūdō jitsugi* 柔道実技 (La technique du jūdō), 1re édition 30-5-1988, édition de référence 25-12-1994, 405 p., p. 89-95.

[035] Kanō Jigorō, « Kōdōkan jūdō rinji kōgi (dai-sankai) 講道館柔道臨時講義（第三回） (Cours extraordinaire sur le Kōdōkan jūdō (III)) », publié dans *Kokushi* 國士, septembre 1900.
Dans *Kanō Jigorō taikei* 嘉納治五郎大系 (Kanō Jigorō : compendium), *Dai-sankan* 第三巻 (volume 3), *jūdō jitsugi* 柔道実技 (La technique du jūdō), 1re édition 30-5-1988, édition de référence 25-12-1994, 405 p., p. 95-101.

[036] Matsumoto Yoshizō 松本芳三, *Jūdō kōchingu* 柔道コーチング (Jūdō coaching), Taishūkan shoten 大修館書店, 1994 (1975), p. 399.

[037] Kanō Jigorō, « Jūdō shinpan kitei kaisetsu (ichi) 柔道審判規程解説（一） (Explication des règles d'arbitrage du jūdō (I)) », publié dans *Jūdō* 柔道, juin 1916.

Dans *Kanō Jigorō taikei* 嘉納治五郎大系 (Kanō Jigorō : compendium), *Dai-nikan* 第二巻 (volume 2), *jūdō-shi • jūdō shugyō • jūdō shiai to shinpan kitei* 柔道史・柔道修行・柔道試合と審判規程 (Histoire du jūdō – pratique du jūdō – compétition de jūdō et système d'arbitrage), Hon no tomo sha 本の友社, Tōkyō 東京, 1ʳᵉ édition 30-5-1988, édition de référence 25-12-1994, 474 p., p. 398-404.

[038] Kanō Jigorō, « Zen nihon jūdō senshiken taikai to seiryoku zen. yō kokumin taiiku 全日本柔道選士権大会と精力善用国民体育 (Championnats de jūdō du Japon et éducation physique du peuple à la bonne utilisation de l'énergie) », publié dans *Jūdō* 柔道, octobre 1930.

Dans *Kanō Jigorō taikei* 嘉納治五郎大系 (Kanō Jigorō : compendium), *Dai-nikan* 第二巻 (volume 2), *jūdō-shi • jūdō shugyō • jūdō shiai to shinpan kitei* 柔道史・柔道修行・柔道試合と審判規程 (Histoire du jūdō – pratique du jūdō – compétition de jūdō et système d'arbitrage), Hon no tomo sha 本の友社, Tōkyō 東京, 1ʳᵉ édition 30-5-1988, édition de référence 25-12-1994, 474 p., p. 327-346.

[039] Gichin Funakoshi, *Karate-dō – Ma Voie, ma Vie,* Paris, éditions Budostore, collection « La Budothèque », 1993.

[040] Fujiwara Ryōzō 藤原稜三, *Gima Shinkin, Fujiwara Ryōzō taidan – kindai karate no rekishi o kataru* 儀間真謹, 藤原稜三　対談・近代空手道の歴史を語る (Relater l'histoire du karate-dō moderne, entretiens entre Gima Shinkin et Fujiwara Ryōzō), Bēsubōru magajin-sha ベースボール・マガジン社, 1986, 411 p.

[041] Ueshiba Kisshōmaru (sous la direction de) 植芝吉祥丸　編, *Aikidō kaiso : Ueshiba Morihei seitan hyakunen* 合気道開祖：植芝盛平生誕百年 (À l'occasion du centenaire de la naissance du fondateur de l'aikidō : Ueshiba Morihei), Kōdansha 講談社, 1983, 111 p.

[042] URL : http://www.ffjudo.com/ffj/Minisites/Espace-Services-Internet/Culture-Judo2/La-Charte-du-Jûdô (consulté en février 2015).

[043] Miyamoto Musashi 宮本武蔵, *Go rin no sho* 五輪書 (Traité des cinq roues), Kōdansha gakujutsu bunko 講談社学術文庫, 1986.

[044] Kanō Jigorō, « Shi ni tai suru kokoroe 師に対する心得 (Comportement à adopter à l'égard des maîtres) », in *Tōin-kai sōritsu dai ni jū shū nen kinen gō* 桐陰会創立第二十週年記念号 (Numéro de

commémoration du 20ᵉ anniversaire de la fondation de la Tōin-kai), Tōin-kai, Tōkyō, décembre 1910, 410 p., p. 277.

[045] Kanō Jigorō, « Hiroku jūdō no shugyōja ni tsugu 広く柔道の修行者に告ぐ (M'adresser largement aux pratiquants de jūdō) », publié dans *Jūdō* 柔道, août 1937.

Dans *Kanō Jigorō taikei* 嘉納治五郎大系 (Kanō Jigorō : compendium), *Dai-ikkan* 第一巻 (volume 1), *Kōdōkan jūdō* 講道館柔道 (Kōdōkan jūdō), 1ʳᵉ édition 30-5-1988, édition de référence 25-12-1994, 410 p., p. 73-77.

[046] Kanō Yukimitsu, Daigo Toshirō, Kawamura Teizō, Takeuchi Yoshinori, Nakamura Ryōzō, Satō Nobuyuki (sous la direction de) 嘉納行光・醍醐敏郎・川村禎三・竹内善徳・中村良三・佐藤宣践（編集）, *Jūdō daijiten* 柔道大辞典 (Grand dictionnaire du jūdō), Atene shobō アテネ書房, Tōkyō, 21 novembre 1999, 669 p.

[047] Kanō Jigorō, « Jūdō no shugi ni shitagatta shakai seikatsu 柔道の主義に随った社会生活 (Une vie sociale conforme aux principes du jūdō) », publié dans *Jūdō* 柔道, mai 1918.

Dans *Kanō Jigorō taikei* 嘉納治五郎大系 (Kanō Jigorō : compendium), *Dai-yonkan* 第四巻 (volume 4), *jinsei-ron* 人生論 (Propos sur la vie humaine), Hon no tomo sha 本の友社, 1ʳᵉ édition 30-5-1988, édition de référence 25-12-1994, 371 p., p. 263-269.

[048] Kanō Jigorō, « Jūdō no shugyōja ni tsugu 柔道の修行者に告ぐ (Annoncer aux pratiquants de jūdō) », publié dans *Jūdō* 柔道, février 1918.

Dans *Kanō Jigorō taikei* 嘉納治五郎大系 (Kanō Jigorō : compendium), *Dai-nikan* 第二巻 (volume 2), *jūdō-shi • jūdō shugyō • jūdō shiai to shinpan kitei* 柔道史・柔道修行・柔道試合と審判規程 (Histoire du jūdō – pratique du jūdō – compétition de jūdō et système d'arbitrage), Hon no tomo sha 本の友社, Tōkyō 東京, 1ʳᵉ édition 30-5-1988, édition de référence 25-12-1994, 474 p., p. 204-211.

[049] Murata Naoki 村田直樹, « Kōdōkan jūdō ni okeru reihō no hensen ni tsuite 講道館柔道に於ける礼法の変遷について (À propos des changements dans l'étiquette du Kōdōkan jūdō) », *Kokusai budō shinpojiumu – jisshi hōkokusho* 国際武道シンポジウム・実施報告書 (Symposium international sur le budō – Rapport), Université Kanoya, 7 décembre 2008, 170 p. (URL : http://budo2008.nifs-k.ac.jp/pdf/murata_j.pdf).

[050] *Daijirin dai sanban* 大辞林第三版 (Daijirin, 3ᵉ édition), Sanseidō 三省堂 (consulté à partir de http://dic.yahoo.co.jp/).

[051] Kanō Jigorō, « Jūdōka no hinkaku 柔道家の品格 (La dignité du jūdōka) », publié dans *Jūdō* 柔道, novembre 1917.

Dans *Kanō Jigorō taikei* 嘉納治五郎大系 (Kanō Jigorō : compendium), *Dai-nikan* 第二巻 (volume 2), *jūdō-shi • jūdō shugyō • jūdō shiai to shinpan kitei* 柔道史・柔道修行・柔道試合と審判規程 (Histoire du jūdō – pratique du jūdō – compétition de jūdō et système d'arbitrage), Hon no tomo sha 本の友社, Tōkyō 東京, 1re édition 30-5-1988, édition de référence 25-12-1994, 474 p., p. 196-203.

[052] Kanō Jigorō, « Kojin no kansei 個人の完成 (Réalisation de l'individu) », publié dans *Taisei* 大勢, mai 1922.

Dans *Kanō Jigorō taikei* 嘉納治五郎大系 (Kanō Jigorō : compendium), *Dai-yonkan* 第四巻 (volume 4), *jinsei-ron* 人生論 (Propos sur la vie humaine), Hon no tomo sha 本の友社, 1re édition 30-5-1988, édition de référence 25-12-1994, 371 p., p. 294-301.

[053] *Kōjien* 広辞苑第五版図版付き (Kōjien, 5e édition illustrée), Iwanami shoten 岩波書店, LogoVista 辞典ブラウザ (navigateur LogoVista-jiten).

[054] Kanō Jigorō, « Kōdōkan no kōshūkai to shochū keiko ni tsuite 講道館の講習会と暑中稽古について (À propos des stages et de l'entraînement dans la chaleur du Kōdōkan) », publié dans *Jūdō* 柔道, juillet 1936.

Dans *Kanō Jigorō taikei* 嘉納治五郎大系 (Kanō Jigorō : compendium), *Dai-nikan* 第二巻 (volume 2), *jūdō-shi • jūdō shugyō • jūdō shiai to shinpan kitei* 柔道史・柔道修行・柔道試合と審判規程 (Histoire du jūdō – pratique du jūdō – compétition de jūdō et système d'arbitrage), Hon no tomo sha 本の友社, Tōkyō 東京, 1re édition 30-5-1988, édition de référence 25-12-1994, 474 p., p. 291-293.

[055] Kanō Jigorō, « Kōdōkan jūdō kōgi (dai-rokkai) 講道館柔道講義（第六回） (Cours à propos du Kōdōkan jūdō (VI)) », publié dans *Kokushi* 國士, décembre 1899.

Dans *Kanō Jigorō taikei* 嘉納治五郎大系 (Kanō Jigorō : compendium), *Dai-sankan* 第三巻 (volume 3), *jūdō jitsugi* 柔道実技 (La technique du jūdō), 1re édition 30-5-1988, édition de référence 25-12-1994, 405 p., p. 25-27.

[056] Kanō Jigorō, « Kaki to jūdō 夏季と柔道 (Été et jūdō) », publié dans *Yūkō no katsudō* 有効乃活動, août 1919.

Dans *Kanō Jigorō taikei* 嘉納治五郎大系 (Kanō Jigorō : compendium), *Dai-nikan* 第二巻 (volume 2), *jūdō-shi • jūdō shugyō • jūdō shiai to shinpan kitei* 柔道史・柔道修行・柔道試合と審判規程 (Histoire du jūdō – pratique du jūdō – compétition de jūdō et système d'arbitrage), Hon no tomo sha 本の友社, Tōkyō 東京, 1ʳᵉ édition 30-5-1988, édition de référence 25-12-1994, 474 p., p. 278-281.

[057] Colin Thierry, *Analyse sociologique comparative de la pratique du jūdō pour les enfants de sept à douze ans au Japon et en France*, thèse de doctorat en sciences sociales, université Paris Descartes, décembre 2010.

[058] Kanō Jigorō, *Jūdō kyōhon* 柔道教本上巻 (Manuel de jūdō, tome 1), Sanseidō 三省堂, septembre 1931.

Dans *Kanō Jigorō taikei* 嘉納治五郎大系 (Kanō Jigorō : compendium), *Dai-sankan* 第三巻 (volume 3), *jūdō jitsugi* 柔道実技 (La technique du jūdō), 1ʳᵉ édition 30-5-1988, édition de référence 25-12-1994, 405 p., p. 294-405.

[059] Kanō Jigorō, « Ippan no shugyōja ni kata no renshū o susumeru 一般の修行者に形の練習を勧める (Encourager la pratique du *kata* pour tous les pratiquants) », publié dans *Yūkō no katsudō* 有効乃活動, novembre 1921.

Dans *Kanō Jigorō taikei* 嘉納治五郎大系 (Kanō Jigorō : compendium), *Dai-nikan* 第二巻 (volume 2), *jūdō-shi • jūdō shugyō • jūdō shiai to shinpan kitei* 柔道史・柔道修行・柔道試合と審判規程 (Histoire du jūdō – pratique du jūdō – compétition de jūdō et système d'arbitrage), Hon no tomo sha 本の友社, Tōkyō 東京, 1ʳᵉ édition 30-5-1988, édition de référence 25-12-1994, 474 p., p. 244-249.

[060] Kanō Jigorō, « Kaki to jūdō 夏期と柔道 (Été et jūdō) », publié dans *Jūdō* 柔道, juillet 1916.

Dans *Kanō Jigorō taikei* 嘉納治五郎大系 (Kanō Jigorō : compendium), *Dai-nikan* 第二巻 (volume 2), *jūdō-shi • jūdō shugyō • jūdō shiai to shinpan kitei* 柔道史・柔道修行・柔道試合と審判規程 (Histoire du jūdō – pratique du jūdō – compétition de jūdō et système d'arbitrage), Hon no tomo sha 本の友社, Tōkyō 東京, 1ʳᵉ édition 30-5-1988, édition de référence 25-12-1994, 474 p., p. 273-277.

[061] Kanō Jigorō, « Kōdōkan jūdō kōgi (dai-gokai) 講道館柔道講義（第五回） (Cours à propos du Kōdōkan jūdō (V)) », publié dans *Kokushi* 國士, novembre 1899.

Dans *Kanō Jigorō taikei* 嘉納治五郎大系 (Kanō Jigorō : compendium), *Dai-sankan* 第三巻 (volume 3), *jūdō jitsugi* 柔道実技 (La technique du jūdō), 1ʳᵉ édition 30-5-1988, édition de référence 25-12-1994, 405 p., p. 20-25.

[062] Kanō Jigorō, « Kōdōkan jūdō kōgi (dai-shichikai) 講道館柔道講義（第七回）(Cours à propos du Kōdōkan jūdō (VII)) », publié dans *Kokushi* 國士, février 1900.

Dans *Kanō Jigorō taikei* 嘉納治五郎大系 (Kanō Jigorō : compendium), *Dai-sankan* 第三巻 (volume 3), *jūdō jitsugi* 柔道実技 (La technique du jūdō), 1ʳᵉ édition 30-5-1988, édition de référence 25-12-1994, 405 p., p. 27-29.

[063] Kanō Jigorō, « Kōdōkan jūdō kōgi (dai-jūkai) 講道館柔道講義（第十回）(Cours à propos du Kōdōkan jūdō (X)) », publié dans *Kokushi* 國士, avril 1901.

Dans *Kanō Jigorō taikei* 嘉納治五郎大系 (Kanō Jigorō : compendium), *Dai-sankan* 第三巻 (volume 3), *jūdō jitsugi* 柔道実技 (La technique du jūdō), 1ʳᵉ édition 30-5-1988, édition de référence 25-12-1994, 405 p., p. 45-49.

[064] Kanō Jigorō, « Randori no renshū oyobi shiai no sai ni okeru chūi 乱取の練習および試合の際における注意 (Ce à quoi il faut veiller lors de l'exercice au *randori* ou en compétition) », publié dans *Jūdō* 柔道, juin 1935.

Dans *Kanō Jigorō taikei* 嘉納治五郎大系 (Kanō Jigorō : compendium), *Dai-sankan* 第三巻 (volume 3), *jūdō jitsugi* 柔道実技 (La technique du jūdō), 1ʳᵉ édition 30-5-1988, édition de référence 25-12-1994, 405 p., p. 288-291.

[065] Kanō Jigorō, « Jūdō gaisetsu 柔道概説 (Explication générale du jūdō) », publié dans *Jūdō gaiyō* 『柔道概要』, Dai Nihon Butoku-kai shūyōdan honbu 大日本武徳会修養団本部, octobre 1913.

Dans *Kanō Jigorō taikei* 嘉納治五郎大系 (Kanō Jigorō : compendium), *Dai-sankan* 第三巻 (volume 3), *jūdō jitsugi* 柔道実技 (La technique du jūdō), 1ʳᵉ édition 30-5-1988, édition de référence 25-12-1994, 405 p., p. 104-118.

[066] Kanō Jigorō, « Kōdōkan jigyō suikō kikan soshiki no shūsei to yakuin no kettei 講道館事業遂行機関組織の修正と役員の決定 (Modification de l'organisation du Kōdōkan en services d'exécution du travail et choix des administrateurs) », publié dans *Jūdō* 柔道, mars 1931.

Dans *Kanō Jigorō taikei* 嘉納治五郎大系 (Kanō Jigorō : compendium), *Dai-ikkan* 第一巻 (volume 1), Kōdōkan jūdō 講道館柔道 (Kōdōkan jūdō), 1ʳᵉ édition 30-5-1988, édition de référence 25-12-1994, 410 p., p. 245-248.

[067] Kōdōkan bunka kai hen 講道館文化会　編 (Association culturelle du Kōdōkan), *Jūdō nenkan* 柔道年鑑 (Almanach du jūdō),

Kōdōkan bunka kai 講道館文化会, 8 publications entre 1922 et 1939 (URL : http://kindai.ndl.go.jp/search/searchResult?searchWord=柔道年鑑).

[068] Mill John Stuart, *L'utilitarisme,* Paris, Flammarion, collection « Champs », 1988 (Trad. française : G. Tanesse).

[069] Munakata Itsurō, « L'esprit du jūdō et la voie de la vie et de la mort », publié dans *Jūdō,* avril 1932.

[070] Kanō Jigorō, « Kōdōkan jūdō gaisetsu (dai-jūnikai) 講道館柔道概説（第十二回） (Explication générale du Kōdōkan jūdō (XII)) », publié dans *Jūdō* 柔道, mars 1916.

Dans *Kanō Jigorō taikei* 嘉納治五郎大系 (Kanō Jigorō : compendium), *Dai-sankan* 第三巻 (volume 3), *jūdō jitsugi* 柔道実技 (La technique du jūdō), 1re édition 30-5-1988, édition de référence 25-12-1994, 405 p., p. 164-167.

[071] Gide André, « L'évolution du théâtre », in *Nouveaux Prétextes,* Paris, Mercure de France, 1963.

[072] URL : http://www.mext.go.jp/b_menu/kihon/about/06121913/002.pdf.

[073] « Instructions d'enseignement quant aux programmes des lycées », mars 2009. URL : http://www.mext.go.jp/a_menu/shotou/new-cs/youryou/kou/kou.pdf.

[074] « Instructions d'enseignement quant aux programmes des collèges », 2008, révisé en 2010. URL : http://www.mext.go.jp/a_menu/shotou/new-cs/youryou/chu/__icsFiles/afieldfile/2010/12/16/121504.pdf.

[075] Imamura Yoshio 今村嘉雄, *Nihon taiiku shi* 日本体育史 (Histoire de l'éducation physique japonaise), éditions Fumaidō 不昧堂出版, 1970, p. 773+42.

[076] Shirayama Jakuō 白山若翁, « Tokui waza ni tsuite 得意業に就いて (À propos du *tokui-waza*) », *Yūkō no katsudō* 有効乃活動, septembre 1920, p. 48-51.

[077] Kawamura Teizō, Daigo Toshirō (sous la direction de), 川村禎三, 醍醐敏郎（監修）, *Waei taishō jūdō yōgo shōjiten* 和英対照柔道用語小辞典 (Petit dictionnaire japonais / anglais du vocabulaire du jūdō), Kōdōkan, Tōkyō 東京, août 2000, 173 p.

[078] Shirakawa Shizuka 白川静, *Jitsū* 字通 (Dictionnaire étymologique de caractères), Heibonsha 平凡社, Japan naredji-han ジャパンナレッジ版 (éditions Japan Knowledge), 1996.

[079] Kanō Jigorō, « Kōdōkan jūdō kōgi (dai-jūnikai) 講道館柔道講義（第十二回） (Cours à propos du Kōdōkan jūdō (XII)) », publié dans Kokushi 國士, juin 1901.

Dans *Kanō Jigorō taikei* 嘉納治五郎大系 (Kanō Jigorō : compendium), *Dai-sankan* 第三巻 (volume 3), *jūdō jitsugi* 柔道実技 (La technique du jūdō), 1re édition 30-5-1988, édition de référence 25-12-1994, 405 p., p. 55-56.

[080] Yabune Toshikazu (*et al.*), *Jūdō saihakken* 柔道再発見 (Redécouverte du jūdō), Fumaidō shuppan 不昧堂出版, 2004, 152 p.

[081] Kanō Jigorō, « Kōdōkan jūdō kōgi (dai-hakkai) 講道館柔道講義（第八回） (Cours à propos du Kōdōkan jūdō (VIII)) », publié dans *Kokushi* 國士, mai 1900.

Dans *Kanō Jigorō taikei* 嘉納治五郎大系 (Kanō Jigorō : compendium), *Dai-sankan* 第三巻 (volume 3), *jūdō jitsugi* 柔道実技 (La technique du jūdō), 1re édition 30-5-1988, édition de référence 25-12-1994, 405 p., p. 29-35.

[082] Meyer Philippe, *La Chronique de Philippe Meyer*, diffusée le 27 novembre 2013, France culture.

[083] URL : http://www.youtube.com/watch?v=rVO26URqC24.

[084] Takumiya Kiyoshi 内匠屋　潔, Kiyono Takeji 清野　武治, « Kendō no honshitsu ni kan suru kenkyū 剣道の本質に関する研究 (Recherches sur la substance du kendō) », *Budōgaku kenkyū* 武道学研究, vol. 5 n° 1, 1972. (URL : https://www.jstage.jst.go.jp/article/budo1968/5/1/5_19/_pdf).

[085] Lucas George , *Star Wars, épisode V*, 20th Century Fox, 1980.

[086] « À propos du jiu-jitsu », *Revue olympique*, 2e série, n° 1, janvier 1906 (URL : http://library.la84.org/OlympicInformationCenter/RevueOlympique/1906/ROLF1/ROLF1f.pdf).

[087] « Les préliminaires du jiu-jitsu », *Revue olympique*, 2e série, n° 27, mars 1908 (URL : http://library.la84.org/OlympicInformationCenter/RevueOlympique/1908/ROLF27/ROLF27f.pdf).

[088] « Le judo », *Revue olympique*, 2e série, n° 73, janvier 1912 (URL : http://library.la84.org/OlympicInformationCenter/RevueOlympique/1912/ROLF73/ROLF73h.pdf).

[089] « Le judo (suite et fin) », *Revue olympique*, 2e série, n° 74, février 1912 (URL : http://library.la84.org/OlympicInformationCenter/RevueOlympique/1912/ROLF74/ROLF74e.pdf).

[090] « Discussions et décisions », *Revue olympique,* 2e série, n° 42, juin 1909 (URL : http://library.la84.org/OlympicInformationCenter/RevueOlympique/1909/ROLF42/ROLF42f.pdf).

[091] Brousse Michel, *Le judo, son histoire, ses succès,* Genève, Liber, 1996.

[092] Yokoyama et Oshima, *Manuel de Jiu-Jitsu de l'école Kanō,* Paris, Berger-Levrault, 1911.

[093] Kanō Jigorō, « Kōdōkan no shimei ni tsuite 講道館の使命について (À propos de la mission du Kōdōkan) », publié dans *Sakkō* 作興, janvier 1927.

Dans *Kanō Jigorō taikei* 嘉納治五郎大系 (Kanō Jigorō : compendium), *Dai-ikkan* 第一巻 (volume 1), Kōdōkan jūdō 講道館柔道 (Kōdōkan jūdō), 1re édition 30-5-1988, édition de référence 25-12-1994, 410 p., p. 159-164.

[094] Kanō Jigorō, « Chikaku Kōdōkan ni mōken to suru tokubetsu renshūka no mokuteki ni tsuite 近く講道館に設けんとする特別練習科の目的について (À propos de l'objectif de la section spéciale d'exercice que je compte bientôt mettre en place au Kōdōkan) », publié dans *Jūdō* 柔道, juillet 1937.

Dans *Kanō Jigorō taikei* 嘉納治五郎大系 (Kanō Jigorō : compendium), *Dai-ikkan* 第一巻 (volume 1), Kōdōkan jūdō 講道館柔道 (Kōdōkan jūdō), 1re édition 30-5-1988, édition de référence 25-12-1994, 410 p., p. 280-283.

[095] Kanō Jigorō, « Chikaku Kōdōkan ni mōken to suru randori tokubetsu renshūka no mokuteki ni tsuite 近く講道館に設けんとする乱取特別練習科の目的について (À propos de l'objectif de la section spéciale d'exercice de *randori* que je compte bientôt mettre en place au Kōdōkan) », publié dans *Jūdō* 柔道, juin 1937.

Dans *Kanō Jigorō taikei* 嘉納治五郎大系 (Kanō Jigorō : compendium), *Dai-ikkan* 第一巻 (volume 1), Kōdōkan jūdō 講道館柔道 (Kōdōkan jūdō), 1re édition 30-5-1988, édition de référence 25-12-1994, 410 p., p. 277-279.

[096] Suzuki Akira 鈴木明, *« Tōkyō, tsui ni kateri ! » 1936 nen berurin shikyū den* 「東京、遂に勝てり！」１９３６年ベルリン至急電 (« Tōkyō l'a finalement emporté ! » Télégramme prioritaire de Berlin en 1936), Shōgakkan 小学館, Tōkyō, octobre 1994, 510 p.

[097] Kanō Jigorō, « Jūdō no kyōgi undō 柔道の競技運動 (Jūdō et sport de compétition) », publié dans *Sakkō* 作興, novembre 1929.
Dans *Kanō Jigorō taikei* 嘉納治五郎大系 (Kanō Jigorō : compendium), *Dai-ikkan* 第一巻 (volume 1), Kōdōkan jūdō 講道館柔道 (Kōdōkan

jūdō), 1re édition 30-5-1988, édition de référence 25-12-1994, 410 p., p. 18-23.

[098] The organizing committee of the XIIth Olympiad, Report of the organizing committee on its work for the XIIth Olympic Games of 1940 in Tokyo until the Relinquishment, 1940 (?), 206 p. (URL : http://library.la84.org/6oic/OfficialReports/1940/OR1940.pdf).

[099] Kanō Jigorō, « Kōdōkan jūdō gaisetsu (dai-jūkai) 講道館柔道概説（第十回） (Explication générale du Kōdōkan jūdō (X)) », publié dans *Jūdō* 柔道, janvier 1916.

Dans *Kanō Jigorō taikei* 嘉納治五郎大系 (Kanō Jigorō : compendium), *Dai-sankan* 第三巻 (volume 3), *jūdō jitsugi* 柔道実技 (La technique du jūdō), 1re édition 30-5-1988, édition de référence 25-12-1994, 405 p., p. 158-161.

[100] Kanō Jigorō, « Jūdōka to shite no Kanō Jigorō (dai-ikkai) 柔道家としての嘉納治五郎（第一回） (Kanō Jigorō, le jūdōka (I)) », publié dans *Sakkō* 作興, janvier 1927.

Dans *Kanō Jigorō taikei* 嘉納治五郎大系 (Kanō Jigorō : compendium), *Dai-jūkan* 第十巻 (volume 10), *jide • kaiko* 自伝・回顧 (Autobiographie – souvenirs), 1re édition 30-5-1988, édition de référence 25-12-1994, 380 p., p. 2-12.

[101] Kanō Jigorō, « Jūdōka to shite no Kanō Jigorō (dai-rokkai) 柔道家としての嘉納治五郎（第六回） (Kanō Jigorō, le jūdōka (VI)) », publié dans *Sakkō* 作興, juin 1927.

Dans *Kanō Jigorō taikei* 嘉納治五郎大系 (Kanō Jigorō : compendium), *Dai-jūkan* 第十巻 (volume 10), *jide • kaiko* 自伝・回顧 (Autobiographie – souvenirs), 1re édition 30-5-1988, édition de référence 25-12-1994, 380 p., p. 46-56.

[102] Kanō Jigorō, « Kōdōkan jūdō gaisetsu (dai-rokkai) 講道館柔道概説（第六回） (Explication générale du Kōdōkan jūdō (VI)) », publié dans *Jūdō* 柔道, août 1915.

Dans *Kanō Jigorō taikei* 嘉納治五郎大系 (Kanō Jigorō : compendium), *Dai-sankan* 第三巻 (volume 3), *jūdō jitsugi* 柔道実技 (La technique du jūdō), 1re édition 30-5-1988, édition de référence 25-12-1994, 405 p., p. 143-147.

[103] Kanō Jigorō, « Rikkō no kiso to jūdō no shugyō 立功の基礎と柔道の修行 (La base des actions d'éclat et la pratique du jūdō) », publié dans *Jūdō* 柔道, mars 1915.

Dans *Kanō Jigorō taikei* 嘉納治五郎大系 (Kanō Jigorō : compendium), *Dai-nikan* 第二巻 (volume 2), *jūdō-shi • jūdō shugyō • jūdō shiai to shinpan kitei* 柔道史・柔道修行・柔道試合と審判規程 (Histoire du jūdō – pratique du jūdō – compétition de jūdō et système d'arbitrage), Hon no tomo sha 本の友社, Tōkyō 東京, 1ʳᵉ édition 30-5-1988, édition de référence 25-12-1994, 474 p., p. 47-52.

[104] Kanō Jigorō, « Shūyō to jūdō 修養と柔道 (Formation et jūdō) », publié dans *Jūdō* 柔道, juin 1915.

Dans *Kanō Jigorō taikei dai-rokkan* 嘉納治五郎大系　第六巻 (Kanō Jigorō : compendium, volume 6), *Kyōiku-ron* II • *kokka to jidai* 教育論 II • 国家と時代 (Traité sur l'éducation II – L'État et l'époque), Hon no tomo sha 本の友社, Tōkyō 東京, 1ʳᵉ édition 30-5-1988, édition de référence 25-12-1994, 442 p., p. 12-18.

[105] Kanō Jigorō, « Jūdō ni jō chū ge sandan no betsu aru koto o ron zu 柔道に上中下三段の別あることを論ず" (Débattre des trois niveaux du jūdō, haut, moyen et bas) », publié dans *Jūdō* 柔道, juillet 1918.

Dans *Kanō Jigorō taikei* 嘉納治五郎大系 (Kanō Jigorō : compendium), *Dai-nikan* 第二巻 (volume 2), *jūdō-shi* • *jūdō shugyō* • *jūdō shiai to shinpan kitei* 柔道史・柔道修行・柔道試合と審判規程 (Histoire du jūdō – pratique du jūdō – compétition de jūdō et système d'arbitrage), Hon no tomo sha 本の友社, Tōkyō 東京, 1ʳᵉ édition 30-5-1988, édition de référence 25-12-1994, 474 p., p. 53-58.

[106] Kanō Jigorō, « Kaiko rokujū nen 回顧六十年 (Soixante ans de souvenirs) », publié dans *Kyōiku* 教育, mai 1921.

Dans *Kanō Jigorō taikei* 嘉納治五郎大系 (Kanō Jigorō : compendium), *Dai-jūkan* 第十巻 (volume 10), *jide* • *kaiko* 自伝・回顧 (Autobiographie – souvenirs), 1ʳᵉ édition 30-5-1988, édition de référence 25-12-1994, 380 p., p. 299-318.

[107] Kanō Jigorō, « Jūdōka to shite no Kanō Jigorō (dai-nikai) 柔道家としての嘉納治五郎（第二回） (Kanō Jigorō, le jūdōka (II)) », publié dans *Sakkō* 作興, février 1927.

Dans *Kanō Jigorō taikei* 嘉納治五郎大系 (Kanō Jigorō : compendium), *Dai-jūkan* 第十巻 (volume 10), *jide* • *kaiko* 自伝・回顧 (Autobiographie – souvenirs), 1ʳᵉ édition 30-5-1988, édition de référence 25-12-1994, 380 p., p. 12-19.

[108] Kanō Jigorō, « Jūdōka to shite no Kanō Jigorō (dai-jūnikai) 柔道家としての嘉納治五郎（第十二回） (Kanō Jigorō, le jūdōka (XII)) », publié dans *Sakkō* 作興, décembre 1927.

Dans *Kanō Jigorō taikei* 嘉納治五郎大系 (Kanō Jigorō : compendium), *Dai-jūkan* 第十巻 (volume 10), *jide* • *kaiko* 自伝・回顧 (Autobiographie – souvenirs), 1re édition 30-5-1988, édition de référence 25-12-1994, 380 p., p. 103-111.

[109] Kanō Jigorō, « Jūdō no konpon seishin 柔道の根本精神 (L'esprit fondamental du jūdō) », publié dans *Maruyama Sanzō* 丸山三造編 (sous la direction de), Dai nihon jūdō-shi 『大日本柔道史』 (Histoire du jūdō du Grand Japon), Daiichi shobō 第一書房, collection Kōdōkan zōhan 講道館藏版, Tōkyō 東京, 1re édition 1939, édition de référence 1984 (fac-similé), 1170-72 p., p. 1155-1170.

[110] Kanō Jigorō, « Seiryoku zen.yō kokumin taiiku 『精力善用国民体育』 (Éducation physique du peuple à la bonne utilisation de l'énergie) », Kōdōkan bunka-kai 講道館文化会, Tōkyō, août 1930.

Dans *Kanō Jigorō taikei dai-hachikan* 嘉納治五郎大系　第八巻 (Kanō Jigorō : compendium, volume 8), *kokumin taiiku • kokusai orinpikku taikai* 国民体育・国際オリンピック大会 (Éducation physique populaire – Jeux olympiques), Hon no tomo sha 本の友社, Tōkyō 東京, 1re édition 30-5-1988, édition de référence 25-12-1994, 378 p., p. 88-185.

Bibliographie thématique

Textes de Kanō Jigorō

[018] Kanō Jigorō 嘉納治五郎, « Rinrigaku – hihyō 倫理学―批評 (Éthique – approche critique) », in Tanahashi Ichirō, Kanō Jigorō 棚橋一郎, 嘉納治五郎, *Rinrigaku – rekikishi, hihyō* 倫理学―歴史、批評 (Éthique – histoire, critique), Tetsugakkan 哲学館, collection Tetsu-gakkan kōgi-roku 哲学館講義録, Tōkyō, 1888, 120-22 p. (URL : http://kindai.ndl.go.jp/info:ndljp/pid/758545).

[001] Kanō Jigorō, « Jūdō ippan narabi ni sono kyōiku jō no kachi 『柔道一斑並ニ其教育上ノ價値』 (Du jūdō et de sa valeur éducative comme pédagogique) », in *Dai nihon Kyōikukai zasshi* 大日本教育会雑誌 (Revue de l'Association de l'éducation du Grand Japon), Dai nihon Kyōikukai, Tōkyō 東京, vol. 87, juin 1889, p. 446-481. Traduit en français par Yves Cadot, *Du jūdō et de sa valeur éducative comme péda-gogique*, Metatext, 259 p., janvier 2014.

[061] Kanō Jigorō, « Kōdōkan jūdō kōgi (dai-gokai) 講道館柔道講義（第五回） (Cours à propos du Kōdōkan jūdō (V)) », publié dans *Kokushi* 國士, novembre 1899.

Dans *Kanō Jigorō taikei* 嘉納治五郎大系 (Kanō Jigorō : compendium), *Dai-sankan* 第三巻 (volume 3), *jūdō jitsugi* 柔道実技 (La technique du

jūdō), 1re édition 30-5-1988, édition de référence 25-12-1994, 405 p., p. 20-25.

[055] Kanō Jigorō, « Kōdōkan jūdō kōgi (dai-rokkai) 講道館柔道講義（第六回）(Cours à propos du Kōdōkan jūdō (VI)) », publié dans *Kokushi* 國士, décembre 1899.

Dans *Kanō Jigorō taikei* 嘉納治五郎大系 (Kanō Jigorō : compendium), *Dai-sankan* 第三巻 (volume 3), *jūdō jitsugi* 柔道実技 (La technique du jūdō), 1re édition 30-5-1988, édition de référence 25-12-1994, 405 p., p. 25-27.

[062] Kanō Jigorō, « Kōdōkan jūdō kōgi (dai-shichikai) 講道館柔道講義（第七回）(Cours à propos du Kōdōkan jūdō (VII)) », publié dans *Kokushi* 國士, février 1900.

Dans *Kanō Jigorō taikei* 嘉納治五郎大系 (Kanō Jigorō : compendium), *Dai-sankan* 第三巻 (volume 3), *jūdō jitsugi* 柔道実技 (La technique du jūdō), 1re édition 30-5-1988, édition de référence 25-12-1994, 405 p., p. 27-29.

[081] Kanō Jigorō, « Kōdōkan jūdō kōgi (dai-hakkai) 講道館柔道講義（第八回）(Cours à propos du Kōdōkan jūdō (VIII)) », publié dans *Kokushi* 國士, mai 1900.

Dans *Kanō Jigorō taikei* 嘉納治五郎大系 (Kanō Jigorō : compendium), *Dai-sankan* 第三巻 (volume 3), *jūdō jitsugi* 柔道実技 (La technique du jūdō), 1re édition 30-5-1988, édition de référence 25-12-1994, 405 p., p. 29-35.

[033] Kanō Jigorō, « Kōdōkan jūdō rinji kōgi (dai-ikkai) 講道館柔道臨時講義（第一回）(Cours extraordinaire sur le Kōdōkan jūdō (I)) », publié dans *Kokushi* 國士, juin 1900.

Dans *Kanō Jigorō taikei* 嘉納治五郎大系 (Kanō Jigorō : compendium), *Dai-sankan* 第三巻 (volume 3), *jūdō jitsugi* 柔道実技 (La technique du jūdō), 1re édition 30-5-1988, édition de référence 25-12-1994, 405 p., p. 84-88.

[034] Kanō Jigorō, « Kōdōkan jūdō rinji kōgi (dai-nikai) 講道館柔道臨時講義（第二回）(Cours extraordinaire sur le Kōdōkan jūdō (II)) », publié dans *Kokushi* 國士, août 1900.

Dans *Kanō Jigorō taikei* 嘉納治五郎大系 (Kanō Jigorō : compendium), *Dai-sankan* 第三巻 (volume 3), *jūdō jitsugi* 柔道実技 (La technique du jūdō), 1re édition 30-5-1988, édition de référence 25-12-1994, 405 p., p. 89-95.

[035] Kanō Jigorō, « Kōdōkan jūdō rinji kōgi (dai-sankai) 講道館柔道臨時講義（第三回）(Cours extraordinaire sur le Kōdōkan jūdō (III)) », publié dans *Kokushi* 國士, septembre 1900.

Dans *Kanō Jigorō taikei* 嘉納治五郎大系 (Kanō Jigorō : compendium), *Dai-sankan* 第三巻 (volume 3), *jūdō jitsugi* 柔道実技 (La technique du jūdō), 1re édition 30-5-1988, édition de référence 25-12-1994, 405 p., p. 95-101.

[063] Kanō Jigorō, « Kōdōkan jūdō kōgi (dai-jūkai) 講道館柔道講義（第十回） (Cours à propos du Kōdōkan jūdō (X)) », publié dans *Kokushi* 國士, avril 1901.

Dans *Kanō Jigorō taikei* 嘉納治五郎大系 (Kanō Jigorō : compendium), *Dai-sankan* 第三巻 (volume 3), *jūdō jitsugi* 柔道実技 (La technique du jūdō), 1re édition 30-5-1988, édition de référence 25-12-1994, 405 p., p. 45-49.

[079] Kanō Jigorō, « Kōdōkan jūdō kōgi (dai-jūnikai) 講道館柔道講義（第十二回） (Cours à propos du Kōdōkan jūdō (XII)) », publié dans Kokushi 國士, juin 1901.

Dans *Kanō Jigorō taikei* 嘉納治五郎大系 (Kanō Jigorō : compendium), *Dai-sankan* 第三巻 (volume 3), *jūdō jitsugi* 柔道実技 (La technique du jūdō), 1re édition 30-5-1988, édition de référence 25-12-1994, 405 p., p. 55-56.

[044] Kanō Jigorō, « Shi ni tai suru kokoroe 師に対する心得 (Comportement à adopter à l'égard des maîtres) », in *Tōin-kai sōritsu dai ni jū shū nen kinen gō* 桐陰会創立第二十週年記念号 (Numéro de commémoration du 20e anniversaire de la fondation de la Tōin-kai), Tōin-kai, Tōkyō, décembre 1910, 410 p., p. 277.

[065] Kanō Jigorō, « Jūdō gaisetsu 柔道概説 (Explication générale du jūdō) », publié dans *Jūdō gaiyō* 『柔道概要』, Dai Nihon Butoku-kai shūyōdan honbu 大日本武徳会修養団本部, octobre 1913.

Dans *Kanō Jigorō taikei* 嘉納治五郎大系 (Kanō Jigorō : compendium), *Dai-sankan* 第三巻 (volume 3), *jūdō jitsugi* 柔道実技 (La technique du jūdō), 1re édition 30-5-1988, édition de référence 25-12-1994, 405 p., p. 104-118.

[017] Kanō Jigorō, « Kōdōkan jūdō *gaisetsu (dai-ikkai)* 講道館柔道概説（第一回） (Explication générale du Kōdōkan jūdō (I)) », publié dans *Jūdō* 柔道, février 1915.

Dans *Kanō Jigorō taikei* 嘉納治五郎大系 (Kanō Jigorō : compendium), *Dai-sankan* 第三巻 (volume 3), *jūdō jitsugi* 柔道実技 (La technique du jūdō), 1re édition 30-5-1988, édition de référence 25-12-1994, 405 p., p. 121-125.

[103] Kanō Jigorō, « Rikkō no kiso to jūdō no shugyō 立功の基礎と柔道の修行 (La base des actions d'éclat et la pratique du jūdō) », publié dans *Jūdō* 柔道, mars 1915.

Dans *Kanō Jigorō taikei* 嘉納治五郎大系 (Kanō Jigorō : compendium), *Dai-nikan* 第二巻 (volume 2), *jūdō-shi • jūdō shugyō • jūdō shiai to shinpan kitei* 柔道史・柔道修行・柔道試合と審判規程 (Histoire du jūdō – pratique du jūdō – compétition de jūdō et système d'arbitrage), Hon no tomo sha 本の友社, Tōkyō 東京, 1re édition 30-5-1988, édition de référence 25-12-1994, 474 p., p. 47-52.

[010] Kanō Jigorō, « Kōdōkan jūdō gaisetsu (dai-sankai) 講道館柔道概説（第三回）(Explication générale du Kōdōkan jūdō (III)) », publié dans *Jūdō* 柔道, avril 1915.

Dans *Kanō Jigorō taikei* 嘉納治五郎大系 (Kanō Jigorō : compendium), *Dai-sankan* 第三巻 (volume 3), *jūdō jitsugi* 柔道実技 (La technique du jūdō), 1re édition 30-5-1988, édition de référence 25-12-1994, 405 p., p. 130-133.

[104] Kanō Jigorō, « Shūyō to jūdō 修養と柔道 (Formation et jūdō) », publié dans *Jūdō* 柔道, juin 1915.

Dans *Kanō Jigorō taikei dai-rokkan* 嘉納治五郎大系　第六巻 (Kanō Jigorō : compendium, volume 6), *Kyōiku-ron* □□*kokka to jidai* 教育論II・国家と時代 (Traité sur l'éducation II – L'État et l'époque), Hon no tomo sha 本の友社, Tōkyō 東京, 1re édition 30-5-1988, édition de référence 25-12-1994, 442 p., p. 12-18.

[102] Kanō Jigorō, « Kōdōkan jūdō gaisetsu (dai-rokkai) 講道館柔道概説（第六回）(Explication générale du Kōdōkan jūdō (VI)) », publié dans *Jūdō* 柔道, août 1915.

Dans *Kanō Jigorō taikei* 嘉納治五郎大系 (Kanō Jigorō : compendium), *Dai-sankan* 第三巻 (volume 3), *jūdō jitsugi* 柔道実技 (La technique du jūdō), 1re édition 30-5-1988, édition de référence 25-12-1994, 405 p., p. 143-147.

[099] Kanō Jigorō, « Kōdōkan jūdō gaisetsu (dai-jūkai) 講道館柔道概説（第十回）(Explication générale du Kōdōkan jūdō (X)) », publié dans *Jūdō* 柔道, janvier 1916.

Dans *Kanō Jigorō taikei* 嘉納治五郎大系 (Kanō Jigorō : compendium), *Dai-sankan* 第三巻 (volume 3), *jūdō jitsugi* 柔道実技 (La technique du jūdō), 1re édition 30-5-1988, édition de référence 25-12-1994, 405 p., p. 158-161.

[070] Kanō Jigorō, « Kōdōkan jūdō gaisetsu (dai-jūnikai) 講道館柔道概説（第十二回）(Explication générale du Kōdōkan jūdō (XII)) », publié dans *Jūdō* 柔道, mars 1916.

Dans *Kanō Jigorō taikei* 嘉納治五郎大系 (Kanō Jigorō : compendium), *Dai-sankan* 第三巻 (volume 3), *jūdō jitsugi* 柔道実技 (La technique du jūdō), 1ʳᵉ édition 30-5-1988, édition de référence 25-12-1994, 405 p., p. 164-167.

[037] Kanō Jigorō, « Jūdō shinpan kitei kaisetsu (ichi) 柔道審判規程解説（一）(Explication des règles d'arbitrage du jūdō (I)) », publié dans *Jūdō* 柔道, juin 1916.

Dans *Kanō Jigorō taikei* 嘉納治五郎大系 (Kanō Jigorō : compendium), *Dai-nikan* 第二巻 (volume 2), *jūdō-shi • jūdō shugyō • jūdō shiai to shinpan kitei* 柔道史・柔道修行・柔道試合と審判規程 (Histoire du jūdō – pratique du jūdō – compétition de jūdō et système d'arbitrage), Hon no tomo sha 本の友社, Tōkyō 東京, 1ʳᵉ édition 30-5-1988, édition de référence 25-12-1994, 474 p., p. 398-404.

[060] Kanō Jigorō, « Kaki to jūdō 夏期と柔道 (Été et jūdō) », publié dans *Jūdō* 柔道, juillet 1916.

Dans *Kanō Jigorō taikei* 嘉納治五郎大系 (Kanō Jigorō : compendium), *Dai-nikan* 第二巻 (volume 2), *jūdō-shi • jūdō shugyō • jūdō shiai to shinpan kitei* 柔道史・柔道修行・柔道試合と審判規程 (Histoire du jūdō – pratique du jūdō – compétition de jūdō et système d'arbitrage), Hon no tomo sha 本の友社, Tōkyō 東京, 1ʳᵉ édition 30-5-1988, édition de référence 25-12-1994, 474 p., p. 273-277.

[005] Kanō Jigorō, « Jūdō shinpan kitei kaisetsu (ni) 柔道審判規程解説（二）(Explication des règles d'arbitrage du jūdō (II)) », publié dans *Jūdō* 柔道, juillet 1916.

Dans *Kanō Jigorō taikei* 嘉納治五郎大系 (Kanō Jigorō : compendium), *Dai-nikan* 第二巻 (volume 2), *jūdō-shi • jūdō shugyō • jūdō shiai to shinpan kitei* 柔道史・柔道修行・柔道試合と審判規程 (Histoire du jūdō – pratique du jūdō – compétition de jūdō et système d'arbitrage), Hon no tomo sha 本の友社, Tōkyō 東京, 1ʳᵉ édition 30-5-1988, édition de référence 25-12-1994, 474 p., p. 404-412.

[051] Kanō Jigorō, « Jūdōka no hinkaku 柔道家の品格 (La dignité du jūdōka) », publié dans *Jūdō* 柔道, novembre 1917.

Dans *Kanō Jigorō taikei* 嘉納治五郎大系 (Kanō Jigorō : compendium), *Dai-nikan* 第二巻 (volume 2), *jūdō-shi • jūdō shugyō • jūdō shiai to shinpan kitei* 柔道史・柔道修行・柔道試合と審判規程 (Histoire du jūdō – pratique du jūdō – compétition de jūdō et système d'arbitrage), Hon no tomo sha 本の友社, Tōkyō 東京, 1ʳᵉ édition 30-5-1988, édition de référence 25-12-1994, 474 p., p. 196-203.

[048] Kanō Jigorō, « Jūdō no shugyōja ni tsugu 柔道の修行者に告ぐ (Annoncer aux pratiquants de jūdō) », publié dans *Jūdō* 柔道, février 1918.

Dans *Kanō Jigorō taikei* 嘉納治五郎大系 (Kanō Jigorō : compendium), *Dai-nikan* 第二巻 (volume 2), *jūdō-shi • jūdō shugyō • jūdō shiai to shinpan kitei* 柔道史・柔道修行・柔道試合と審判規程 (Histoire du jūdō – pratique du jūdō – compétition de jūdō et système d'arbitrage), Hon no tomo sha 本の友社, Tōkyō 東京, 1ʳᵉ édition 30-5-1988, édition de référence 25-12-1994, 474 p., p. 204-211.

[047] Kanō Jigorō, « Jūdō no shugi ni shitagatta shakai seikatsu 柔道の主義に随った社会生活 (Une vie sociale conforme aux principes du jūdō) », publié dans *Jūdō* 柔道, mai 1918.

Dans *Kanō Jigorō taikei* 嘉納治五郎大系 (Kanō Jigorō : compendium), *Dai-yonkan* 第四巻 (volume 4), *jinsei-ron* 人生論 (Propos sur la vie humaine), Hon no tomo sha 本の友社, 1ʳᵉ édition 30-5-1988, édition de référence 25-12-1994, 371 p., p. 263-269.

[009] Kanō Jigorō, « Kōdōkan jūdō shugyōja no shinkyū shōdan no hōshin o nobete Tōkyō Sendai ryō-kōtō gakkō jūdō shiai ni kansuru sehyō ni oyobu 講道館柔道修行者の進級昇段の方針を述べて東京仙台両高等学校柔道試合に関する世評に及ぶ (Donner les orientations des passages de grades des pratiquants de Kōdōkan jūdō et en arriver aux rumeurs concernant la compétition de jūdō entre les lycées de Tōkyō et de Sendai) », publié dans Jūdō 柔道, juin 1918.

Dans *Kanō Jigorō taikei* 嘉納治五郎大系 (Kanō Jigorō : compendium), *Dai-nikan* 第二巻 (volume 2), *jūdō-shi • jūdō shugyō • jūdō shiai to shinpan kitei* 柔道史・柔道修行・柔道試合と審判規程 (Histoire du jūdō – pratique du jūdō – compétition de jūdō et système d'arbitrage), Hon no tomo sha 本の友社, Tōkyō 東京, 1ʳᵉ édition 30-5-1988, édition de référence 25-12-1994, 474 p., p. 413-424.

[105] Kanō Jigorō, « Jūdō ni jō chū ge sandan no betsu aru koto o ron zu 柔道に上中下三段の別あることを論ず (Débattre des trois niveaux du jūdō, haut, moyen et bas) », publié dans *Jūdō* 柔道, juillet 1918.

Dans *Kanō Jigorō taikei* 嘉納治五郎大系 (Kanō Jigorō : compendium), *Dai-nikan* 第二巻 (volume 2), *jūdō-shi • jūdō shugyō • jūdō shiai to shinpan kitei* 柔道史・柔道修行・柔道試合と審判規程 (Histoire du jūdō – pratique du jūdō – compétition de jūdō et système d'arbitrage), Hon no tomo sha 本の友社, Tōkyō 東京, 1ʳᵉ édition 30-5-1988, édition de référence 25-12-1994, 474 p., p. 53-58.

[056] Kanō Jigorō, « Kaki to jūdō 夏季と柔道 (Été et jūdō) », publié dans *Yūkō no katsudō* 有効乃活動, août 1919.

Dans *Kanō Jigorō taikei* 嘉納治五郎大系 (Kanō Jigorō : compendium), *Dai-nikan* 第二巻 (volume 2), *jūdō-shi • jūdō shugyō • jūdō shiai to shinpan kitei* 柔道史・柔道修行・柔道試合と審判規程 (Histoire du jūdō – pratique du jūdō – compétition de jūdō et système d'arbitrage), Hon no tomo sha 本の友社, Tōkyō 東京, 1re édition 30-5-1988, édition de référence 25-12-1994, 474 p., p. 278-281.

[011] Kanō Jigorō, « Jūdō no shugyō wa narubeku kōen naru mokuteki o motte suru ga yoi 柔道の修行はなるべく高遠なる目的をもってするがよい (Il est bon que la pratique du jūdō ait un but élevé) », publié dans *Yūkō no katsudō* 有効乃活動, avril 1920.

Dans *Kanō Jigorō taikei* 嘉納治五郎大系 (Kanō Jigorō : compendium), *Dai-nikan* 第二巻 (volume 2), *jūdō-shi • jūdō shugyō • jūdō shiai to shinpan kitei* 柔道史・柔道修行・柔道試合と審判規程 (Histoire du jūdō – pratique du jūdō – compétition de jūdō et système d'arbitrage), Hon no tomo sha 本の友社, Tōkyō 東京, 1re édition 30-5-1988, édition de référence 25-12-1994, 474 p., p. 71-75.

[106] Kanō Jigorō, « Kaiko rokujū nen 回顧六十年 (Soixante ans de souvenirs) », publié dans *Kyōiku* 教育, mai 1921.

Dans *Kanō Jigorō taikei* 嘉納治五郎大系 (Kanō Jigorō : compendium), *Dai-jūkan* 第十巻 (volume 10), *jide • kaiko* 自伝・回顧 (Autobiographie – souvenirs), 1re édition 30-5-1988, édition de référence 25-12-1994, 380 p., p. 299-318.

[059] Kanō Jigorō, « Ippan no shugyōja ni kata no renshū o susumeru 一般の修行者に形の練習を勧める (Encourager la pratique du *kata* pour tous les pratiquants) », publié dans *Yūkō no katsudō* 有効乃活動, novembre 1921.

Dans *Kanō Jigorō taikei* 嘉納治五郎大系 (Kanō Jigorō : compendium), *Dai-nikan* 第二巻 (volume 2), *jūdō-shi • jūdō shugyō • jūdō shiai to shinpan kitei* 柔道史・柔道修行・柔道試合と審判規程 (Histoire du jūdō – pratique du jūdō – compétition de jūdō et système d'arbitrage), Hon no tomo sha 本の友社, Tōkyō 東京, 1re édition 30-5-1988, édition de référence 25-12-1994, 474 p., p. 244-249.

[052] Kanō Jigorō, « Kojin no kansei 個人の完成 (Réalisation de l'individu) », publié dans *Taisei* 大勢, mai 1922.

Dans *Kanō Jigorō taikei* 嘉納治五郎大系 (Kanō Jigorō : compendium), *Dai-yonkan* 第四巻 (volume 4), *jinsei-ron* 人生論 (Propos sur la vie humaine), Hon no tomo sha 本の友社, 1re édition 30-5-1988, édition de référence 25-12-1994, 371 p., p. 294-301.

[029] Kanō Jigorō, « Jūdō shugyōja ni tsugu 柔道修行者に告ぐ (Annoncer aux pratiquants de jūdō) », publié dans *Jūdō* 柔道, octobre 1922.

Dans *Kanō Jigorō chosaku-shū dai-nikan* 嘉納治五郎著作集　第二巻 (Recueil des écrits de Kanō Jigorō volume 2), *Jūdō-hen* 柔道篇 (Jūdō), Satsuki shobō 五月書房, Tōkyō 東京, 28-8-1992, 414 p., p. 248-260.

[008] Kanō Jigorō, « Jūdō shiai shinpan kitei no kaisei ni tsuite 柔道試合審判規程の改正について (À propos de la réforme des règles d'arbitrage des compétitions de jūdō) », publié dans *Jūdō nenkan* 『柔道年鑑』, janvier 1925.

Dans *Kanō Jigorō taikei* 嘉納治五郎大系 (Kanō Jigorō : compendium), *Dai-nikan* 第二巻 (volume 2), *jūdō-shi • jūdō shugyō • jūdō shiai to shinpan kitei* 柔道史・柔道修行・柔道試合と審判規程 (Histoire du jūdō – pratique du jūdō – compétition de jūdō et système d'arbitrage), Hon no tomo sha 本の友社, Tōkyō 東京, 1ʳᵉ édition 30-5-1988, édition de référence 25-12-1994, 474 p., p. 434-444.

[012] Kanō Jigorō, « Kōdōkan jūdō to Kōdōkan no shimei oyobi jigyō ni tsuite 講道館柔道と講道館の使命及び事業について (À propos de la mission et du travail du Kōdōkan jūdō ainsi que du Kōdōkan) », publié dans *Sakkō* 作興, mars 1926.

Dans *Kanō Jigorō taikei* 嘉納治五郎大系 (Kanō Jigorō : compendium), *Dai-ikkan* 第一巻 (volume 1), Kōdōkan jūdō 講道館柔道 (Kōdōkan jūdō), 1ʳᵉ édition 30-5-1988, édition de référence 25-12-1994, 410 p., p. 148-158.

[002] Kanō Jigorō, « Jūdō no hattatsu 柔道の発達 (Développement du jūdō) », publié dans *Shin nihon-shi dai-yon kan budō-hen* 『新日本史第四巻武道編』 (Nouvelle histoire du Japon, volume 4, livre des budō), Yorozuchōhōsha 万朝報社, novembre 1926.

Dans *Kanō Jigorō taikei* 嘉納治五郎大系 (Kanō Jigorō : compendium), *Dai-nikan* 第二巻 (volume 2), *jūdō-shi • jūdō shugyō • jūdō shiai to shinpan kitei* 柔道史・柔道修行・柔道試合と審判規程 (Histoire du *jūdō* – pratique du *jūdō* – compétition de *jūdō* et système d'arbitrage), Hon no tomo sha 本の友社, Tōkyō 東京, 1ʳᵉ édition 30-5-1988, édition de référence 25-12-1994, 474 p., p. 16-33.

[093] Kanō Jigorō, « Kōdōkan no shimei ni tsuite 講道館の使命について (À propos de la mission du Kōdōkan) », publié dans *Sakkō* 作興, janvier 1927.

Dans *Kanō Jigorō taikei* 嘉納治五郎大系 (Kanō Jigorō : compendium), *Dai-ikkan* 第一巻 (volume 1), Kōdōkan jūdō 講道館柔道 (Kōdōkan jūdō), 1ʳᵉ édition 30-5-1988, édition de référence 25-12-1994, 410 p., p. 159-164.

[100] Kanō Jigorō, « Jūdōka to shite no Kanō Jigorō (dai-ikkai) 柔道家としての嘉納治五郎（第一回） (Kanō Jigorō, le jūdōka (I)) », publié dans *Sakkō* 作興, janvier 1927.

Dans *Kanō Jigorō taikei* 嘉納治五郎大系 (Kanō Jigorō : compendium), *Dai-jūkan* 第十巻 (volume 10), *jide • kaiko* 自伝・回顧 (Autobiographie – souvenirs), 1ʳᵉ édition 30-5-1988, édition de référence 25-12-1994, 380 p., p. 2-12.

[107] Kanō Jigorō, « Jūdōka to shite no Kanō Jigorō (dai-nikai) 柔道家としての嘉納治五郎（第二回） (Kanō Jigorō, le jūdōka (II)) », publié dans *Sakkō* 作興, février 1927.

Dans *Kanō Jigorō taikei* 嘉納治五郎大系 (Kanō Jigorō : compendium), *Dai-jūkan* 第十巻 (volume 10), *jide • kaiko* 自伝・回顧 (Autobiographie – souvenirs), 1ʳᵉ édition 30-5-1988, édition de référence 25-12-1994, 380 p., p. 12-19.

[013] Kanō Jigorō, « Jūdōka to shite no Kanō Jigorō (dai-sankai) 柔道家としての嘉納治五郎（第三回） (Kanō Jigorō, le jūdōka (III)) », publié dans *Sakkō* 作興, mars 1927.

Dans *Kanō Jigorō taikei* 嘉納治五郎大系 (Kanō Jigorō : compendium), *Dai-jūkan* 第十巻 (volume 10), *jide • kaiko* 自伝・回顧 (Autobiographie – souvenirs), 1ʳᵉ édition 30-5-1988, édition de référence 25-12-1994, 380 p., p. 20-27.

[101] Kanō Jigorō, « Jūdōka to shite no Kanō Jigorō (dai-rokkai) 柔道家としての嘉納治五郎（第六回） (Kanō Jigorō, le jūdōka (VI)) », publié dans *Sakkō* 作興, juin 1927.

Dans *Kanō Jigorō taikei* 嘉納治五郎大系 (Kanō Jigorō : compendium), *Dai-jūkan* 第十巻 (volume 10), *jide • kaiko* 自伝・回顧 (Autobiographie – souvenirs), 1ʳᵉ édition 30-5-1988, édition de référence 25-12-1994, 380 p., p. 46-56.

[108] Kanō Jigorō, « Jūdōka to shite no Kanō Jigorō (dai-jūnikai) 柔道家としての嘉納治五郎（第十二回） (Kanō Jigorō, le jūdōka (XII)) », publié dans *Sakkō* 作興, décembre 1927.

Dans *Kanō Jigorō taikei* 嘉納治五郎大系 (Kanō Jigorō : compendium), *Dai-jūkan* 第十巻 (volume 10), *jide • kaiko* 自伝・回顧 (Autobiographie – souvenirs), 1ʳᵉ édition 30-5-1988, édition de référence 25-12-1994, 380 p., p. 103-111.

[024] Kanō Jigorō, « Jūdōka to shite no Kanō Jigorō (dai-jūrokkai) 柔道家としての嘉納治五郎（第十六回） (Kanō Jigorō, le jūdōka (XVI)) », publié dans *Sakkō* 作興, avril 1928.

Dans *Kanō Jigorō taikei* 嘉納治五郎大系 (Kanō Jigorō : compendium), *Dai-jūkan* 第十巻 (volume 10), *jide • kaiko* 自伝・回顧 (Autobiographie – souvenirs), 1ʳᵉ édition 30-5-1988, édition de référence 25-12-1994, 380 p., p. 138-153.

[097] Kanō Jigorō, « Jūdō no kyōgi undō 柔道の競技運動 (Jūdō et sport de compétition) », publié dans *Sakkō* 作興, novembre 1929.

Dans *Kanō Jigorō taikei* 嘉納治五郎大系 (Kanō Jigorō : compendium), *Dai-ikkan* 第一巻 (volume 1), Kōdōkan jūdō 講道館柔道 (Kōdōkan jūdō), 1ʳᵉ édition 30-5-1988, édition de référence 25-12-1994, 410 p., p. 18-23.

[110] Kanō Jigorō, « Seiryoku zen.yō kokumin taiiku 『精力善用国民体育』 (Éducation physique du peuple à la bonne utilisation de l'énergie) », Kōdōkan bunka-kai 講道館文化会, Tōkyō, août 1930.

Dans *Kanō Jigorō taikei dai-hachikan* 嘉納治五郎大系　第八巻 (Kanō Jigorō : compendium, volume 8), *kokumin taiiku • kokusai orinpikku taikai* 国民体育・国際オリンピック大会 (Éducation physique populaire – Jeux olympiques), Hon no tomo sha 本の友社, Tōkyō 東京, 1ʳᵉ édition 30-5-1988, édition de référence 25-12-1994, 378 p., p. 88-185.

[038] Kanō Jigorō, « Zen nihon jūdō senshiken taikai to seiryoku zen.yō kokumin taiiku 全日本柔道選士権大会と精力善用国民体育 (Championnats de jūdō du Japon et éducation physique du peuple à la bonne utilisation de l'énergie) », publié dans *Jūdō* 柔道, octobre 1930.

Dans *Kanō Jigorō taikei* 嘉納治五郎大系 (Kanō Jigorō : compendium), *Dai-nikan* 第二巻 (volume 2), *jūdō-shi • jūdō shugyō • jūdō shiai to shinpan kitei* 柔道史・柔道修行・柔道試合と審判規程 (Histoire du jūdō – pratique du jūdō – compétition de jūdō et système d'arbitrage), Hon no tomo sha 本の友社, Tōkyō 東京, 1ʳᵉ édition 30-5-1988, édition de référence 25-12-1994, 474 p., p. 327-346.

[066] Kanō Jigorō, « Kōdōkan jigyō suikō kikan soshiki no shūsei to yakuin no kettei 講道館事業遂行機関組織の修正と役員の決定 (Modification de l'organisation du Kōdōkan en services d'exécution du travail et choix des administrateurs) », publié dans *Jūdō* 柔道, mars 1931.

Dans *Kanō Jigorō taikei* 嘉納治五郎大系 (Kanō Jigorō : compendium), *Dai-ikkan* 第一巻 (volume 1), Kōdōkan jūdō 講道館柔道 (Kōdōkan jūdō), 1ʳᵉ édition 30-5-1988, édition de référence 25-12-1994, 410 p., p. 245-248.

[058] Kanō Jigorō, *Jūdō kyōhon* 柔道教本上巻 (Manuel de jūdō, tome 1), Sanseidō 三省堂, septembre 1931.

Dans *Kanō Jigorō taikei* 嘉納治五郎大系 (Kanō Jigorō : compendium), *Dai-sankan* 第三巻 (volume 3), *jūdō jitsugi* 柔道実技 (La technique du jūdō), 1ʳᵉ édition 30-5-1988, édition de référence 25-12-1994, 405 p., p. 294-405.

[064] Kanō Jigorō, « Randori no renshū oyobi shiai no sai ni okeru chūi 乱取の練習および試合の際における注意 (Ce à quoi il faut veiller lors de l'exercice au *randori* ou en compétition) », publié dans *Jūdō* 柔道, juin 1935.

Dans *Kanō Jigorō taikei* 嘉納治五郎大系 (Kanō Jigorō : compendium), *Dai-sankan* 第三巻 (volume 3), *jūdō jitsugi* 柔道実技 (La technique du jūdō), 1ʳᵉ édition 30-5-1988, édition de référence 25-12-1994, 405 p., p. 288-291.

[054] Kanō Jigorō, « Kōdōkan no kōshūkai to shochū keiko ni tsuite 講道館の講習会と暑中稽古について (À propos des stages et de l'entraînement dans la chaleur du Kōdōkan) », publié dans *Jūdō* 柔道, juillet 1936.

Dans *Kanō Jigorō taikei* 嘉納治五郎大系 (Kanō Jigorō : compendium), *Dai-nikan* 第二巻 (volume 2), *jūdō-shi • jūdō shugyō • jūdō shiai to shinpan kitei* 柔道史・柔道修行・柔道試合と審判規程 (Histoire du jūdō – pratique du jūdō – compétition de jūdō et système d'arbitrage), Hon no tomo sha 本の友社, Tōkyō 東京, 1ʳᵉ édition 30-5-1988, édition de référence 25-12-1994, 474 p., p. 291-293.

[095] Kanō Jigorō, « Chikaku Kōdōkan ni mōken to suru randori tokubetsu renshūka no mokuteki ni tsuite 近く講道館に設けんとする乱取特別練習科の目的について (À propos de l'objectif de la section spéciale d'exercice de *randori* que je compte bientôt mettre en place au Kōdōkan) », publié dans *Jūdō* 柔道, juin 1937.

Dans *Kanō Jigorō taikei* 嘉納治五郎大系 (Kanō Jigorō : compendium), *Dai-ikkan* 第一巻 (volume 1), Kōdōkan jūdō 講道館柔道 (Kōdōkan jūdō), 1ʳᵉ édition 30-5-1988, édition de référence 25-12-1994, 410 p., p. 277-279.

[094] Kanō Jigorō, « Chikaku Kōdōkan ni mōken to suru tokubetsu renshūka no mokuteki ni tsuite 近く講道館に設けんとする特別練習科の目的について (À propos de l'objectif de la section spéciale d'exercice que je compte bientôt mettre en place au Kōdōkan) », publié dans *Jūdō* 柔道, juillet 1937.

Dans *Kanō Jigorō taikei* 嘉納治五郎大系 (Kanō Jigorō : compendium), *Dai-ikkan* 第一巻 (volume 1), Kōdōkan jūdō 講道館柔道 (Kōdōkan jūdō), 1ʳᵉ édition 30-5-1988, édition de référence 25-12-1994, 410 p., p. 280-283.

[045] Kanō Jigorō, « Hiroku jūdō no shugyōja ni tsugu 広く柔道の修行者に告ぐ (M'adresser largement aux pratiquants de jūdō) », publié dans *Jūdō* 柔道, août 1937.
Dans *Kanō Jigorō taikei* 嘉納治五郎大系 (Kanō Jigorō : compendium), *Dai-ikkan* 第一巻 (volume 1), *Kōdōkan jūdō* 講道館柔道 (Kōdōkan

jūdō), 1re édition 30-5-1988, édition de référence 25-12-1994, 410 p., p. 73-77.

[109] Kanō Jigorō, « Jūdō no konpon seishin 柔道の根本精神 (L'esprit fondamental du jūdō) », publié dans *Maruyama Sanzō* 丸山三造編 (sous la direction de), Dai nihon jūdō-shi 『大日本柔道史』 (Histoire du jūdō du Grand Japon), Daiichi shobō 第一書房, collection Kōdōkan zōhan 講道館藏版, Tōkyō 東京, 1re édition 1939, édition de référence 1984 (fac-similé), 1170-72 p., p. 1155-1170.

Textes sur le jūdō en japonais

[006] Arima Sumitomo (ou Sumio) 有馬純臣, *Jūdō taii* 柔道大意 (Précis de jūdō), Okazakiya, Tōkyō, janvier 1905, 154 et 98 p. (URL : http://kindai.ndl.go.jp/info:ndljp/pid/860055/90).

[007] Arima Sumitomo (ou Sumio) 有馬純臣, *Tsūzoku jūdō zukai* 通俗柔道図解 (Jūdō pour tous illustré), Okazakiya, Tōkyō, octobre 1905, 210 p. (URL : http://kindai.ndl.go.jp/info:ndljp/pid/860394).

[046] Kanō Yukimitsu, Daigo Toshirō, Kawamura Teizō, Takeuchi Yoshinori, Nakamura Ryōzō, Satō Nobuyuki (sous la direction de) 嘉納行光・醍醐敏郎・川村禎三・竹内善徳・中村良三・佐藤宣践（編集）, *Jūdō daijiten* 柔道大辞典 (Grand dictionnaire du jūdō), Atene shobō アテネ書房, Tōkyō, 21 novembre 1999, 669 p.

[077] Kawamura Teizō, Daigo Toshirō (sous la direction de), 川村禎三, 醍醐敏郎（監修）, *Waei taishō jūdō yōgo shōjiten* 和英対照柔道用語小辞典 (Petit dictionnaire japonais / anglais du vocabulaire du jūdō), Kōdōkan, Tōkyō 東京, août 2000, 173 p.

[067] Kōdōkan bunka kai hen 講道館文化会　編 (Association culturelle du Kōdōkan), *Jūdō nenkan* 柔道年鑑 (Almanach du jūdō), Kōdōkan bunka kai 講道館文化会, 8 publications entre 1922 et 1939 (URL : http://kindai.ndl.go.jp/search/searchResult?searchWord=柔道年鑑).

[004] Kudō Raisuke 工藤雷介, *Hiroku nihon jūdō* 秘録日本柔道 (Annales secrètes du jūdō japonais), Tōkyō supōtsu shinbun sha 東京スポーツ新聞社, Tōkyō 東京, 15-5-1972, 378 p.

[003] Maruyama Sanzō (sous la direction de) 丸山三造（編）, *Dai nihon jūdō-shi* 大日本柔道史 (Histoire du jūdō du Grand Japon), Daiichi shobō 第一書房, collection *Kōdōkan zōhan* 講道館藏版, Tōkyō 東京, 1re édition 1939, édition de référence 1989 (fac-similé), 1170-72 p.

[036] Matsumoto Yoshizō 松本芳三, *Jūdō kōchingu* 柔道コーチング (Jūdō coaching), Taishūkan shoten 大修館書店, 1994 (1975), p. 399.

[069] Munakata Itsurō, « L'esprit du jūdō et la voie de la vie et de la mort », publié dans *Jūdō*, avril 1932.

[049] Murata Naoki 村田直樹, « Kōdōkan jūdō ni okeru reihō no hensen ni tsuite 講道館柔道に於ける礼法の変遷について (À propos des changements dans l'étiquette du Kōdōkan jūdō) », *Kokusai budō shinpojiumu – jisshi hōkokusho* 国際武道シンポジウム・実施報告書 (Symposium international sur le budō – Rapport), Université Kanoya, 7 décembre 2008, 170 p. (URL : http://budo2008.nifs-k.ac.jp/pdf/murata_j.pdf).

[076] Shirayama Jakuō 白山若翁, « Tokui waza ni tsuite 得意業に就いて (À propos du *tokui-waza*) », *Yūkō no katsudō* 有効乃活動, septembre 1920, p. 48-51.

[080] Yabune Toshikazu (*et al.*), *Jūdō saihakken* 柔道再発見 (Redécouverte du jūdō), Fumaidō shuppan 不昧堂出版, 2004, 152 p.

Autres ouvrages en japonais

[040] Fujiwara Ryōzō 藤原稜三, *Gima Shinkin, Fujiwara Ryōzō taidan – kindai karate no rekishi o kataru* 儀間真謹, 藤原稜三 対談・近代空手道の歴史を語る (Relater l'histoire du karate-dō moderne, entretiens entre Gima Shinkin et Fujiwara Ryōzō), Bēsubōru magajin-sha ベースボール・マガジン社, 1986, 411 p.

[075] Imamura Yoshio 今村嘉雄, *Nihon taiiku shi* 日本体育史 (Histoire de l'éducation physique japonaise), éditions Fumaidō 不昧堂出版, 1970, p. 773+42.

[043] Miyamoto Musashi 宮本武蔵, *Go rin no sho* 五輪書 (Traité des cinq roues), Kōdansha gakujutsu bunko 講談社学術文庫, 1986.

[032] Nakamura Tamio 中村民雄, *Ima, naze budō ka* 今、まぜ武道か (Aujourd'hui, pourquoi le budō ?), Nihon budōkan 日本武道館, 2007, 369 p.

[023] Sagara Tōru 相良亨, *Nihon no « dō »* 日本の「道」 (le « dō » japonais »), in *Bungaku* 文学, Iwanami shoten 岩波書店, Tōkyō, vol. 55, n° 8, 1987, p. 95-108.

[096] Suzuki Akira 鈴木明, « *Tōkyō, tsui ni kateri !* » *1936 nen berurin shikyū den* 「東京、遂に勝てり！」１９３６年ベルリン至急電 (« Tōkyō l'a finalement emporté ! » Télégramme prioritaire de Berlin en 1936), Shōgakkan 小学館, Tōkyō, octobre 1994, 510 p.

[084] Takumiya Kiyoshi 内匠屋　潔, Kiyono Takeji 清野　武治, « Kendō no honshitsu ni kan suru kenkyū 剣道の本質に関する研究 (Recherches sur la substance du kendō) », *Budōgaku kenkyū* 武道学研究, vol. 5 n° 1, 1972. (URL : https://www.jstage.jst.go.jp/article/budo1968/5/1/5_19/_pdf).

[041] Ueshiba Kisshōmaru (sous la direction de) 植芝吉祥丸　編, *Aikidō kaiso : Ueshiba Morihei seitan hyakunen* 合気道開祖：植芝盛平生誕百年 (À l'occasion du centenaire de la naissance du fondateur de l'aikidō : Ueshiba Morihei), Kōdansha 講談社, 1983, 111 p.

Écrits sur le jūdō en français

[086] « À propos du jiu-jitsu », *Revue olympique*, 2e série, n° 1, janvier 1906 (URL : http://library.la84.org/OlympicInformationCenter/RevueOlympique/1906/ROLF1/ROLF1f.pdf).

[087] « Les préliminaires du jiu-jitsu », *Revue olympique,* 2e série, n° 27, mars 1908 (URL : http://library.la84.org/OlympicInformationCenter/RevueOlympique/1908/ROLF27/ROLF27f.pdf).

[088] « Le judo », *Revue olympique,* 2e série, n° 73, janvier 1912 (URL : http://library.la84.org/OlympicInformationCenter/RevueOlympique/1912/ROLF73/ROLF73h.pdf).

[089] « Le judo (suite et fin) », *Revue olympique,* 2e série, n° 74, février 1912 (URL : http://library.la84.org/OlympicInformationCenter/RevueOlympique/1912/ROLF74/ROLF74e.pdf).

[091] Brousse Michel, *Le judo, son histoire, ses succès,* Genève, Liber, 1996.

[092] Yokoyama et Oshima, *Manuel de Jiu-Jitsu de l'école Kanō,* Paris, Berger-Levrault, 1911.

Autres ouvrages en français et anglais

[090] « Discussions et décisions », *Revue olympique, 2e série*, n° 42, juin 1909 (URL : http://library.la84.org/OlympicInformationCenter/RevueOlympique/1909/ROLF42/ROLF42f.pdf).

[030] Berthoz Alain, *La simplexité,* Paris, éditions Odile Jacob, collection « Sciences », 2009, 256 p.

[022] Cheng, Anne (traduction et présentation), *Entretiens de Confucius,* Paris, Points, collection « Sagesses », 1981, 153 p. + XX.

[057] Colin Thierry, *Analyse sociologique comparative de la pratique du jūdō pour les enfants de sept à douze ans au Japon et en France*, thèse de doctorat en sciences sociales, université Paris Descartes, décembre 2010.

[039] Gichin Funakoshi, *Karate-dō – Ma Voie, ma Vie*, Paris, éditions Budostore, collection « La Budothèque », 1993.

[071] Gide André, « L'évolution du théâtre », in *Nouveaux Prétextes*, Paris, Mercure de France, 1963.

[068] Mill John Stuart, *L'utilitarisme*, Paris, Flammarion, collection « Champs », 1988 (Trad. française : G. Tanesse).

[026] Robert Jean-Noël, *Petite histoire du bouddhisme*, Paris, Librio, Librio Document n° 857, 2008, 95 p.

[098] The organizing committee of the XIIth Olympiad, Report of the organizing committee on its work for the XIIth Olympic Games of 1940 in Tokyo until the Relinquishment, 1940 (?), 206 p. (URL : http://library.la84.org/6oic/OfficialReports/1940/OR1940.pdf).

Usuels en japonais

[050] *Daijirin dai sanban* 大辞林第三版 (Daijirin, 3e édition), Sanseidō 三省堂 (consulté à partir de http://dic.yahoo.co.jp/).

[020] *Kanjigen kaitei daigohan* 漢字源　改訂第五版 (Dictionnaire étymologique de caractères chinois, 5e édition révisée), Gakken 学研, LogoVista 辞典ブラウザ (navigateur LogoVista-jiten), 2011.

[053] *Kōjien* 広辞苑第五版図版付き (Kōjien, 5e édition illustrée), Iwanami shoten 岩波書店, LogoVista 辞典ブラウザ (navigateur LogoVista-jiten).

[014] *Kokushi daijiten* 国史大辞典 (Grand dictionnaire historique du Japon), Yoshikawa Kōbunkan Inc. 吉川弘文館, 1997.

[015] *Nihon daihyakka zensho (Encyclopedia Nipponica)* 日本大百科全書（ニッポニカ） (Grande encyclopédie sur le Japon intégrale (Encyclopedia Nipponica)), Shōgakukan Inc. 小学館, Japan naredji-han ジャパンナレッジ版 (éditions Japan Knowledge), 2001.

[016] *Nihon kokugo daijiten dainihan* 日本国語大辞典第二版 (Grand dictionnaire de langue japonaise, 2e édition), Shōgakukan Inc. 小学館, Japan naredji-han ジャパンナレッジ版 (éditions Japan Knowledge), 2002.

[019] *Nihongo « gogen » jiten* 日本語「語源」辞典 (Dictionnaire « étymologique » de la langue japonaise), Gakken 学研, LogoVista 辞典ブラウザ (navigateur LogoVista-jiten).

[078] Shirakawa Shizuka 白川静, *Jitsū* 字通 (Dictionnaire étymologique de caractères), Heibonsha 平凡社, Japan naredji-han ジャパンナレッジ版 (éditions Japan Knowledge), 1996.

Usuels en français

[021] *TLFi : Trésor de la langue française informatisé,* Centre national de ressources textuelles et lexicales (CNRTL). (URL : http://www.cnrtl.fr/definition/).

Sitographie

[025] Dōgen 道元, *Shōbōgenzō* 正法眼蔵 : [lien] (consulté en février 2015).

[027] URL : http://fr.wiktionary.org/wiki/soufi (consulté en février 2015).

[028] URL : http://www.bribes.org/trismegiste/es3ch09.htm (consulté en février 2015).

[031] Règlement de la FIJ 2014 (traduit et extrait de l'anglais). URL : http://www.intjudo.eu/ (consulté en juin 2014).

[042] URL : http://www.ffjudo.com/ffj/Minisites/Espace-Services-Internet/Culture-Judo2/La-Charte-du-Jûdô (consulté en février 2015).

[072] URL : http://www.mext.go.jp/b_menu/kihon/about/06121913/002.pdf.

[073] « Instructions d'enseignement quant aux programmes des lycées », mars 2009. URL : http://www.mext.go.jp/a_menu/shotou/new-cs/youryou/kou/kou.pdf.

[074] « Instructions d'enseignement quant aux programmes des collèges », 2008, révisé en 2010. URL : http://www.mext.go.jp/a_menu/shotou/new-cs/youryou/chu/__icsFiles/afieldfile/2010/12/16/121504.pdf.

[083] URL : http://www.youtube.com/watch?v=rVO26URqC24.

Émission de radio

[082] Meyer Philippe, *La Chronique de Philippe Meyer,* diffusée le 27 novembre 2013, France culture.

Filmographie

[085] Lucas George , *Star Wars, épisode V,* 20th Century Fox, 1980.

Table des chroniques